Eva Illouz

Why
love
hurts

爱，为什么痛

【法】伊娃·易洛思 著
叶嵘 译

华东师范大学出版社

华东师范大学出版社六点分社 策划

目 录

致　谢 / 1

第一章　引言：忧患重重的爱 / 1

第二章　爱情大转型，或婚姻市场兴起 / 31

第三章　承诺恐惧症及爱情选择新架构 / 107

第四章　对认同的需索：爱情与自我脆弱性 / 205

第五章　爱情、理性、反讽 / 293

第六章　从浪漫幻想到失望 / 373

第七章　结语 / 443

致　谢

　　从不止一种意义上可以说本书的写作始于多年前,彼时青春年少的我就在脑海里筹划要写这本书了。在成百上千次谈话,包括跟亲密朋友们,跟陌生人们的谈话之后,这本书方得以成形;这些谈话给我的感受是,当代浪漫关系和两性关系中充满了谜团和困惑。我的成年时期在四个国家生活过(法国,美国,以色列和德国);这四个国家的女性尽管有实力有自主性,为何却仍然屡屡受挫于男性的飘忽不定？为何男性在女性眼里总是一个谜团,并带来长久的困惑？从前男女被爱情折磨的情形,是否跟现代男女一样？身边的大多数文化会告诉我们,欲解答这些问题,必须向我们有缺陷的童年时期去寻根溯源,从心理缺陷角度去解析爱情生活的杂乱无章。本书要质疑这些基本不曾被质疑的假设。本书侧重从男女两性邂逅交往的社会学语境而非心理学语境出发,试图解析哪些原因让人们爱痛相随。

本书取材中有很多个小时的私密谈话,同时得益于另外一些虽不私密但同样重要的对话。首先我要感谢怀森沙夫科雷·柏林,在2007-2008年间他为我提供了安宁清静的修道院环境,以及有关18世纪沙龙的深度对话。我还要感谢戴尔·鲍厄,尤特弗莱佛特尤特·福瑞佛特,斯万·黑勒坎普,爱克索·和内斯,汤姆·拉库尔,莱茵哈特·墨克尔,莱茵哈特·麦耶—卡尔克斯,苏珊·奈曼,约翰·汤普森,及易坦·卫尔夫等人大力推动我参与到他们的思考、问答,以及常常十分高明的建议中。

马坦·夏查科是本书写作过程中不可或缺的人;他每天为我带来切实的快乐,让我享受指导杰出学生和研究助手的乐趣。奥利·斯瓦茨,德娜·开普兰,及苏莎·波兰德阅读了多个章节;他们的点评帮助我极大地改进了书中内容。感谢他们为本书慷慨地贡献出聪明才智。我的妹妹、杰出的精神分析家娜塔丽—米瑞安·易洛思,我的作家朋友碧翠斯·斯迈德里,她们不厌其烦与我多次讨论爱情的瑰丽与悲哀。我只希望自己能以拙笔尽力呈现她们分析中的精妙之处。

书是一类特殊商品:它不仅是某个专长人士脑力和笔力的结晶,还必须是作者深信不疑的内容。政体出版社(Polity Press)的独到之处,在于全力推进思想的全球流通,也在于细致入微地关怀一本书的产生过程。本书很有幸得到约翰·汤普森如此尽心尽力的支持。他的深切关心和精准响应表明他是一名出色的出版人。贾斯汀·戴厄一直是位很优秀的编辑;珍妮佛·贾恩和克莱尔·安萨尔分别是编辑助理和制作编辑,对我始终有求必应通力协助。

我要感谢所有人,感谢亲密朋友们和陌生人们,他们向我敞开心扉,向我讲述他们的故事;其间也许偶有失落和绝望,更多时候则充满希望和信任。我谨将此书献给这些男女们,我会在心里长久地爱你们,痛也好不痛也好。

出版公司向以下单位和个人致以特别谢意,他们准许我使用他们书中文字作为章节引语:

《愤怒》,菲利普·罗斯 著(INDIGNATION by Philip Roth)Copyright(c)2008,菲利普·罗斯,经 The Wylie Agency (UK)Limited 授权使用;

克里斯·卡特(Chris Carter),www.catchhimandkeephim.com;

节选自《耻》,J.M.库切 著,copyright(c)1999 by J.M.库切,经 Viking Penguin 及 Vintage 授权使用;

Viking Penguin 为企鹅出版集团(美国)旗下品牌,Vintage 为兰登书屋旗下单位;

节选自《爱情诸事》,朱利安·巴恩斯 著,copyright(c)2000 朱利安·巴恩斯,经 Alfred A. Knopf 出版社授权使用;Alfred A. Knopf 出版社为兰登书屋旗下品牌;由 Vintage Books 出版。兰登书屋授权重印。

我希望我的读者是那春心萌动的处子
　　为着爱人备受煎熬;或是那少年郎
初次踏入爱河。愿这些同我一样被爱折磨的人
　　细细研读我对爱欲的剖析
发现他自己情事反映于此,遂惊讶地脱口而出:
是谁告诉了这个小文人,我的种种私事?
奥维德,《爱经》

第一章
引言：忧患重重的爱

天赐的幸福爱情总是少而又少:每一次成功的当代爱情体验,每一次短暂的欢乐盛宴,往往伴随着另外十次打击沉重的爱情体验,失恋后"萎靡不振"持续时间远超过恋爱时间的长度——它常常造成个体毁灭,或至少造成一种情感的玩世不恭,很可能让这个人很难甚至无法再爱。这若非天生属于爱情过程本身的一部分,又何至于此呢?

——S.费尔斯通,《性辩证法:女性主义革命案例》①

---

① S. Firestone,《性辩证法:女性主义革命案例》(*The Dialectic of Sex: The Case for Feminist Revolution*)(New York: Bantam, 1970),第129页。

《呼啸山庄》(1847年)一书属于长期文学传统一类,书中将爱情描绘成一种令人倍受折磨的痛苦情感。① 小说中声名赫赫的主人公希斯克里夫和凯瑟琳,两人自小青梅竹马,长大后彼此心怀热烈爱情;但凯瑟琳却下决心要嫁给埃德加·林顿,只为林顿跟自己更门当户对。当无意中听到凯瑟琳宣称她如果下嫁给自己会降低身份时,希斯克里夫深感屈辱,愤而出走。凯瑟琳在旷野中四处寻找他;当她遍寻而不得便病倒了,病势日渐沉重乃至奄奄一息。

《包法利夫人》(1856年)一书用更加尖酸挖苦的笔法描写了一名浪漫主义女性与她心地善良却平庸的乡村医生之间的不幸福婚姻;这名医生无法满足妻子无休止的浪漫幻想和社交幻想。书名中提到的这位女主人公相信她终于找到了自己常在书中读到、常在梦中见到的那种男主角,他化身为衣着时髦的地主罗道尔夫·布朗热。经过长达三年的婚外恋后,两人决心私奔。在那个决定命运的日子里,爱玛收到罗道尔夫的失约信。作者通常以讽刺笔法描写女主人公的浪漫情感,可此时作者改用同情的语气描写她经受的痛苦煎熬:

> 她倚靠着窗子的窄小开口,又读了一遍信,一边气得只是冷笑。但注意力越集中在信上,她的思想就越混乱。她仿佛

---

① E. Brontë,《呼啸山庄》(*Wuthering Heights*) (Oxford: Oxford University Press, 2008 [1847])。

又见到他,听到他说话,拿胳膊圈着他;她的心抽搐着,就如同有个大铁锤在撞击胸口,越撞越急,一时快一时慢。她环顾四周,恨不得整个世界分崩瓦解。为什么不斩断情丝?是什么阻止了她?她自由了。于是她向前走去,眼望着石砌路面,自言自语道:"来吧!尽管来吧!"①

依照我们当今的标准,凯瑟琳和爱玛承受的痛苦看似极端,可还是能理解的。不过本书希望阐明的是,以上这两位女性所经历的浪漫爱情带来的巨痛,其内容、色彩、质地到今时今日都已发生了变化。首先,令女主人公苦恼不堪的社会和爱情之间的对立,在现代社会中已经很难找到相应情况了。确实,凯瑟琳或爱玛无法把爱情作为首要且唯一选择,是出于经济阻碍或清规戒律。若说有什么不同的话,我们当代人的合宜感会指挥我们听从内心的驱遣,而不是受社会环境的驱遣。其次,很有可能冒出一大群专家,赶来拯救凯瑟琳于举棋不定,拯救爱玛于无爱婚姻:心理辅导,夫妻心理疗法,离婚律师,调解专家等等会蜂拥而至,帮助未来的妻子或对婚姻失望的妻子从个人困境中解脱出来。当没有专家相助时(或者可连同专家协助一起),她们的现代同类会与他人分享自己的爱情秘密,一般情况下跟闺蜜分享,或最起码可偶尔跟网上的匿名朋友分享;这种情况可大大减少

---

① G. Flaubert,《包法利夫人》(*Madame Bovary*)(New York: Courier Dover Publications, 1996 [1857]),第 145 页。

她们激情的孤独感。在她们的欲望和绝望之间,定有滔滔不绝的言辞、自我分析、朋友建议或专家意见等。当代的凯瑟琳或爱玛会花费大量时间反思、讨论她们的痛苦,而且很有可能发现痛苦的成因来源于自己(或爱人)有缺陷的童年时代。他们会因此获得一种光荣感,这种光荣感并非源于其不幸的经历,而是源于通过一大堆自助疗法的技巧克服不幸的经历。现代的爱情痛苦几乎发散着无穷光彩,其目的有两方面,一是理解其成因,二是将它斩草除根。死亡、自杀、遁入空门……不再属于我们当前文化下的常见选项了。显然,这并不等于说我们这群"后"现代人或"后期"现代人不懂爱情痛苦为何物。事实上,我们对爱情痛苦的了解有可能更胜于前辈们。但种种迹象确实表明,浪漫爱情之痛苦的社会组织形式已发生了深刻变化。为理解这种变化的本质,本书研究自我在三个不同关键方面经历的变化:意志(我们如何想要某事物),认同(对我们价值感的确立有益),及欲望(我们渴求什么,以及我们如何渴求它)。

事实上,生活在当代的人鲜少能幸免于亲密关系带来的忧患。这些忧患形式多样:在发现王子/公主的途中要亲吻太多青蛙;大海捞针式的网上搜索;从酒吧、派对或相亲回来仍是形影孤单。而当亲密关系真的建立后,忧患并未远离;身在亲密关系中照样可能感觉到厌烦、焦虑、愤怒等等;还有令人痛心的争吵和冲突;又或者最终要经历分手或离婚带来的混乱、自我怀疑、压抑感等等。以上列举的不过是寻爱路上种种坎坷经历中的少数几种;现代男性和女性很难幸免于此。假如社会学家能听到寻爱男女的声音,他/她听到的必是一连串悠长响亮的叹息声。

尽管这些体验广泛存在且成为集体体验,我们的文化坚持认为这些体验源于有缺陷的、不够成熟的心智。数不胜数的自助手册和研修班教诲我们,必须更好认识到这些失败都是自己下意识布的局,才能更好地管理我们的浪漫爱情生活。人们所熟知的弗洛伊德文化坚称,通过我们过去的经历才能最好地解释性魅力,而且一个人的爱情偏好形成于早年孩童阶段跟父母的关系。对许多人而言,弗洛伊德理论中关于家庭决定一生性爱特点的学说一直被我们当作为何不能成功找到或维持爱情的主要解释。尽管无法自圆其说,弗洛伊德学说仍然进一步主张,无论我们的爱侣与我们父母相反或相似,他/她都是我们童年体验的直接映像——这些童年体验乃是解析我们爱情命运的钥匙。在强迫性重复的概念基础上,弗洛伊德进一步提出,早年的失落经历尽管痛苦,但仍将在整个成年期重演,那是彻底掌控早年经历的必经之路。以上这一理念重大地影响了对爱情痛苦的集体观点和处理方法,因为它认为爱情痛苦是成熟过程中一个有益方面。不仅如此,弗洛伊德文化还提出,一般而言爱情不幸是难以避免的,是自身造成的。

有种观点认为:爱情与爱情失败须通过行动者个人的心理历史来解析,那么自然也处于她/他本人的控制能力之内。在这种观点背后,临床心理学扮演了独特而核心的角色,并许之以科学合法性。尽管弗洛伊德最初提出潜意识学说时,其目的是打破对责任这一概念的传统的权威观点;但在具体实践中,在厘清爱情领域、情色领域与个人责任的对应关系时,心理学起到了决定性作用。有意也好无意也罢,心理分析和心理疗法实际上就有如一个令人敬畏的军火库,为人们提供了大量技巧,把我们变成喋喋不休而又逃无可逃的责任担当者,为我们的爱情痛苦负起责任。

纵观20世纪,这种爱情痛苦纯属自作自受的观点获得了不同寻常的成功,或许是因为心理学另一方面也提供了让人宽心的承诺,即这种爱情痛苦是有望解开的。爱情带来的痛苦体验曾有如马力强劲的发动机一般,催生了一大批专业人士(精神分析学家,心理学家,形形色色的辅导治疗师)、出版业、电视、各种其他媒体行业等等。"自助"产业之所以风生水起,是因为如下信念早已深入人心:我们的坎坷遭遇同我们自己的心理历史息息相关,而演讲和自我认识具有治愈作用,确定坎坷遭遇的模式和来源可帮助我们克服不幸。如此一来,和爱情痛苦有关的似乎仅仅是自我、个人历史,及自我塑造的能力。

正因为在我们所生活的时代个人责任观念至高无上主宰一切,所以社会学的使命更形重要。无独有偶,19世纪末有人曾提出:贫穷并非因为品行有亏或个性软弱,而是因为系统性的经济剥削的结果;当时的人们却视之为激进观点;如今当务之急是要提出:我们个人生活的失败并非源于心理弱点,而是体制安排造成了我们变化无常、多灾多难的情感生活。本书的意图就是大幅度转换分析角度,来研究当代两性关系中出了什么问题。产生问题的原因并非不正常的童年时期,也不是心理上自知之明的缺乏,而是因为社会文化带来的一大堆紧张和矛盾,是它们构成了现代人的自我和身份。

其实上述论点并不新鲜。女性主义作家和思想家们长期以来质疑有关爱情的某些普遍观点,比如浪漫爱情是全部幸福的源泉,比如从心理个人主义角度理解爱情中的忧患等等。与常见的错误观点正好相反,女性主义者们认为,浪漫爱情并非带来超越感、幸福、自我实现等的源泉。然而爱情却是造成男女之间鸿沟的主要原因,爱情还形成一种文化实践迫使女性接受(并"爱上")她们相对于男性的从属地位。因为坠入情网后,男女双方不断加深着两性各自的身份认同之间的鸿沟:西蒙·波伏娃有句名言说道,男性即便在爱情中也保持着自己的主权,而女性则打算放弃她们自身①。费尔斯通(Shulamith Firestone)在她那本引起很大争议的著作《性辩证法》一书中——本章开篇援引了这段话——更加入木三分地指出:男性社会权力和能量的来源正是女性供给他们的爱,源源不断供给的爱;这意味着爱情就好比是混凝土,男性统治之大厦以它为材料而建造②。浪漫爱

---

① S. de Beauvoir,《第二性》(*The Second Sex*) (New York: Vintage Books, 1970 [1949])。

② S.Firestone,《性辩证法:女性主义革命案例》。

情不仅隐去了阶级和性别隔阂,且实质上使之成为可能。泰—格瑞斯·阿特金森(Ti-Grace Atkinson)曾发表过这样的惊人之语:浪漫爱情是"迫害女性的心理撬动点"①。女性主义最引人瞩目的主张是:爱情和性活动的核心是权力斗争;男性在这一斗争中占得上风且持续占上风,是因为经济权力和性别权力存在趋同关系。这种男性性别权力体现为界定爱恋对象的能力,及制定求偶规则和表达浪漫感情的能力。归根结底,男性权力表现为:性别身份和等级在浪漫情感的表达和体验中得到发挥和复制;反过来,主观情感支撑起更广泛的经济和政治权力差异。

然而不止从一个角度看,这种权力至上论都存在一个缺陷;这个缺陷已成为女性主义者批判爱情时的主旋律。在过往年代中父权制远比今天强盛,爱情对男性和女性主观性所起到的作用反而远不如今天重要。不仅如此:文化上对爱情的重视似乎与家庭中男性权力的削弱——而非男性权力的加强——密不可分,而且与平等观念的兴起和两性关系对称性的提高密不可分。此外,女性主义理论很大程度上建筑在如下假设上:在爱情(及其他)关系中,权力是各种社会关系最首要的基石。假如这么想,就必须漠视大量的经验证据;经验证据告诉人们,爱情的重

---

① T.-G. Atkinson,《激进的女权主义和爱》("Radical Feminism and Love")(1974), in Susan Ostrov Weisser (ed.),《妇女与浪漫史读本》(*Women and Romance: A Reader*, New York: New York University Press, 2001), 第138—142页。

要性绝不亚于权力,爱情也是一股极为强势的、不可见的社会关系的推动力。如果轻描淡写女性爱情(以及爱的欲望)的力量而片面强调父权制的力量,则女性主义理论常常无法解释为什么爱情对现代女性以及男性具有巨大的左右能力,也无法完全理解爱情意识形态中固有的平等主义诉求,及其对父权制由内而外的颠覆能力。在解析异性关系的建构方面,在解析异性恋为两性带来不可思议的魔力方面,父权制当然起到了核心作用;不过单纯用父权制无法解析爱情理想对现代男性和女性这种非同寻常的左右能力①。

本书希望能勾勒一个框架,以此为基础找到爱情痛苦的制度成因;本书默认爱情体验带来的强大控制力无法简单解释为"虚假意识"②。这种解释甚至不必提出就可排除了。爱情之所以对我们的幸福和身份如此重要,它之所以变成我们经验中如此多灾多难的一个方面,我认为都出于同一个原因:以上两件事

---

① C.A. MacKinnon,《对职场女性的性骚扰:性歧视个案》(*Sexual Harassment of Working Women: A Case of Sex Discrimination*, New Haven: Yale University Press, 1979); A. Rich, "强迫型异性恋及女同性恋存在", 表征5(4)(Compulsory Heterosexuality and Lesbian Existence, Signs, 5[4]) (1980), 631–660; S. Schecter, "针对女性家暴持续性的分析" (Towards an Analysis of the Persistence of Violence against Women in the Home); Aegis:《关于终止对女性暴力的杂志》(*Magazine on Ending Violence against Women*, July/August 1979),第47页; S. Schecter,《女性与男性暴力:受虐妇女运动的愿景及斗争》(*Women and Male Violence: The Visions and Struggles of the Battered Women's Movement*) (New York: South End Press,1983)。

② 参见 A. Swidler,《论爱情》(*Talk of Love*) (Chicago: University of Chicago Press, 2001)可得到该问题的完美答案。

都同自我和身份在现代时期被制度化的方式有关系。借用哲学家哈里·法兰克福(Harry Frankfurt)的说法,如果我们当中很多人在爱情中有"某种挥之不去的焦虑或不安",感觉到爱情问题令我们"烦恼、焦躁、对自己不满"①,那是因为爱情包含、映照、放大了在现代性制度中自我"陷入困境"的境遇②;至于制度的形成,必然受到经济关系和性别关系的作用。如卡尔·马克思的著名语录所言:"人类自己创造了自己的历史,但他们并不是随心所欲地创造,也不是在他们自己选定的条件下创造,而是在直接碰到的、既定的、从过去承继下来的条件下创造。"当我们满心爱恋或闷闷不乐,我们这么做是凭借资源的使用,在并非我们自己创造的条件下进行的;这本书想要研究的正是这些资源和条件。后续篇幅中我的论点概括起来就是,现代性爱情中自我结构的某些最根本要点发生了变化。泛泛而言,这些变化可描述为如下方面:我们爱情意志的结构出现变化,即我们向性伴侣需索什么,及如何来获得我们所需索的东西(详见第二章、第三章);令自我脆弱性的形成原因也出现了变化,即让一个人感觉没有价值感的原因出现了变化(详见第四章);最后,出现变化的还有欲望的组织形式,即我们内心激发情色欲望和浪漫欲

---

① H. Frankfurt,《爱的理由》(*The Reasons of Love*)(Princeton:Princeton University Press,2004),第5页。

② E. Chowers,《现代自我的迷宫》(*The Modern Self in the Labyrinth*)(Cambridge,MA:Harvard University Press,2003)。

望的思维及情感的内容(详见第五章和第六章)。意志如何构建？认同如何建立？欲望如何被激发？以上是对现代性中爱情转型展开分析的三条主线。从根本上说,我的目标是能把马克思对商品的研究复制到对爱情的研究上:阐明爱情的塑造和产生是经由实质性的社会关系;阐明爱情所流通的市场中,行动者之间存在不平等竞争;论证某些人掌握着比别人更大的能力来定义他们获得爱情的条款。

上述这些分析的背后当然免不了存在误区。最明显的误区也许来源于我过分强调现代时期的"我们"与前现代时期的"他们"之间的差异。毫无疑问,即便不是大多数读者,也会有不少读者认为他们本人就是反例,从而质疑本书的论点——即爱情带来痛苦的原因必然跟现代性有关。针对这种严肃的反对意见,存在一些现成的回应。其中一种回应是,我并没说爱情带来痛苦是新生事物,只是说我们体验爱情痛苦时出现了某些新形式。第二种回应与社会学家的研究方法有关:我们对个别行为和个体情感并不十分感兴趣,而对这些行为和情感的组织结构更感兴趣。或远或近的过去也许并不乏跟当前状况貌似差不多的案例,但这些案例的指向并不能代表当代浪漫爱情实践及爱情痛苦所指向的大规模结构性成因。从这个意义上,我希望获得历史学家的谅解;当我援引历史的时候较少考虑历史的厚重、复杂、运动,而更多地把历史作为一幅固定主题的锦绣背景,通过今昔对比来突出现代性所具备的典型特征。

与其他社会学家一样,我视爱情为一个特殊的微观世界,通过它来理解现代性的进程;但不同于别的社会学家,我下文中要讲述的故事,无关乎情感战胜理智的英雄式胜利,也无关乎性别平等战胜性别剥削,而是一些可从多方面解读的故事。

何谓现代性?

甚于其他领域,社会学诞生于人们对现代性的意义和后果的狂热急切叩问:卡尔·马克思,马克斯·韦伯(Max Weber),爱米尔·涂尔干(Émile Durkheim),格奥尔格·齐美尔(Georg Simmel)等人都尝试理解"旧"世界向"新"世界转变的意义。"旧"世界是指宗教、社区、秩序、稳定性等等。"新"世界是指令人眼花缭乱的变化,世俗生活、社会纽带的解体,平等呼声的不断高涨,萦绕不去的身份的不确定性①。从 19 世纪中叶到 20 世纪,在代表着转型的这一特殊时期,社会学界一直潜心研究着几大令人生畏的恒久难题:宗教和社区的衰弱是否会危及社会秩序?当神圣感缺席,我们是否还能够度过有意义的人生?马克斯·韦伯尤其困扰于陀思妥耶夫斯基和托尔斯泰提出的问题:假如我们不再敬畏上帝,那么我们的道德感由什么来维持?如果我们不再相信和受驱于神圣的、集体的、有约束力的意义,

---

① 援引及翻译见 P. Wagner,《现代性社会学研究:自由和纪律》(*A Sociology of Modernity: Liberty and Discipline*)(London: Routledge, 1994),第 xiii 页。

那么我们人生的意义为何？假如个体——而非上帝——是道德感的核心，那么我们用什么来替代"兄弟之爱伦理"呢？后者过去一直是宗教背后的驱动力①。自诞生伊始，社会学的使命就是理解宗教消亡后人生的意义为何。

大多数社会学家同意，现代性提供了振奋人心的各种可能性，同时也带来不祥风险，有可能危及人们度过有意义人生之能力。哪怕社会学家认为现代性是战胜无知、长期贫困的一种进步，仍然有种普遍观点认为现代性也会削弱我们讲述美丽故事、生活在丰富多彩的多元文化中的能力。现代性令人们从强势而甜蜜的幻境和错觉中清醒过来，而这些幻境和错觉曾经帮助人们忍耐人生之苦。失去这些幻想，我们的人生就失去了对更高原则和价值观的恪守，失去了神圣感带来的狂热和极乐状态，失去了圣徒们的英雄事迹，失去了神的诫命带来的确定感和秩序感，而最重要的是，我们失去了能抚慰人心、美化现实的种种虚构物。

这样的清醒在爱情王国中比别处来得更为明显；几个世纪以来，西欧历史上充斥着种种理想，如骑士精神、绅士精神、浪漫主义精神等等。男性理想中的骑士精神最首要的一条规定是：以勇气和忠诚保护弱者。女性的弱势就此包含在文化体系中，

---

① M Weber, "宗教与世界"("Religious Rejections of the World and Their Directions")选自 H.H. Gerth 和 C.W. Milles（eds and trans），《韦伯选集》(*From Max Weber*, London: Routledge, 1970 [1948])，第 323-359 页。

其弱势因此得到公认和赞美,因为如此一来男性的权力和女性的脆弱摇身一变成为惹人喜爱的品格;其中一种品格称做"保护精神",另一种品格称做"温柔"和彬彬有礼。女性的社会劣势可换来男性对爱情的绝对忠诚,爱情从此成为秀场,供人展示和实践大丈夫气概、勇猛刚毅、荣耀等等。此外,女性经济和政治权利的剥夺也伴随着安抚(大概算是补偿吧),在爱情中她们不仅受到男性保护,而且还比男性优越。因此毫不奇怪,在以往历史上爱情在女性心中一直有极强的诱惑力;爱情向她们承诺了道德地位和尊严,这些是她们在社会其他地方无从获得的;爱情还美化了她们的社会命运:以母亲、妻子和爱人的身份照顾和关爱他人。因此从历史观点看,爱情之所以具有极强的诱惑力正是因为它掩盖并美化了两性关系核心中各种深刻的不平等。

高度现代性或超现代性——本书将它狭义地定义为一战以后的时期,并通篇称之为"现代性"——标志着烙印于早期现代性的一些社会趋势的激进化;并改变了,在某些时期深刻改变了爱情文化及蕴含其中的性别身份经济学。这一文化确实维持甚至放大了爱情理想:爱情是一种能超越平庸生活的力量。然而当人们把性别平等和性自由这两个政治理念设定为亲密关系的重心时,爱情就被剥去了仪式性尊重的外衣,被驱散了环绕迄今的神秘光环。爱情中曾经圣洁的一切变得世俗,男性终于被迫以清醒判断力来直面女性生活的真实状态。正是爱情的这种深度割裂和两面性——一方面作为超越存在性的源泉,另一方面作为展现性别身份的激烈竞赛场合——彰显了当代爱情文化的典型特点。更具体地说:它展现性别身份和性别斗争,即展现制度和文化的核心困境及现代性的矛盾心态;这些困境围绕着一系列重要的文化动机和制度动机,此类动机包括真实性,自主性,平等,自由,承诺,自我实现等。如果要研究现代性的核心和基础,那么对爱情的研究并非无关痛痒的,而是正好**切中要害**。①

异性恋浪漫爱情,是盘点剖析对于现代性的种种矛盾认识的最佳切入点之一;因为过往 40 年来,爱情纽带关系内部出现了自由和平等的激进化,也出现了性活动和情感的极端分裂。异性恋浪漫爱情包含着 20 世纪最重要的两个文化革命:生活方式的个性化,和情感生活计划的加剧化;还有社会关系的经济化,即经济模型无孔不入,渗透到自我塑造与人的各种情感当中②。性行为和性态度摆脱了道德规范,并融入到个性化生活方式和人生设计中;而资本主义的文化语法已大举侵入到异性恋爱情关系的范畴。

例如,当(异性恋)爱情成为小说的基本主题时,很少有人

---

① 这也是诸如吉登斯,贝克,格恩斯海姆·贝克,及鲍曼等社会学家的理论观点和社会学观点。

② 参见 R. Bellah,W. Sullivan, A. Swidler,和 S. Tipton,《心灵的习性:美国人生活中的个人主义和公共责任》(*Habits of the Heart: Individualism and Commitment in American Life*)(Berkeley: University of California Press,1985)。

注意到爱情与另一个主题密不可分,无论在布尔乔亚小说中还是在整个现代时期它都占据着同等重要的中心地位——它就是社会流动。在我们之前讨论过的凯瑟琳和爱玛的例子里,浪漫爱情几乎总免不了与社会流动问题难解难分。也就是说,小说(及后来的好莱坞影片)提出的一个中心问题过去是且现在也依然是:爱情是否能压倒社会流动,在何种条件下爱情能压倒社会流动;反过来表述,社会经济的门当户对是否理应成为爱情的一个必要条件。现代个体的形成,与情感个体、经济个体、爱情个体、理性个体的形成是同时进行且互为一体的。这是因为,当爱情在婚姻中(还有在小说中)占据中心地位的同时,婚姻作为家族联盟工具的作用也受到弱化;这标志着爱情在社会流动方面的新角色。然而这种情况,完全不等于爱情从此与经济盘算一刀两断,事实上它加剧了经济盘算,因为总有女性和男性希望凭借爱情点石成金,踩着社会阶梯不断地往上(往下)爬。爱情使得婚姻与经济及社会再生产策略之间的般配显得没那么露骨、没那么正式,因此越来越多地看到现代人在择偶过程中情感抱负和经济抱负并重的情形。当今的恋爱结合包含了理性考量和战略利益,把双方的经济和感情特质组成融为一体成为单一文化矩阵。伴随现代性,各种文化转型纷纷出现;其中一种关键转型就是爱情和社会流动的经济学策略混为一体。本书因此也难免存在一些方法论上的偏差:本书论述异性恋爱情甚于同性恋爱情,因为前者否认选择爱情对象是出于经济基础,而将经济和情感逻辑合二为一。这两种逻辑经常能和谐共处相安无事，但同样经常地能从内部打碎爱情。爱情和经济盘算的这种合并，令爱情成为现代人生活的重心，也让爱情成为多股冲突压力集聚的重心。情感和经济的这种交错也因而成为本书的一条主线；顺着这条主线，我提出在现代性下对爱情的解读，阐述选择、理性、利益、竞争等等因素如何转变人们邂逅、寻找、追求爱侣的模式，如何转变人们商榷及裁决情感问题的方式。本书还有另一偏差，文中涉及的爱情条件从女性角度出发甚于从男性角度出发，特别是从那些选择了婚姻、生儿育女、中产阶级生活方式的女性的角度出发。我想说明，以上抱负结合她们在两性交往的自由市场上的地位，产生出女性在情感上受制于男性主宰的种种新形式。所以说，尽管很多女性能从本书中找到自己的影子，但本书并不能普遍套用于一切女性（肯定不适用于女同性恋者，也不适用于对家庭生活不感兴趣，对结婚与否或对生育孩子不感兴趣的女性）。

现代性中的爱情，爱情的现代性面貌

一般人将现代性的兴起解读为科学知识、印刷媒体的兴起、资本主义发展、世俗化、民主理念的影响。大多数人在归因时会忘记提及，伴随着现代性出现了反思型情感自我的形成——我将在别处单独行文论证这一点①——对情感进行自我反省,即以主要情感条款定义自身和身份,它围绕着情感的管理和肯定。本书希望将浪漫爱情的文化理念和实践放置于现代性文化核心中来研究,更多地关注它对一个人的人生经历以及情感自我构建的决定性价值。如尤特·弗莱佛特(Ute Frevert)所言,"情感不仅仅被历史所打造,它们也在打造着历史。"②

哲学家加布里埃·莫茨金(Gabriel Motzkin)曾提出过一个方法,可启发人们思考现代个人自我在漫长的形成过程中爱情扮演了什么角色。按照他的观点,基督教(保罗学)信仰使人对爱情和希望的情感既是可见的又是核心的,从而建立了一个情感自我(而不是,比方说,一个智性自我或政治自我)。③ 莫茨金的论据是,文化的世俗化过程除了其他种种之外还包括宗教之爱的世俗化。这种世俗化以两种形式出现:令俗世情变成神圣情感(之后被歌颂为浪漫爱情),或令浪漫爱情变成一种对宗教限制的反抗情绪。由此可见,爱情的世俗化在人们从神权下

---

① E. Illouz,《拯救现代灵魂:治疗,情绪和自我帮助的文化》(*Saving the Modern Soul: Therapy, Emotions and the Culture of Self-Help*, Berkeley: University of California Press, 2008)。

② U. Frevert,《感觉要在历史中找寻什么?》("Was haben Gefühle in der Geschichte zu suchen?" Geschichte und Gesellschaft, 35 [2009]),第 183-208 页(第 202 页)。

③ G. Motzkin,"世俗化、知识与权威"("Secularization, Knowledge and Authority") in G. Motzkin 和 Y. Fischer (eds),《当代欧洲的宗教和民主》(*Religion and Democracy in Contemporary Europe*) (Jerusalem: Alliance Publishing Trust, 2008),第 35-53 页。

解放出来的过程中扮演了重要角色。

若一定要针对以上分析划分出更精确的时间框架,那么新教改革对现代爱情自我的形成而言是个重要阶段;因为它标志着父权宗法制度社会与友伴式婚姻理想所体现的新型情感期望之间出现了一系列新的张力。"清教徒作家们鼓励人们建立婚姻行为的新理念,强调已婚夫妇之间亲密感和强烈情感的重要性。丈夫们受到鼓励去关注妻子们的精神幸福和心理健康。"①

众多的学者、历史学家、社会学家认为,爱情——尤其新教文化之下的爱情——一直以来是性别平等的来源;因为它伴随着对女性的极大尊重。② 通过丈夫们应体贴疼爱配偶的这种宗教训诫,女性们观察到自己地位提高了,她们与男性们以同等资格做决策的能力也提高了。安东尼·吉登斯(Anthony Giddens)等人进一步提出,爱情在构筑女性的自主性中起到了核心作用;这种情形起源于 18 世纪,浪漫爱情文化理念一朝与宗教伦理决裂后,女性和男性同样受到推动,

---

① M. Macdonald,《神秘的混乱:17 世纪英国疯狂、焦虑和疗愈》(*Mystical Bedlam: Madness, Anxiety and Healing in Seventeenth-Century England*) (Cambridge: Cambridge University Press, 1983),第 98 页。

② F. Cancian,《爱在美国》(*Love in America*) (Cambridge: Cambridge University Press,1987); A. Giddens,《亲密关系的变迁》(*The Transformation of Intimacy*) (Cambridge: Polity Press, 1992); L. Stone,《1500 年–1800 年间英国的家庭、性和婚姻》(*The Family, Sex and Marriage in England, 1500–1800*) (New York: Harper and Row, 1977)。

希望能自由选择他们的爱情对象。①事实上,爱情这个概念本身就预先假定且构成爱人们的自由意志和自主性。莫茨金甚至提出,"大众心目中权威概念的形成,是预设女性具有情感自主性带来的长远后果。"② 18 世纪的情感文学和小说更强调了这种文化趋势,因为它们所倡导的爱情理念从理论和实践双方面动摇了父母——特别是父亲——对女儿婚姻的强权。由此可知,浪漫爱情理想乃是女性解放一个很重要的动因:它是一种个体化和自主的动因;这种解放会如何呢?当然这个问题曾令人纠结。因为在 18 世纪和 19 世纪,私密领域得到极大重视,安·道格拉斯(Ann Douglas)借斯陀夫人(Harriet Beecher Stowe)之口说,女性可扮演"穿粉色和白色衣服的暴君":也就是说,驱使"19 世纪美国妇女利用其女性身份获取权力"。③爱情令女性落入男性监护之下,但爱情能做到这一点是通过某个自我模型的合法化;这个自我必是私人的、家庭的、个人主义的自我,至为重要的是,它是要求情感自主的自我。伴着公共领域兴起而出现的道德个人主义,经由浪漫爱情在私密领域得到了加强。有一种新型社交

---

① Giddens,《亲密关系的变迁》(*The Transformation of Intimacy*)。
② Motzkin,"世俗化、知识与权威"("Secularization, Knowledge and Authority"),第 43 页。
③ A. Douglas,《美国文化的女性化》(*The Feminization of American Culture*)(New York: A.A. Knopf, 1978),第 6-7 页。

模型,吉登斯称之为纯粹关系"①;它建立在两个具有同等权利的个体因感情和利己主义目的而结合的契约式假设上;事实上爱情是这种模型的实际例证,也正是它的发动机。这种纯粹关系是两个个体出于自身原因而建立的,并可以按照其意愿进入或退出。

然而,在历史学家所说的"情感个人主义"形成中,爱情扮演了相当重要的角色;在现代时期的爱情故事中,这种情感个人主义常常表现得充满英雄气概,它引导人们从束缚走向自由。故事说道,当爱情凯旋,出于便利和利益目的的婚姻就消亡了,而个人主义、自主权、自由则大获全胜。尽管我同意浪漫爱情既挑战了父权制也挑战了家庭制度,可我认为这种"纯粹关系"另一方面也带来个人生活领域的反复无常,而且在意识层面反映为爱情不如意。是什么为爱情带来这种长期的不安、迷失,甚至绝望?我认为,只有通过社会学、通过对现代性文化核心和制度核心的了解才能作出很好解释。基于同一个原因,我也相信我的分析适用于大多数参与到现代性形成中的国家,我说的这种现代性是建立在平等、契约精神、资本市场上男性和女性整合的基础上;制度化的"人权"成为人的核心:这个跨文化的制度矩阵存在于全世界多个国家,它颠覆和转变了婚姻的传统经济功

---

① A. Giddens,《现代性与自我认同》(*Modernity and Self-Identity*) (Stanford: Stanford University Press, 1991), 第70-108页; Giddens,《亲密关系的变迁》(*The Transformation of Intimacy*), 第49-64页。

能,以及两性关系的传统调控模式。这个矩阵促使我们思考现代性当中极富矛盾性的规范特征。现代性条件对我的爱情分析而言十分关键,然而从*清醒的*现代主义者的视角进行分析则尤为关键:这个视角承认,虽然西方现代性造成大量的破坏和痛苦不幸,但其关键价值观(政治解放,世俗主义,理性主义,个人主义,道德多元化,平等,等等)在人们视线之内仍找不到更高明的替代物。尽管如此,支持现代性必须是一项清醒的事业,因为这种西方文化形式下的现代性造成了形态独特的情感忧患和对传统生活世界的破坏,使现代人的生活深陷长久的本体不安全感之中,并越来越大地动摇着身份和欲望的组织形式。①

为什么社会学当前且将来都是必要的?

现代心理学始祖威廉·詹姆斯(William James)认为,心理学家要考虑的首要事实是"关于某些进行中事物的思考";他说思考是个体的:每个念头都是个人意识的一部分,而个人意识引导这一个体在面对外部世界时,选择去应对什么体验、拒绝什么体验②。相反,社会学自其奠基之日起,主要使命一直是揭示信

---

① 参见 R. Girard,《牺牲》(*Le Sacrifice*)(Paris: Bibliothèque nationale de France, 2003); R. Girard,《一部关于妒忌的剧作:威廉·莎士比亚》(*A Theatre of Envy: William Shakespeare*)(New York: Oxford University Press,1991)。

② W. James,《心理学原理》(*The Principles of Psychology*, Vol. 1, New York: Cosimo, 2007 [1890]),第224页。

念的社会基础。对社会学家而言,个体和社会之间并不对立,因为思想、欲望、内心冲突的内容都有制度化偏差和集体偏差。例如,当社会和文化同时提倡浪漫爱情的强烈激情、异性恋婚姻应成为成年生活的模式时,它们不仅影响到我们的行为,同时影响到我们对幸福的抱负、希冀、梦想。社会模型的作用不限于此:通过将浪漫爱情理想和婚姻制度相提并论,现代体制将社会矛盾植入到我们的抱负中,这些矛盾转而通过心理学特征得到体现。婚姻的制度组织(以一夫一妻、同居、将经济资源汇聚到一起以增加财富为基础)事先排除了浪漫爱情作为强烈的、不顾一切的激情进行维持的可能性。这些矛盾迫使政府机构展开大量文化工作,以期管理与和解这两种相互冲突的文化框架。①这个双管齐下的文化框架进而表明,爱情和婚姻中常见的与生俱来的愤懑、挫败、失望如何可从社会和文化安排中找到其基础。尽管矛盾是文化不可避免的一部分,尽管一般情况下人们可以轻松地腾挪于矛盾之间,然而总是有些矛盾比其他矛盾更为棘手一些。当矛盾事关对体验进行清晰表述的可能性,它们就不易与日常生活相安无事了。

针对同一体验,不同个体常常有不同解读,或者说我们所经历的社会体验大多数要通过心理分类才能获取,但这并不限定说此类体验仅仅是私人的个别的。某一体验总是经由制度进行

---

① 参见 Swidler,《论爱情》(*Talk of Love*)。

容纳和组织(病人在医院中;叛逆的青少年在学校中;愤怒的女性在家庭中,等等);体验还具备多种多样的形态、强烈程度、质地等,这些都衍生于制度构筑情感生活的方式。例如,婚姻中很大一部分的愤怒或失望离不开婚姻构建两性关系的方式,离不开婚姻中制度逻辑和情感逻辑的混淆:比如,渴望毫无男女差异的融合与平等,与性别角色的扮演造成的无可避免的距离感。最后,要让自己和他人明了,体验必须遵从既有的文化模式。病人可能会解释说,他的病是上帝对他从前过失的惩罚,是个生物学上的意外事件,或由潜意识中的求死心态引起的;以上种种解读都来自于、根植于复杂的解释模式,这些解释模式是历史上曾经身临其境的一群人使用过、能辨认的。

这并不等于说我否认人和人之间存在重大心理差异,或否认这些差异在决定我们人生时具有重大影响。我反对当前占主导地位的心理学思潮,主要体现在三个层面:我们所谓的个人抱负和个人体验中间其实含有不少社会内容和集体内容;心理差异通常——虽然并不永远成立——不外是社会地位和社会抱负的差异;最后,现代性对自我和身份形成的影响,正是要展露个体的心理属性并让它们在决定其爱情命运和社会命运时发挥关键作用。我们都是心理实体——言下之意,我们的心理状态对我们命运影响非常之大——这一事实**本身就是一个社会学事实**。当道德资源遭到弱化,当决定个体在社会环境中机动能力的社会制约遭到弱化,现代性结构向人们揭示了其自身的精神结构,因而致使人们的心理状态面临社会命运时显得既很脆弱又具高度操纵性。综上所述,现代性中的自我脆弱性可概括如下:强势的制度约束塑造我们的体验,但个体能通过他们在社会轨迹中所积聚的精神资源予以应对。这就是现代社会体验的两面性——安身于制度和精神的夹缝中——我希望在爱情和爱情痛苦的参照系下记载这一点。

社会学与精神痛苦

自奠基之日开始,社会学的主要研究对象就是痛苦的集体表现形式:诸如不平等,贫困,歧视,疾病,政治压迫,大规模武装冲突,还有自然灾害等等;社会学界通过这些棱镜,探索人类生存条件下的种种忧患。社会学十分成功地分析了这些痛苦的集体表现,但往往忽视各种社会关系中与生俱来的平凡人精神痛苦的分析:怨愤、羞辱、单相思等等,这里列举的不过是其中一小部分日常的、隐形的表现形式而已。这一学科不太愿意让研究范围涉及到情感方面的痛苦——那些往往被视为临床心理学的主要范畴——也不愿意涉足社会的个人主义模式和社会的精神分析模式的一潭浑水。但社会学假如要跟上现代社会,当务之急是必须探索近阶段现代性条件下反映自我脆弱性的种种情感。本书主张爱情是上述情感之一,详尽地分析爱情所产生的体验将引领我们回溯社会学使命的本原;这对社会学使命而言也是十分需要、十分贴切的。

在思考爱情痛苦的现代性特征时,"社会痛苦"这个概念貌似是个颇受欢迎的入手点。然而这个概念于我的研究目的并无太大助益;如人类学家所理解的那样,社会痛苦专门指向大范围的可见的后果,因饥荒、贫困、暴力或自然灾害等原因产生,[①]因而这个概念省略了可见性较低、形式性较低的一些痛苦形式,比如焦虑、一无是处的感觉、抑郁等等,而后面列举的这些在日常生活和普通关系中俯拾皆是。

精神痛苦具备两大首要特征。首先,叔本华曾经指出,人们之所以遭受痛苦煎熬是因为我们活在"记忆和预期"中。[②] 换言之,痛苦是以想象为媒介的:它包含着构成我们的记忆、期待、憧憬的多种意象和理念。[③] 用更地道的社会学术语可表述为,痛苦以自我人格的文化定义为媒介。其次,典型情况下当人们意义建构的能力遭到破坏后痛苦即接踵而来。因此保罗·利科(Paul Ricoeur)说,痛苦经常表现为人们伤恸于痛苦的盲目和霸

[①] A. Kleinman, V. Dass, and M. Lock (eds)《社会苦难》(*Social Suffering*) (Berkeley: University of California Press, 1997)。

[②] A. Schopenhauer,《叔本华小品警语录》(*Essays and Aphorisms*) (Harmondsworth: Penguin, 1970),第44页。

[③] 例如,人们不妨可以推测,带有平均主义文化想象的种种平均主义文化及一种流动的社会结构,相对于世袭阶级社会会产生更多的精神痛苦,因为世袭阶级社会中个人发展预期值很低或相对较低。

道。① 因为痛苦是闯入人们日常生活的非理性事物,它需要一个理性的解释,需要一个为何活该遭此惩罚的解释。② 换言之,如果人们无法理解痛苦的由来,那么痛苦的体验就变得更加难以忍受。当痛苦得不到解释,我们会加倍难受:一方面为我们遭受的痛苦本身,另一方面为自己无法理解痛苦的来龙去脉。因此任何痛苦的体验总是将我们引向各种解析体系,这些体系就是要帮我们弄清痛苦的脉络;它们在厘清痛苦脉络方面各有所长。这些体系以不同方式分派责任,应对和强调痛苦体验的不同方面,以不同方式把痛苦转化(或不转化)成为别的体验类型,诸如"救赎"、"成熟"、"成长"或"智慧"等。关于现代的精神痛苦我需要补充几句,尽管它有可能牵涉到一系列生理学和心理学反应,但其典型特征仍是攸关自我——自我的定义及价值感。精神痛苦包含着自我的完整性受到威胁的体验。当代亲密人际关系中存在的痛苦反映了现代性条件下自我之现状。爱情痛苦不是所谓的更严肃的痛苦形式的一种附庸;我希望通过本书能加以阐明,爱情痛苦表明和上演着现代性中自我所处的困境,自我无能感的各种表现形态。通过分析多种来源的资料

---

① I. Wilkinson,《痛苦》(*Suffering*)(Cambridge: Polity Press, 2005),第43页。

② 在宗教方面,这已经成为宗教神义论的主要功能;人们用神义论解释为何人们应受难,更重要的是,为何人们受难是正确的事。在浪漫爱情领域,临床心理学已经占据了神义论的功能,被人们用来解释为什么我们要受难,让这件事不仅可以理解而且可以接受。

(深度访谈,网站,《纽约时报》的"现代爱情"专栏,独立报的性爱专栏,18世纪及19世纪的小说,关于约会、恋爱、浪漫关系的种种自助手册等)①,我记录下那些遭人遗弃的体验,那些得不到回应的爱;它们对人们生命叙事之重要程度绝不下于其他形式(政治上或经济上)的社会性羞辱。

怀疑论者会公然宣称,诗人和哲学家们很久以前就意识到爱情有可能带来毁灭性后果,从古至今痛苦一直是爱情的主要修辞之一;浪漫主义运动时期这种情况曾达到颠峰,当时爱情和痛苦可谓是相互印证相互定义。但本书认为,为爱受难在现代的体验当中出现了质变式的新变化。现代的爱情痛苦中,当之无愧可称得上现代的事物有:婚姻市场的兴起(第二章);择偶架构的转型(第三章);社会价值感的构成中爱情占据了至高无上的重要性(第四章);激情的理性化(第五章);以及浪漫爱情想象的展开方式(第六章)。本书期望能理解爱情痛苦当中称

---

① 我的数据十分多样化,包括70余次采访生活在欧洲,美国和以色列三大城市中心的人群;各种各样基于网络的支持团体;19世纪及当代小说;样本量可观的当代指南,关于恋爱,约会,结婚,离婚等;婚恋交友网站;最后还有针对《纽约时报》"现代爱情"专栏为期两年的一项分析。受访者包括60%名女性和40%名男性,因为采访者需要得到被访者信任,我采用雪球法。所有受访者为大学毕业教育水平,年龄从25到67岁不等。样本包括从未结婚的单身人士,离异单身人士,和已婚者。通过使用假名来保护他们的匿名性。未就国家差异进行讨论,原因有两个:第一,我发现男性和女性面临的困境非常相似(这本身就是一个发现);第二,假如说所有研究中的选择难免会隐含指向现象的某些方面而对其他方面视而不见,那么我选择的是侧重不同国家背景的男性和女性的经验的共同之处,而不是差异之处。

得上较为新颖和现代的事物有哪些,但本书的目标并非毫无遗漏地列举浪漫爱情痛苦的所有表现形态,而仅仅列举其中一部分;本书也并不排除现实生活中许多人爱情生活十分美满。本书要提出的观点是,爱情的痛苦和幸福都具备其特定现代形态;本书侧重关注的是这些现代形态。

第二章
爱情大转型,或婚姻市场兴起

"为何你没能亲自来看我?"亲爱的人,旁人会怎么说呢?是啊,我得穿过院子,那旁人就会注意到,就会打听。那么就会生出闲话,生出流言蜚语,他们会把这件事情曲解得面目全非。不,小天使啊,我还是等明天做晚祷的时候看到您更好一点。

——陀思妥耶夫斯基,《穷人》①

当时是1951年[……]。在文斯堡大学,有什么样的女孩会认为一个男孩"值得渴望"呀?反正我本人从没听闻过,文斯堡或纽沃德或随便哪里的女孩子们心怀这种感情。据我所知,女孩们不会因为此类欲望而兴致盎然;能令她们感到兴致盎然的是限制,是禁区,是一望而知的禁忌;只有这些才能满足我那些同校学生们践踏成规的野心:成规就是要她们跟靠得住的年轻工薪一族重归家庭生活,即她们因上大学而暂时得以逃脱的那种家庭生活,而且还要尽快做到。

——菲利普·罗斯,《愤慨》②

---

① F. Dostoevsky,《穷人》(*Poor Folk*) (Teddington, UK: Echo Library, 2003 [1846]),第16—17页。
② P. Roth,《愤慨》(*Indignation*) (New York: Houghton Mifflin, 2008),第58页。

长久以来,爱情被描绘成一种能够压倒和绕过意志力的体验,一种超出人们掌控的势不可当的力量。但我在本章和下一章中提出的这个观点看似有悖于人们的直觉:要理解现代性的爱情转型,最有成效的一种方法是通过选择分类。这不仅仅因为爱就是把某人从可能人选中精选出来,所以选择爱情对象这一行为正好彰显了某人的个体特征;而且爱某人等于直面如下这些选择命题:"他/她是那个真命天子/天女吗?""我怎么知道这个人最适合我?""难道以后不会遇见更好的人选吗?"诸如此类问题既关乎情感也关乎选择,起到一种区分作用。某种程度上,现代人通过在作选择过程中提出要求来定义自我——这一点最突出地体现在消费领域和政治领域——爱情让我们极大地洞悉现代性中人们作选择所依据的社会基础。

选择乃是现代性中具有决定意义的文化标志;因为至少在经济和政治方面,选择不仅体现自由得到行使,还体现出行使自由前必先具备的两种能力,即理性和自主性。由此可见,在现代的自我人格塑造方面,选择无疑是最强大的文化载体和制度载体之一;一方面选择是权利,另一方面选择是能力的体现。如果选择是现代个人特质的固有体现,那么要把爱情作为一种现代性体验来理解,*如何*及*为什么*人们选择——或不选择——缔结某段关系?这个命题就变得极为关键。

经济学家、心理学家,甚至连社会学家都会倾向于这么认为:选择是理性行使中的自然特征,类似于心智的一种固定不变的属性;可定义为针对喜好作出评价的能力,是根据喜好等级体系以一贯之地采取行动的能力,是采用最有效手段作出选择的能力。然而选择权远非一项简单的分类工作,正如行为的其他要素受文化的塑造,选择也受到文化的塑造。某种程度上,选择隐含着在理性思维和情感之间存在某种等级结构——身处多重理性思维和情感之中,人们因此受到推动而作出选择——由此可知,我们同时预设人们已具备选择能力,已具备组织选择过程的认知机制;所以我们不妨说,选择是经由文化和社会因素所塑造的,这种特质既由环境决定,又由这个人关于选择的思维和信念决定①。

我们不得不说,现代性爱情正在经历的主要转型之一与爱情选择所围绕的这些条件难以分割。这里包括两种条件。一种是选择的生态环境,或者说驱使某人朝着某个确定方向作选择的社会环境。比如同阶层通婚就是个极好的例子,制约的方式就是人选只能局限于某一社会环境内部,排除同一家庭的成员,或来自不同种族或民族群体的成员作为潜在配偶。另一种条件即性革命改变了性爱选择的生态环境,性伴侣选择过程中相当大一部分禁例

---

① H.M. Markus and S. Kitayama,"原动力模型:行为构建中的社会文化多样性"("Models of Agency: Sociocultural Diversity in the Construction of Action"), in V. Murphy-Berman 和 J. Berman (eds),《自我视角下的跨文化差异》(*Cross-Cultural Differences in Perspectives on the Self*, Lincoln: University of Nebraska Press, 2003),第1-58页。

遭到摈弃。选择的生态环境有可能是某种刻意设计的成规①的结果,也可能是某些计划外的社会动态和社会进程的结果。

但选择还有另外一个面向,我建议将它命名为选择架构②。选择架构同研究主体的内在机制相关,也受到文化的塑造:它们既关注人们评估某个对象(艺术品,牙膏,未来配偶等)时的标准,也关注自我商榷的模式;自我商榷即某人就他/她的情感、知识、形式推理等多方面进行权衡后达成决策。选择架构包含着多个认知过程和情感过程,并涉及到决策过程中情感或理性思考形式的评价方式、设想方式、监控方式。某个选择有可能是自我商榷深思熟虑的结果,也有可能是其他替代方法的汇总,或是某种"瞬间的"灵光一现产生的决策;这些路线中的每一条都具备特定文化途径,而这些文化途径有待阐明。

选择架构中,有六个文化组成部分最为引人瞩目。首先,选择是否考虑到了一个人的决策所带来的远期后果,③假如考虑

---

① 参见 C.R. Sunstein and R.H. Thaler,《助推:改进有关健康、财富和幸福的决策》(*Nudge: Improving Decisions about Health, Wealth, and Happiness*)(New Haven: Yale University Press, 2008)。

② 本概念的形成独立于 Sunstein 和 Thaler 的概念(参见上文备注),显示的意义也有所不同。

③ 关注人们行为远期后果方面出现了一些新方法;关于这方面的案例可参见 N. Elias《文明化进程:社会进化与心理进化调查》(*The Civilizing Process: Sociogenetic and Psychogenetic Investigations*)(Oxford: Blackwell, 1969 [1939]);T. L. Haskell,"资本主义和人道主义情感发源,第一部"("Capitalism and the Origins of the Humanitarian Sensibility, Part 1"), The American Historical Review,(转下页)

到了,那么哪些后果被考虑到了想象到了?举个例子,离婚率的上升在人们决定是否结婚时为他们对婚姻后果带来新的认知。对风险的回避、对懊悔的预见,转而可成为某些决策中极为突出的文化特色(比如婚姻),并因此转变选择过程。反之,某些决策可能未考虑或不考虑人们的作为带来的长远后果(比如,2008年金融危机后,华尔街的金融奇才们对他们所作选择可能产生的后果的感知比危机前大幅度提高了)。在决策过程中是否应该预先考虑后果?若考虑的话,应考虑哪些后果?这些都因文化而异。

其次,决策时所采用的商榷过程有多正规?比如,人们是否遵循明文规定?还是按直觉行事?此人会不会跟专家(预言家,占星师,犹太教拉比,牧师,心理学家,律师,财务顾问等等)商榷后才定夺?或只是迫于同伴压力或受公共规范所驱使?如果咨询专家,那么在这种正规的决策过程中到底是想澄清什么呢:是此人的"未来"(比如向占星师咨询)?是法律?是这个人潜意识里的真实欲望?还是这个人理性的自我私利?

第三,人们使用哪些模式的自我商榷进行决策?人们可听凭各人直觉行事,按他/她对这个世界习以为常的知识行事,也可展开系统化求索并评估行为的种种步骤,还可结合或不结合

(上接注③) 90(2) (1985), 339–361; T.L. Haskell, "资本主义和人道主义情感发源,第二部"("Capitalism and the Origins of Humanitarian Sensibility, Part 2"), The American Historical Review, 90(3) (1985), 547–566。

大脑地图中的可用选项。又或者,此人可能受到顿悟的启示形成了决策。例如,现代男性和女性越来越多地通过心理学模型对自己的情感进行内省,试图理解这些情感的缘由。此类自我商榷的过程,因历史而异因文化而异。

第四,是否存在某些文化规范和技巧让人们对欲望和需索持怀疑态度?例如,基督教文化包含着对一个人自身的(性的或其他的)需索和欲望的天然怀疑;相反,消费主义下的自我实现文化鼓励人们将欲望视为选择的正当依据。因文化而异的怀疑(或怀疑的缺失)很有可能影响决策的历程和结果。

第五,哪些才是决策制定时可接受的依据?评估时所采取的理性模式或情感模式是不是选择的正当依据呢?在哪个领域的选择里它们最具可操作性?举个例子,人们认为买房子和择偶两件事情,是经由不同的理性认知和情绪情感来进行调节的。尽管在实践中,我们在房地产市场上表现得更"情绪化",而在婚姻市场上表现得更"理性化",超过我们愿意承认的程度,但情感文化模式及理性文化模式势必影响到我们制定决策和感知决策的方式。

最后,选择本身受到极大重视是否因其自身原因?相比前现代时期文化,现代消费主义文化及权利本位文化在这方面有截然不同的答案。拿以下例子作个比较:台湾地区的人在择偶过程中向另一人作出承诺时,更多是立足于跟这对夫妇毫不相关的某些因素(社会规范,社交网络,或情势处境等)①。在不同文化中,需进行选择的门类存在深刻差异。

人们对自己喜好的理解,对喜好的设想是否建立在情感条件、心理条件或理性条件之上,对喜好进行反思的方式……以上种种皆经由自我语言而具体化,这种自我语言是选择架构的基本构成。②如果说这些构成选择架构的基本认知要素和情感要素因文化因历史而各有差异,那么要界定现代自我的典型特征,不妨根据人们作选择时所使用的条件和方式来进行。在本章和下一章中,我将尝试对爱情选择的生态环境与架构的转型作出特征性描述。

品格与爱情选择的道德环境

为理解现代和当代爱情选择之间的种种具体差异,我希望

---

① S.C. Chang 和 C.N. Chan,"择偶过程中承诺变迁的感知:台湾地区新婚夫妇案例"("Perceptions of Commitment Change during Mate Selection: The Case of Taiwanese Newlyweds"),Journal of Personal and Social Relationships,24(1)(2007),55-68。另一个类似案例,可见 D. Lehmann and B. Siebzehner,"权力,边界和制度:极端正统派犹太教的婚姻"("Power, Boundaries and Institutions: Marriage in Ultra-Orthodox Judaism"),European Journal of Sociology,50(2)(2009),273-308。

② 参见 K. Savani,H. Markus 和 A. Conner,"听任你的偏好引导你? 北美人群和印度人群相比,偏好和选择联系更紧密"("Let Your Preference Be Your Guide? Preferences and Choices are More Tightly Linked for North Americans Than for Indians"),Journal of Personality and Social Psychology,95(4)(2008),861-876。

先着手进行对立推理并聚焦某种文化原型;这个文化原型既要有足够的现代性从而吻合情感个人主义的模式又要充分有别于我们当前的文化,从而可凸现我们自己的当代爱情实践所关联的典型特征。为更好地展开分析,我决定把重点放在文学文本上;因为这些文本比其他数据能更清晰地表述文化模型和理念类型。具体来讲我选中的是简·奥斯汀的文学作品;众所周知,她的作品大量涉及婚姻生活、爱情、社会地位等主题。

使用这些文本时,我并不是将它们当做爱情实践方面的历史资料来看,而是当作某些假设的文化见证;在 19 世纪早期至中期的英国,这些假设有序地组织起自我、道德、人际关系等。所以这些小说并非作为证据来说明摄政时期①婚姻实践的历史复杂性。我也无意强调奥斯汀小说里情节的错综复杂和人物的多面性;当然从常规的文学读物意义上,她的小说无疑是具备以上特点的。我采用略读法,忽略她文字的多层性和复杂性,转而专注于当时的文化假设**体系**,这一体系有条不紊地组织着奥斯汀文学世界中谈到的中产阶级婚姻爱情实践。大家都知道,奥斯汀大力抨击当时婚恋中甚嚣尘上的利己主义,而倡导一种基于爱恋、互相尊重、情感的婚姻观(尽管这些也是建立在社会可接受的规范之上)。她的文字很有意思,正是因为这些文字流露出对阶层主宰下的婚姻、个人情感选择的有意识反思,因为这

---

① 英国的摄政时期是指 1811 年至 1820 年间,乔治三世被认为不适于统治,而他的儿子,之后的乔治四世被任命为他的代理人作为摄政王的时期。

些文字让人们看到在以上两种不同行为形式间可存在某种"妥协"形式,而且因为这些文字提供了很好的切入点,帮助人们理解19世纪早期至中期的英国存在的组织浪漫情感的文化体系:诸如礼仪、社会规则、约束情感表达和体验的种种制度等等。

文学文本在一定程度上包含了经过系统性编码的文化假设——关于个体人格、道德感或行为礼仪——它们帮我们构筑出有别于我们当前文化模型的另一套模型——社会学家称之为理念类型——经由对比法,它帮助我们探索和分析自己的爱情实践。通过比较奥斯汀的文化模型与19世纪中产阶层和中上阶层的实际存在的求偶实践,我希望从中理解构成现代婚姻的社会组织的一些要素。就有如画家在绘画作品中会使用明亮的底色来着重凸显其前景中的主体,奥斯汀文学世界在此处被当成色彩斑斓的画布,用以更好地揭示现当代爱情实践中男女婚配所蕴含的社会组织和深层结构。所以,在下文的分析中强调的是结构趋势和不断变迁的文化形态,而不是对具体案例进行细致入微的分析。

品格之爱,爱之品格

在名著《爱玛》(1816年)一书中,简·奥斯汀揭示了奈特利先生对爱玛的爱情本质:

> 她[爱玛]常常粗枝大叶或倔强乖张,轻视他[奈特利]的建

议,甚至有意跟他作对,对他一半优点视而不见,还跟他拌嘴,只因他不肯认同她对自身错误百出的张狂判断——尽管如此,出于世交关系、习惯和极度的好心态,他自始至终爱着她,从她还是一个小女孩时就开始守护她,努力提高她,操心她是否行事端正;这是任何其他人完全无法跟他比拟的。①

这里所勾勒的爱情观念直接来源于19世纪的男性女性称为"品格"的东西。长期以来在西方传统观念中,爱情的到来可令人丧失判断力、把浪漫爱情对象理想化到盲目程度;但与以上传统观念截然有别的是,引文中描写的爱情是坚定不移地以奈特利的辨别力作为基础的。这也正是爱玛的缺点与优点在文中得到同等强调的原因。爱上爱玛的那个人,正是能看到她缺点的那个人。爱一个人就该睁大眼睛去了解去审视。与我们今天所期望的不同,这种辨别力(及认识对方缺点的能力)丝毫不会动摇他对爱玛的感情。相反,奈特利本人的完美品格使他原谅了她的缺点,鉴别出(后来被证明是真的)她身上的"完美心灵",②并怀着热忱甚至可以说激情努力地提升她的品格。了解爱玛的缺点并不妨碍对她全心付出,因为以上这两点都来自同一道德

---

① J. Austen,《爱玛》(*Emma*)(Whitefish,MT:Kessinger Publishing,2004[1816]),第325页。

② 出处同上。

源泉。奈特利的爱情本身充满崇高的道德感,不仅因为他敦促其爱恋对象遵守道德规范,还因为爱上爱玛与他塑造她心灵的道德项目是浑然一体的。当他热切地望着她时,内心熊熊燃烧的并非情欲,而是看到她行事端正的愿望。在这种特殊的爱情观念下,我们热爱的并非此人如何卓尔不群,而是这个人有能力代表我们——还有其他人——所推崇的价值观。更值得玩味的是:爱玛在受到奈特利训斥时,完全没有受到羞辱或渺小的感觉,而是欣然接受。事实上,我们不妨可以推测:她尊敬着爱恋着奈特利,正因为他是唯一一个敦促她遵守道德规范的人,道德规范让两人双双升华。爱玛对道德规范变得如此全心投入,以至于接受了奈特利所造成的时人所谓的自恋创伤;两人在讨论美德的定义时,爱玛与他分享了她的高度自我评价,却受到他的质疑。被奈特利爱恋就等于被他挑战,就等于要为了坚持他和她自己的道德标准而应战。爱对方就等于爱他/内在优点,爱他的一切。确实,"在基督教和希伯来传统中[……],品格(或品格的"完美无瑕")曾被定义为:美德与道德目的能一以贯之地带领此人走向美好生活",①而人们期待这种一以贯之体现在所有事情上,包括心灵中所发生的事情。与 17 世纪以来盛行的(在法国最为引人注目)理念不同,心灵在这里并非一个独

---

① J.D. Hunter,《人格之死,不辨善恶时代的道德教育》(*Death of Character: Moral Education in an Age without Good or Evil*, New York: Basic Books, 2000),第 21 页。

立王国,无法用理性和道德来理解和说明。其实心灵与理性和道德紧密交错,并受到理性和道德的约束。最终,上述爱情源于"依附和习惯",远非瞬时爆发的吸引力,好像一见钟情时发生的典型情况。上述人们所体验的爱情,并没有颠覆或破坏人的存在性。这段爱情的发展是通过时间、熟悉感、双方家族的彼此了解、双方家族的过往甚密、日常相处而得来。从现代人感情视角看,这种熟悉感是如此密切,奈特利"从[爱玛]还是一个小女孩时就开始守护她"的做法几乎有近亲乱伦的嫌疑。这段爱情中一方已跟另一方的日常生活难以分割,双方家族也不分彼此,因此两人有很多机会可长期观察、了解、考验另一方的品格。如詹姆斯·亨特(JAMES HUNTER)所言,"品格[……]拒绝速成"。① 齐克果(KIERKEGAARD)用了一个比喻说,品格是铭刻在一个人身上的东西。② 因为爱情建立在品格上,所以爱情的到来不是突发事件,而是累加事件,可谓是日久生情。

若是让当代人解读这段爱情,人们可能会谴责奈特利对爱玛的感情是家长式的、控制式的,还会把"品格"或"美德"一类词汇看作是父权制试图控制女性而编造出来的代码。但这样的解读肯定忽视了奥斯汀笔下女主人公们在处理心灵事务时那种

---

① J.D. Hunter,《人格之死,不辨善恶时代的道德教育》(*Death of Character: Moral Education in an Age without Good or Evil*),第19页。
② 出处同上。

神秘的**主宰力**。这种主宰力是奥斯汀笔下女性一再展示出的特点,解密的钥匙就在于了解组织着这些女子个体人格的深层文化假设。为什么伊丽莎白·贝内特,《傲慢与偏见》(1813年)一书女主人公,听到达西用极为轻慢的言辞评论她的外貌时("她的长相还算看得过去;但还没漂亮到能让我动心……")并不感到沮丧也不感到受辱,反而充满机智和斗志呢?因为他的轻蔑嘲笑并不能塑造或影响她的自我感受和价值观。尽管在她所处的圈子中,达西无疑是最有魅力的结婚对象,可伊丽莎白对自己的情绪保持着完全掌控,只有当他遵从她对爱情的憧憬和定义时,她才容许自己表露感情。

《劝导》(1818年)一书女主人公安妮·艾略特发现,温特沃思船长与她阔别九年后重逢时竟然嫌弃她人老珠黄。虽然安妮依然爱着温特沃思船长,可她没有崩溃,如我们所料她"开始庆幸自己听见了(这番话)。"这番话令她幡然清醒;这番话平复了心潮;这番话令她镇静,接下来必将令她更快乐。①②当发现所爱的男人觉得你没有魅力了,你还能想到什么反应比这种欣喜心情更具有自制力?

最后再举个例子,埃莉诺·达史伍德——《理智与情感》

---

① J. Austen,《傲慢与偏见》(*Sense and Sensibility*, Cambridge, MA: Harvard University Press, 2010 [1813]),第40页。

② J. Austen,《劝导》(*Persuasion*, Oxford: Oxford University Press, 2004 [1818]),第54页。

(1811年)一书女主人公——爱上了爱德华·法勒斯。深陷情网后她才发现他与另外一个女子露西有婚约在先。之后她了解到爱德华并未取消与露西的婚约(这就意味着他即将与露西成婚),她为他能坚守道德而感到欣慰,因为如果他对别人不守诺言也就等于道德败坏。很显然,埃莉诺对道德原则的忠诚程度超越了自己对爱德华爱情的忠诚。像奈特利、温特沃斯、安妮·艾略特等人物角色,他们在为人处事中并没有表现出他们的道德责任感与激情之间存在任何冲突。诚然,他们行事过程中没有此类冲突是"因为他们的个体人格完整无缺。"①换言之,道德与情感是不可能割裂的;因为情感生活经由道德层面进行组织,因此它具备公共纬度。

以现代情感观看来,简·奥斯汀笔下的女主人公们不仅具备神秘的自制能力,还具有令人称奇的能力让自己超脱通过追求者进行"价值验证"的需要;"价值验证"是我们现代的用语。举个例子,试想一下安妮对温特沃斯评价她人老珠黄如何反应。在一定程度上,她们的个体人格对男性目光的依赖甚至低于现代女性在这方面的依赖(详见第四章)。考虑到当时法律规定的附属身份、女性公民选举权遭剥夺等状态,这看起来令人深感惊讶。这种令人不解的事实其实答案很简单:正是她们的品

---

① A.O.J. Cockshut,《1740年-1940年间的男性与女性:对爱情和小说的研究》(*Man and Woman: A Study of Love and the Novel, 1740-1940*, Oxford: Oxford University Press, 1978),第67页。

格——也就是说,当她们将自己的内在自我和外在自我按照道德目的打造时——她们的道德目的升华了其欲望和利益关心。她们对内在自我和价值的感知不是他人赋予的,而来自身辨别和执行道德律令的能力;这种道德律令是一种准客观存在。按照这个观点,内在价值源于她们克制自身的个人欲望而完美无瑕地执行其道德原则的能力,无论通过她们自身或别人,无论在爱情方面还是其他方面。某种意义上说,"品格"的构成恰好与欲望和道德目的同步进行。品格因此成为一种群体所秉持的价值观的具体化和外部化翻版。它不仅仅停留在自我的基本定义和本体定义,它也是表述性定义:根据定义品格显然应是可见的,所以别人可以见证它并赞赏它;品格的组成并非来自独特的心理特质或感受(至少不是基本的),而来自行动。它所关心的并非自我的独特性或者独创性,而是大众认同的久经考验的美德是否得到彰显。因此,品格较少关心内在,更多关心是否有能力在自我与公众世界的价值观和规范之间建立桥梁。它要求自我应依存于声名和荣耀,而后者受到公共行为准则的规范——而较少依存于私人情感的"验证",这种验证要靠某一具体个体来赋予。在恋爱求偶过程中,品格指向一个事实:恋爱双方的个人价值感都直接来源于他们执行道德准则和理想的能力,而非来源于追求者为他们的内在自我带来的价值感。一名女性建立自我价值观与她的追求者是否赋予她价值并没有太大关系。在这种道德经济下,追求者和女性双方都知道他们自己是什么人,他们的社会价值和道德价值为何;双方的爱情的建立以上述方面的了解为基础(第四章有很好的对照案例)。他们显然能够把吸引、喜欢、爱情等一些类似选项区分开来。但是选择的发生,是通过遵循事先存在的道德规范、社会规则,也通过他们成功践行这些准则并获得价值感的能力。由此可见,他们赋予对方的价值哪怕谈不上百分百客观,至少也是以客观准绳为基础的。

如果这些女性的自我仅通过品格来解释的话,难免引出了更深一层的问题:是什么导致这种内在价值和求偶过程的分离呢?①如一些哲学家和提倡共产主义的社会学家所宣称,以上问题的答案也就是品格的构成因素。有人主张说,品格反映人的秉性,它存在于人们自身产生价值感的能力;那必然又引出下一个问题:到底是如何反映的呢? 有种幼稚观点认为品格存在于内在秉性,秉性转而解释了坚守公认道德规范的能力;我不同意这种观点,并认为:经由道德规范获得价值感的能力、道德品格的展现,都需要靠一系列社会机制保障才成为可能,而不是靠心

---

① 这个品格概念应与 Wahrman 的观点作区分;Wahrman 认为 18 世纪存在一种身份的"古老体制",后来转化为现代的、深入人心的、独特的自我。我把他的概念理解为,"古老体制"是一种范围广泛的对身份的文化理解,这种身份是"空心的"或者说缺乏核心自我,是"没有现实物质、参照或真正价值的表面游戏"(D. Wahrman,《现代自我的形成:18 世纪的英国的身份和文化》[*The Making of the Modern Self: Identity and Culture in Eighteenth-Century England*,New Haven:Yale University Press,2004],第 207 页)。相比之下,我讨论的品质概念具有更稳定的核心,尽管它必须有表演性的展示和肯定。

理机制或道德机制。品格不单纯是一组内在秉性和习惯思维，它并非从道德规范直接内化而来。尽管人们身上存在不同道德取向，品格反映的是某人身上特定的社会安排，品格也要通过这种社会安排才能在此人身上得以形成；具体而言，品格反映在情感以哪些方式整合于包罗万象的选择生态环境中。观察到爱情与道德框架相互缠绕的现象后，一个哲学家或历史学家也许就此止步不前了；可一个社会学家恰恰觉得很有必要为这种现象找到解释。爱情和道德感是如何相互缠绕的？也就是说，哪种社会机制使爱情受自我道德设计的约束成为可能？我认为，我们所谓的道德自我与情感是建立于某一特定的选择生态环境和选择架构之上的，其中私人选择和公众选择高度趋同；此外，在这里私人情感源于自我，但这个自我是作为一个公共单元存在。当然，奥斯汀笔下的人物角色具备丰富的内在性，他们跟我们的内在性相距甚远；这些人物努力让自己与充满繁文缛节的公众世界保持一致，努力符合其公众角色。是哪种社会机制促成这种趋同？关于这一点目前尚未有定论。

求偶之为社会网络

同奥斯汀的其他小说一样，《爱玛》一书所展示的求偶过程在某人的同族和邻居的格局之内进行。此处我想指出，重点不在于这种监督如何控制与制约某人的选择，当然这些作用明显是存在的；重点是，求偶活动在这样的格局内展开，女子的自我自然被局限在她的社会网络和同族内部,并受其保护。在奥斯汀(及诸多其他小说作者们)所描写的求偶过程中,观察审视女性的着墨之处远不如落在男性身上的多。男性在众目睽睽之下展开追求行动,要通过一系列社会关系作为"媒介"才能接触到女性。文学评论家詹姆斯·伍德(JAMES WOOD)观察到,作者在《理智与情感》一书中告诉我们,埃莉诺"下定决心不仅要通过她本人的观察和别人提供的情报来了解他,还要通过观察他对待她妹妹的实际行为,从各个新角度了解他[威洛比]的品格。"①要了解一个男人,常常需要透过别人的眼睛。定居在科罗拉多拓荒区的茉莉·多赛尔·赛福特1860年在她的日记中写道:"奶奶那个可爱的老脑筋似乎已认定他就是我的爱人了,而[……]我相信他就是我自己。我与他已那么久没见过面了,今天他过来时我才意识到我对他非常在意。"②她的爱情是通过奶奶作为媒介向她自己揭示真实面目的;这种揭示来源于他已成为她日常生活的一部分,成为她与家人关系的一部分。对未来配偶作这般详尽的了解很有必要,可让人充分断定双方从社会到心理都是彼此兼容的。再举个例子,在《劝导》一书中,

---

① J. Wood,"牧羊人的内心世界"("Inside Mr Shepherd"), London Review of Books,26(21)(2004),41-43。
② M.D. Sanford,《茉莉:内布拉斯加和科罗拉多边境的茉莉·多赛尔·赛福特日记,1857年-1866年》(*Mollie: The Journal of Mollie Dorsey Sanford in Nebraska and Colorado Territories, 1857 – 1866*, Lincoln: University of Nebraska Press, 2003),第57页。

安妮·艾略特深受罗塞尔夫人影响;夫人认为安妮的(唯一的)初恋情人温特沃斯船长配不上她。从现代情感观出发,我们仅能肤浅地理解为:夫人对温特沃斯作出负面评价,是给安妮压力让她与恋爱对象断绝关系。但换个角度看,罗塞尔夫人犯了个错误,就是在现实中安妮的自我是得到严密保护的,因为她的自我紧紧地嵌入在亲属关系中。安妮社会出身环境中的人们未能把内在价值与社会地位加以区分,奥斯汀的确通过这一点揭露出这一体系的局限性。然而安妮及读者之所以如此充分坚持自己对温特沃斯的判断,是因为这种判断在之前已通过多次机会得到了验证。诚然,无论在英国还是美国,求偶一事通常会引发人们对追求者的宣称及资质展开一系列的验证。"[求偶]是一种游戏,它充满欺瞒、肤浅的诡计、甜言蜜语的哄骗等。然而人们还是有必要揭破假象,并确定'对方'确实在今后很多年里始终会是你至亲至爱的人。"①

对男方的详细审查,从未来岳父母审查追求者名望这种做法中可见一斑。例如在被允许对奥莉维亚·兰登展开追求并求婚之前,塞缪尔·克莱门斯(即后来的马克·吐温)应女方家人要求,不得不向他们提交推荐信。当这个过程完成以后,克莱门斯如此评论他自己,

---

① A. MacFarlane,《1300—1840 年间英国的婚姻和爱情:生育模式》(*Marriage and Love in England: Modes of Reproduction, 1300—1840*, Oxford: Basil Blackwell, 1986),第 294 页。

我相信,我的所有推荐人都会说我从未做过恶毒的事,骗人的事,或犯罪的事。他们会告诉你,七年前向我敞开的大门到了今天依然向我敞开;我在七年中交到的所有朋友到了今天仍然是朋友;不管我之前到过哪里,今天我都可以再次登门——我可以在光天白日之下、扬起头堂堂正正地走进去。①

这个例子说明了当时的现实,在求偶阶段女性的自我稳稳地"包裹"在她的亲友关系中;在评估追求者的过程中,在她与追求者形成感情纽带的过程中,这些亲友关系发挥了积极作用。多人参与了考评判断追求者和未来丈夫的这一社会任务,因此女方本人的观点是她身处社会网络的反映和延伸。随着其他人纷纷针对这名男性发表观点,女方对他的情感随即也受到激发。情感和判断的交错,个人感受和集体观察的交错,这都意味着:从恋爱时期到最终决定未来配偶的时期,一个人无时无刻不沉浸在其所属群体的规范与禁忌的道德宇宙中,一个人的爱情事务跟他/她对其他各色人等的义务交错在一起。恋爱中人的自我——男方及女方的自我——受到众多他人的牵制和保护,这些人或以调停者或以道德和社会规范强制执行者

---

① S. Harris,《奥莉维亚·兰登和马克·吐温的爱情故事》(*The Courtship of Olivia Langdon and Mark Twain*, Cambridge: Cambridge University Press, 1996),第72页。

的面目出现。① 在19纪前这种情况大行其道。

明规暗矩

在奥斯汀的文学世界里,求偶过程由数不胜数的各种隐性规则构建而成。非社会学家们倾向于认为规则即限制。但在社会学家眼里,规则同时还具有使能性,行动者们以规则为媒介彼此建立关联,彼此设定期望,彼此相携跋涉走完人生。② 仪式——是行为双方都明白的一组规则,人们按照这些规则缔结关系或脱离关系——就好比可能性的丛林中一条标记分明的道路。他们明白下一步可能发生什么,应该发生什么。③ 换言之,仪式是一种强大的象征性工具,助你摆脱不确定性带来的焦虑

---

① 这一点也适用于较贫困阶层,他们在婚姻中没有土地或很少有土地供交换。Michael MacDonald 研究了17世纪早期医生/占星师治疗不同形式痛苦后提出,对父母和社会标准的服从,即使在实际中不能完全做到,但在年轻人做婚姻决策时幕前幕后始终存在。参见 M. MacDonald,《神秘的混乱:17世纪英国疯狂、焦虑和疗愈》(*Mystical Bedlam: Madness, Anxiety and Healing in Seventeenth-Century England*, Cambridge: Cambridge University Press, 1983), 第96-97页。

② A. Giddens,《社会的构成:结构化理论纲要》(*The Constitution of Society: Outline of the Theory of Structuration*, Cambridge: Polity Press, 1986)。

③ 在小说《奇柔海滩》(*On Chesil Beach*)中,作者 Ian McEwan 描写了一对夫妇的新婚之夜,在圆房前满怀期待又内心忐忑的情形。新婚之夜最终以一败涂地结束(未能圆满完成),这成为叙事者的借口,他以此来反思从"旧有的"、极富仪式的性道德观到"新鲜的"性道德观的转变:"即使当 Edward 和 Florence 是单独相处,然而仍有上千条不言自明的规则在起作用。正因为他们是承认,他们不能做一些孩子气的事情,比如别人辛辛苦苦准备饭局不能中途退席。而且当时确实也是晚餐时间。"参见 I. McEwan,《奇柔海滩》(*On Chesil Beach*, New York: Vintage, 2008),第8页。

感。由此可见,19世纪的有产阶层中存在起码的行为准则和仪式,尽管人们未必亦步亦趋地遵守它们,但它们组织着男女之间的因缘际会;而且男男女女尊重这些仪式是为了由此向对方证明自己值得爱。在这样的爱情秩序下,双方通过他们所遵守的行为准则来获得合宜感。

登门拜访就是这样的仪式之一。拜访应在女孩家中进行(当她够年轻,可被称作一个"女孩"的时候);这种情况下若一个男人主动发起拜访的话就不合礼数。男人可以让女孩明白他喜欢她,但开口邀请男人登门拜访则是女孩的"特权"。① 中产阶级的这种拜访的习俗使女方本人及女方父母对求偶进程享有控制权,②且这种控制权是无可质疑的。同理,若一位绅士在派对上曾向某位女士邀舞,事后在马路上两人再次相遇时,他不可以自动认为双方已是熟人。他必须透过一位双方共同朋友再次介绍,并获得女方许可后才可恢复接触。对我的论证尤为关键的是,一旦展开追求,这个过程是通过微妙的一小步一小步来推进的;双方最早只是交谈,然后一起出外散步,最后在确认他们彼此吸引后结伴出游。换言之,情感的投入是受到谨慎监控的,因为必须要按众所周知的仪式按部就班。在这种仪式化爱情秩

---

① S. Coontz,《婚姻史:从顺从到亲密关系,或爱情如何征服婚姻》(*Marriage, a History: From Obedience to Intimacy or How Love Conquered Marriage*)(New York: Viking, 2005),第199页。

② 理由之一也许是,直到美国内战前,大部分地区男性人数超过女性。

序下,情感后于行动与声明而发生(或间隔不久相继发生),严格说来情感不是后者的先决条件。我把这种情感组织形式命名为**情感表演性制度**:在这种制度中,情感的感应要借助仪式化的行动与情感来传达。当然从某种意义上,我们的感情总是受到他人的情感的感应。① 但爱情相互作用是另一回事,因为此处感情的互惠性至关重要;一个人表露感情的同时,他/她必然蒙受着感情得不到对方酬答的风险。在某种情感表演性(即仪式化的)制度下,一个人不仅可以袒露感情,还得以在实施仪式化行为后感受到对方的感情,解密对方的心意。若感应到另一方发出适当的信号或爱情代码,该过程即可继续推进。它是一种双方共享的信号和符号巧妙交换后的结果。在该制度下,双方的其中一方承担激发对方感情的社会角色,而这个角色往往落在男性身上。在情感表演性制度下,女性不会——也许不能——为了爱情对象无力自拔;追求之后,紧跟着有订婚的规则,如此女性是逐步逐步进展到亲密的强烈的感情关系中。她不断对感情符号作出应答,而这些感情表达模式是大家都纯熟于心的。

在研究 19 世纪期间的求偶实践时,历史学家艾伦·罗斯曼(ELLEN ROTHMAN)引用了伊丽莎·索思盖特(ELIZA

---

① W.M. Reddy,"情感的自由:情感人类学的政治和历史"("Emotional Liberty: Politics and History in the Anthropology of Emotions"), Cultural Anthropology 14(2) (1999), 256-288; W.M. Reddy,"反对建构主义:情感的历史民族志"("Against Constructionism: The Historical Ethnography of Emotions"), Current Anthropology, 38(3) (1997), 327-351。

SOUTHGATE)的一段话:"女子不应自寻烦恼地认为她爱上任何人,直到她已发现有人爱上她。"罗斯曼继续写道:"一名女子哪怕在向自己承认感情之前,也要等着事先确定她的感情是得到酬答的。"①爱情高度仪式化这一事实,在感情领域保护了女性,免得她们陷入无力自拔的境遇。事实上,小说《理智与情感》通篇都在讨论的正是这个问题:一个人在恋爱问题上应以什么分寸来推进。埃莉诺不是个只讲理性不解风情的卫道士;正相反,她本人具体体现和捍卫着仪式化的爱情。正因如此,只有在他们遵循了吸引、求爱、承诺这样一种合乎礼数的顺序后,双方才可表露和明示强烈感情。在仪式化爱情版本中,承诺是对感情的肯定,感情是对承诺的肯定;两者相互印证。也就是说,尽管在表演性/仪式化的爱情秩序下显然也存在着对诚意和真心的疑虑,但通常情况下双方更在意感情的推进是否遵循正确的顺序:"一旦男人从他所追求的女性那里获得足够鼓励,大家认为合乎礼数的做法是他接下来要先征得女方父亲的同意,然后再提出求婚。[……]女方应等待男方先表白爱意,然后方可坦白她的真实感受。"②

与这种制度形成鲜明对照的是,现代两性关系中盛行一种

---

① E.K. Rothman,《手与心:美国求偶史》(*Hands and Hearts: A History of Courtship in America*)(New York: Basic Books, 1984),第34页。
② M. Yalom,《妻子的历史》(*A History of the Wife*)(New York: HarperCollins, 2001),第206页。

感情真实性制度。真实性就意味着行为双方清楚他们的感受;意味着他们有了这种感受就要采取行动,而且这种感受后来必定成为这段两性关系的基石;人们该向自己坦白感情(不妨也向他人坦白);在这些感受基础上,他们决定发展亲密关系,付出真心。感情真实性制度让人们认真审视自身和对方的感情,其目的是判断这段关系的重要性、强烈程度及未来意义。"我真的爱他吗?或者只是肉欲作怪?""如果我爱他,那么我的爱到底有多深?多强?多真?""这种爱情是健康的?还是自恋的?"诸如此类问题都隶属于真实性制度。对比之下,在传统社会中,"过去,真实性在人类理想语汇中并无一席之地。那时候男性满足于社会体系为他们提供的人生选项:他们构思的至善境界[……]无非是'履行某项确定的社会功能'。"[1]真实性假设世界上存在一种真实的(情感的)主体,它先于规则并于规则之外存在;规则的作用是从普遍意义上组织和指导感情——尤其包括爱情——的表达和体验。在真实性制度下,承诺不会先于感情发生,而是后于主体感受到的感情发生,感情成为承诺的替代动机。真实性制度因此要求主体采取两条可能的路线,以确定他/她的感情:其一是通过大量的自我审视获得确定,了解这感情本质以及感情的"真实"起因对主体来说极为关键;或反

---

[1] M. Berman,《真实性的政治:激进的个人主义和现代社会的出现》(*The Politics of Authenticity: Radical Individualism and the Emergence of Modern Society*)(New York: Atheneum, 1970),第 xix 页。

过来,通过一种势不可当的真相得到确定,这种真相之强烈程度很能说明问题(比如"一见钟情"的时候)。自我审视的先设假定是,这种反躬自省能帮助自己了解双方情感的"真实本质";而顿悟模式的先设假定是,某人感情的强烈程度和非理性程度已经充分指示着这是他的真实感情。在当代文化中,这两种帮助人们确定其浪漫情怀真实性的方式同时存在,井水不犯河水;这两种路线所产生的爱情纽带,较少依赖仪式性规则,而较多依赖情感内在性。

符号一致性

情感表演性制度最核心部分是一条至关重要的社会规则,即某人的行为与意向应会聚于同一点。例如,1879年出版的一本礼仪手册中给出了以下一些指令:

> *绅士对女士的举止*。绅士可以随心所欲邀请他们的女性朋友出席音乐会、歌剧、舞会等等,可以去她们家中拜访她们,与她们一同骑马驾车,可以迁就顺从所有年轻女性,只要她们愿意接受他们的陪伴。事实上,他们还可以随心所欲接受女性邀请,或允许她们自由行动。然而,一旦有位青年绅士对其他所有人视而不见而独独只向一名女性奉献自己,那么即使在他不曾明白表达的情形下,那位女性也有理由假定他受到她的特殊吸引,她也许还有理由相信她将来会

跟他订婚。不打算走进婚姻关系的绅士,对女士中的任何一位都不应给予过于专一的注意力。①

道德秩序从根本上是通过一套符号秩序来支撑的;其中行动者必须用行动反映其情感,还要反映其意向。在《理智与情感》一书中充分阐明,言行不一及口是心非皆被视为道德败坏和社会崩坏的源头(威洛比的问题不在于他缺乏情感,因为他真的爱上了玛丽安;他的问题在于其行为未能彰示其真实意向)。一个有道德的追求者应努力让他的外在行为和内在意向保持最大一致性。再举个例子,看一下被誉为有道德的人物角色们是如何努力做到这种一致性的:在《劝导》一书中,温特沃斯以为安妮不再爱他,于是转而追求路易莎。然而随着情节展开,读者和温特沃斯本人都渐渐认识到他依然爱着安妮,并希望继续忠实于她。但他的行为已表明他正在追求路易莎,因此他觉得必须离开这座他临时寄身的城市。"简而言之,他发现自己陷入一团乱麻的时候已为时晚矣;尽管他完全不爱路易莎,不过路易莎若对他真的怀有哈维尔所说的那种感情的话,他仍然必须对她负责任。"②当时的求偶过程有毫不含糊的规矩;温特沃斯开始追求某人后来却不了了之,他所使用的符号并不契合他的情感,

---

① J.H. Young,《仪态举止》(*Our Deportment*)(Charleston, SC: BiblioBazaar, 2008 [1879]),第 155 页。

② Austen,《劝导》(*Persuasion*),第 195 页。

因此他自然知道自己已做下了很不光彩的事情。尤其在英国上流社会圈子中,此类规矩备受重视。不出所料,这些规矩后来也传播到大西洋对岸。

在分析波士顿上流社会的求偶实践时,提摩西·肯斯里(TIMOTHY KENSLEA)谈到了"女友圈";它指一群年轻女性聚在一起大量思考和讨论求偶实践。在这个圈子里,"一个时机不成熟的姿势或表情,甚至一个不合乎礼数的音调,都有可能被解读为是承诺的誓约;哪怕那只是无心之举。"①

对爱情仪式进行细致入微的明文规定,所产生的主要效果是:感情领域和一套清晰的符号系统进行绑定,旨在避免或减少不确定性。一方面感情滋养着符号,另一方面符号也滋养着感情;从这个意义上,产生充足的符号能促进感情产生,仪式的表演者和接受者双方都是如此;反之亦成立。这种感情符号细致的明文规定和仪式化,极有可能建立了一种精细调节下的渐增式的投桃报李:也就是说,感情表达以微妙分寸推进,进而催生更深一层的感情和更深一层的仪式化表达;攻守双方皆然。

利益之为激情

在前现代时期,求偶是一桩极度严肃的事,因为对许多人而

---

① T. Kenslea,《塞奇威克夫妇爱情故事:共和国早期的求爱、订婚、婚姻》(*The Sedgwicks in Love: Courtship, Engagement, and Marriage in the Early Republic*)(Boston: Northeastern University Press, 2006),第7页。

言这是一辈子最重大的一次经济运作;尤其作为女性,一旦结婚后女性的财产会归入丈夫名下。这里包含三层重要含义。

首先,一个人的七情六欲都发生于某一广泛的社会和经济利益框架下。无论在社会学界内部还是外部,常见观点都认为,若按一己利益行事必将导致激情受损。我却恰恰认为,利益跟激情很少发生冲突,事实上利益往往有助于激情的产生和维持。经济学家罗伯特·佛兰克(ROBERT FRANK)提出,不管我们要表明自己对利益的承诺,还是采取适当行动捍卫这些利益,情感都在此中扮演至关重要的角色。"激情的确对我们的利益时常大有裨益",他写道。① 是什么让奥斯汀笔下人物的感情特别强烈? 正是因为他们坚定地秉持理性和利益,这转而又成为感情的强有力的催化剂。这种观点也普遍适用于其他阶层:婚姻攸关经济生存能力,因此婚姻形成了承诺所需的情感结构。在这种秩序下,激情和利益这两者尽管从理论上讲是分离的,实际上却可以相互强化:藐视(如达西这类人)或热爱(如爱玛和奈特利这类人)可作为维持阶级内部婚姻的一种工具。

婚姻根植于经济利益的第二层含义就是,很多时候拒绝求婚还是接受求婚是出于社会地位或财富的考虑。在 17 世纪、18 世纪和 19 世纪的大众阶层和中产阶层中,"典型情况下父母拒

---

① R.H. Frank,《理性内的激情:情感的战略地位》(*Passions within Reason: The Strategic Role of the Emotions*)(New York: Norton,1988),第 4 页。

绝女儿的未来丈夫是因为他不够富有。"①奥斯汀的求偶体系中,自我——作为个体身份和价值观的汇总——比现代人的自我要更少些脆弱性,那是因为——借用法国人类学家路易·杜蒙(LOUIS DUMONT)的术语来说——存在着先在的等级划分。②事实上,奥斯汀笔下描写的但凡在社会中找不到位置的人物,都是些屡失体面、迹近荒谬、伤风败俗的人物(如《爱玛》一书中的哈丽叶·史密斯,《劝导》一书中的威廉·埃利奥特)。在奥斯汀所描述的爱情秩序中,只有那些懂得自己在社会中的位置、并不热衷出人头地、也不辱没门楣的人方能收获成功的爱情。换言之,等级划分标准是既定的、公认的,婚姻决定也是明确根据社会阶层作出的,因此即使被拒婚也不至于连累到自我的内在本质,而仅仅涉及到地位而已。当奥斯汀本人被告知不要再与追求者汤姆·勒福罗伊(TOM LEFROY)来往,尽管她明显喜欢那个男人,仍是毫无违拗地顺从了;因为她知道自己和对方都财力不足。当哲学家托马斯·卡莱尔(THOMAS CARLYLE)的求婚一开始被简·韦尔斯(JANE WELSH)礼貌地拒绝,他能够把她的绝情归咎于——而且事实上确实如此——自己不确定的经济前途,而不是归咎于自己的个性或吸引问题。

---

① MacDonald,《神秘的混乱》(*Mystical Bedlam*),第 94 页。
② Louis Dumont,《阶序人:卡斯特体系及其衍生现象》(*Homo Hierarchicus: The Caste System and Its Implications*)(Chicago:University of Chicago Press,1970[1966])。

反之,当自我被本质化,①当爱情被定义为一种直指某人最内在本质的东西,而非指向他/她的阶层或地位时,爱便等同于直接赋予此人的价值;如此一来拒绝某人追求就变成了拒绝某人的自我。(详见第四章)

最后,前现代性下的求偶过程中,经济考量的广为盛行也意味着评估模式更"客观"——言下之意,这些模式(或多或少地)取决于未来伴侣的客观地位和等级,而这一点是他/她的社会环境所了解并接受的。如此一来,女性的嫁妆便决定了她在婚姻市场上的价值。"嫁妆是决定年轻女子适婚度的首要因素,因此也是影响她未来的首要因素。"② 在地位赋予、联姻形成方面,嫁妆起到了关键作用。"嫁妆的数量表明新娘的社会地位和经济地位。"③多数情况下,即使女性对自己的嫁妆并无直接支配权,但"若出现分居或离婚等状况,嫁妆可以索回",马里昂·卡普兰(MARION KAPLAN)认为这种事实也许可以打消"男性一时兴起,并为女性提供保护。"④嫁妆对择偶起到重要作用,意味着女子的适婚度是以"客观"标准为基础的:即这些标准的存在是独立于一个人的独特自我意识之外的。简·奥斯汀

---

① Wahrman,《现代人自我的形成》(*The Making of the Modern Self*)。
② M. Kaplan,《婚姻财产协议:欧洲历史上的妇女和嫁妆》(*The Marriage Bargain: Women and Dowries in European History*)(New York: Harrington Park Press, 1985),第2页。
③ 出处同上,第4页。
④ 出处同上,第9页。

笔下的女主人公爱玛曾试图撮合女友哈丽叶·史密斯和一心往上爬的牧师埃尔顿;她的失误不在于误判了哈丽叶的外表或品格,而是误判了女友与野心勃勃想攀高枝的埃尔顿之间的**客观兼容性**。爱玛的撮合之所以失败,原因在于她未能采用客观标准来评估兼容性;这正好说明奥斯汀相信恋爱求偶应在阶层内部门当户对的框架下进行。客观标准的采用使得个人选择依附于等级和价值取向的公共秩序。由此可知,评估某一伴侣是否具备社会合宜性,事实上是公众行为而非个人行为。此类评估由多人进行,并以公认标准为基础(详见第五章,对此类标准有进一步阐述)①,因此潜藏在评估背后的不确定性得到了疏解。

声名与守诺

守诺,乃是这个道德、符号、经济体系的重中之重。多数人一生中只能遇上少数几个可供选择的结婚对象,而且棒打鸳鸯有可能导致严重后果,因此人们在择偶时把声名作为首要工具。而信守承诺的能力是构成声名的核心内容。某种意义上,诺言

---

① 下述概念的成型与分析是以 Michèle Lamont 的开创性工作为基础的;Lamont 指出了身份形成、社会结构、文化边界方面评估方法总汇的中心作用。参见 M. Lamont "法国和美国的国家身份和国家边界模式"("National Identity and National Boundary Patterns in France and the United States,") French Historical Studies,19(2) (1995),349-365.; M. Lamont 和 L. Thévenot,《重新认识比较文化社会学:法国和美国的评估方法总汇》(*Rethinking Comparative Cultural Sociology: Repertoires of Evaluation in France and the United States*) (Cambridge: Cambridge University Press, 2000)。

就是把一个人的自我利益与另一方的利益捆绑在一起——回忆一下休谟的主张①——守诺就是一个让人们接受第一个"够格的"选择的机制。事实上,奥斯汀书中各色令人不快的人物拥有一个共同点:为了提升或最大化其婚姻前途,他们纷纷毁弃了诺言。比如《诺桑觉寺》(1818年)中的伊莎贝拉·索普,《理智与情感》中的露西和威洛比,他们的典型特征就是缺乏恪守诺言的能力,究其原因是想通过婚姻来实现一己私利的最大化。这点完全吻合史蒂芬·夏平(STEVEN SHAPIN)所描述的17世纪及18世纪期间英国绅士道德秩序;他认为绅士的典型特征是为人诚实可信,能做到言出必行。②

在奥斯汀文学世界里,毁弃诺言会严重损害一个人的声名和荣誉,无论男女。最令人瞩目的例子是《劝导》一书中的安妮·艾略特;小说故事开头时,她已经与温特沃斯船长订婚,然而如我们所见,她的朋友兼保护人罗塞尔夫人认为他配不上安妮,因此安妮解除了两人的婚约。后来安妮那位富有的贵族表兄威廉注意到了她。她的反应是:"人们无从设想,假使从来不曾有过温特沃斯船长,她现在的感受会是怎样;因为心里曾经有过温特沃斯船长,不管现在这种悬而未决的结局是好是坏,她的

---

① R. Craig,《用以许诺的语言:维多利亚时代法律和小说中的订婚》(*Promising Language: Betrothal in Victorian Law and Fiction*) (Albany: State University of New York Press, 2000),第58页。

② S. Shapin,《真理的社会史》(*A Social History of Truth*) (Chicago: University of Chicago Press, 1994)。

爱将永远归属他。她相信,她跟别的男子之间横亘着鸿沟,只有跟他才能死生契阔与子成说。"①这完全是一篇反对感情领域的追逐功利、反对效用最大化行为的宣言,它呼吁男性和女性恪守诺言,不管前路上是否出现经济条件更好的人选。安妮的忠诚和坚贞在身为男性的温特沃斯那里也有相同体现。呼应着安妮的行为和情感,我们的确发现在温特沃斯这边:

> 在他心目中她[安妮]从不曾被旁人取代。他甚至从未觉得自己配得上她。的确,他不得不承认:他一直以来是无意识的,或者说是无心为之;他本来打算忘掉她,而且曾以为自己已经做到了。他以为自己满不在乎,其实不过是心怀恼怒而已。他不能公平地看待她的那些优点,因为他吃过它们的苦头。她的秉性这会儿在他的心目中被定格为十全十美的,刚柔适度,可爱至极。②

再举最后一个例子,看看这种守诺准则如何盛行至20世纪前期几十年:伊迪丝·华顿(EDITH WHARTON)的作品《夏天》(*SUMMER*)(1917年)一书中,女主人翁夏绿蒂·罗佑发现她所钟情的、谈婚论嫁的男人哈内实际上已经与安娜贝儿·鲍尔奇订婚,于是她在信中对他说道:"如果你答应过要跟安娜贝

---

① Austen,《劝导》(*Persuasion*),第155页。
② 出处同上,第194页。

儿·鲍尔奇结婚,那么我希望你还是能跟她结婚。也许你会担心我因此过度伤心。但毕竟我还是更希望你做个行事端正的人。爱你的,夏绿蒂。"①我们再一次看到,为了让男子的诺言得以保全,这位女性宁愿放弃自己的爱情和未来幸福,因为守诺是品格的最高标志,是道德和社会秩序的基础。

守诺的核心有一个很重要的假设,就是自我有能力在时间维度上展现延续性。赛缪·克莱门斯在写给奥莉维亚的父亲杰维斯·兰登的信中说道:"我同你一样真心实意地渴望着,当足够长时间流逝后,你能打消所有的疑虑,能体察到我**一向以来的为人,我现在的为人,还有我今后可能的为人**。除此别无他法能令你对我感到满意,或令我对自己感到满意。"②显而易见,这里克莱门斯正是要通过展示其自我在时间上的延续性——他有能力在将来延续今天的他(甚或比今天的他更好)——来试图体现和证明他的品格。证明品格要凭借恒久不移的节操,及以意志力为中心将过去的他、今天的他、明天的他进行凝聚之能力。

在奥斯汀的世界里,人们以几近卖弄的方式证明着这种恒久不移的节操:人物角色放过"更好的"机会,而宁愿留在先前有过承诺的但条件较差的对象身边。作为一种阻断对伴侣的继

---

① E. Wharton,《夏天》(*Summer*) (Whitefish, MT: Kessinger Publishing, 2004 [1917]),第 105 页。

② M. Twain,《马克吐温书信集:1867–1868,第二卷》(*Mark Twain's Letters: 1867–1868, Vol. 2*), ed. E.M. Branch, M.B. Frank, and K.M. Sanderson (Berkeley: University of California Press, 1988),第 357 页。

续求索和打消个人利益最大化欲望的机制,守诺是承诺的根基。显然在实践中,也有人并没有把订婚之类诺言看得很重;这点可从部分事例中反映出来。例如,在19世纪的英国的法庭裁决中就存在订婚后毁约的案例。① 然而,此类毁约既然遭到起诉,本身就证明了当时人们看待这种事情的严肃程度。另外,这类事件相对也较罕见,因为男性或女性的声名很大程度上取决于他/她在婚姻关系中的所作所为。毁弃婚约被视为对道德秩序的严重违背;安东尼·特罗洛普(ANTHONY TROLLOPE)的《索恩医生》(*DOCTOR THORNE*)(1858年)一书中,亨利·索恩勾引了玛丽·斯卡切德,先答应娶她,后又遗弃了她,于是玛丽的哥哥杀了索恩。当哥哥受到控告,叙事者特罗洛普充满讽刺口吻地道出想法:"他被裁定犯有过失杀人罪,判监禁六个月。我们读者也许觉得这样的惩罚太重了。"② 这种社会秩序是以单一轴线贯穿起情感、道德自我、时间。

角色与承诺

伊迪丝·华顿的名著《纯真年代》(1920年)中,男主人公纽兰·阿切尔决定放弃他对爱伦·奥兰斯卡的热烈爱情,转而遵

---

① G.S. Frost,《打破的承诺:英国维多利亚时期的求偶、阶层和性别研究》(*Promises Broken: Courtship, Class, and Gender in Victorian England*, Charlottesville: University of Virginia Press, 1995)。

② A. Trollope,《索恩医生》(*Doctor Thorne*, London: J.M. Dent and Sons, 1953 [1858]),第19页。

守自己先前的诺言迎娶梅·韦蓝。以下文字表达了他如何看待自己的未来婚姻,看待自己同一名符合他所在阶层道德观的女性在一起的情形:

> 他早就发现,梅只在一种情形下使用她觉得自己拥有的自由,就是把它置于她妻子崇拜的祭坛上。[……]在她心目中婚姻的概念如此简单和毫无悬念,那种危机只可能经由他这种明显离经叛道的行为带来,而她对他的纯真感情让人感到他很过分。他知道,无论发生什么事,她永远都会是忠心耿耿,赴汤蹈火,无怨无悔;这敦促他也以同样的美德来行事。①

小说的戏剧发展一直围绕着阿切尔脑中的两个截然对立的念头,念头之一是与梅结婚,另一个私下念头是不顾礼教与他所热恋的爱伦生活在一起。当时的婚姻关系模型中,个人内心的感情够不上结婚的正当理由,起码不是唯一的正当理由。反过来,感情要凭借人所共知的各种角色、凭借某人一辈子始终如一扮演这些角色的能力得以体验。此外,婚姻的价值和质量由什么决定呢?它跟每个人物能否通过其角色身份表达他/她的真实自我无关,跟是否能实现他/她自己深藏的内在性无关。婚姻美

---

① E. Wharton,《纯真年代》(*The Age of Innocence*, Ware, UK: Wordsworth, 1994 [1920]),第 198 页。

好与否取决于他/她是否能扮演好角色,即是否有能力体会并表现该角色应有的感情情绪。恪守承诺的律令指导着角色设定的总体文化和道德框架,即能够恪守对他人的诺言,扮好他/她的社会角色,体会角色应有的(真实)情感。

承诺就此成为一种道德结构,在婚前和在婚姻期间指导情感,让行动者扪心自问他们理当做什么,并凝思其内在性。这并不意味着当时的人们缺乏内在性或情感,只不过是让内在性得以脱离主体结构,通过人们该做什么、理应成为什么人来决定其内在性。回到那个为了丈夫而在拓荒区落户的茉莉·多赛尔·赛福特,继续以她为例;1860年她在日记中写道(当时她居住在科罗拉多州):

> 我为自己想家的念头而感到羞愧。当然我此处所记录的一切嘴上不会说的。[……]为了柏(她的丈夫)我尽量让自己显得开心,不然我担心他会觉得我跟着他不幸福。他没有我这种家庭纽带,所以无法理解我的心情。①

只是几行简短的文字而已;令我们这些抱持现代情感观的人们深感费解的是,这些心声以她所恪守的妻子身份为出发点,而非以我们当今所谓的本真自我为出发点。确实,我们很难想象现

---

① Sanford,《茉莉》(*Mollie*),第145页。

代有哪个年轻女性会因为想家而感到羞愧。茉莉之所以有羞愧感主要是因为她觉得自己扮演妻子这个**角色**不够到位。这一案例无疑反映了"传统维多利亚时期,夫妻之间的劳动分工和权力划分仍然是婚姻的支柱,从大西洋到太平洋概莫能外。"①相反,现代女性的感情会获得广泛肯定,其感情的重要性超过其角色的重要性。不仅如此,在定义现代婚姻时,人们还期望丈夫能主动注意到这些感情并加以支持:也就是说,丈夫要重视、肯定这些感情,并接受这些感情的有效性。现代亲密关系包含情感的口头表达,也包含跟伴侣分享这些感情的行为,后者也许更重要;双方期望自我情感是袒露无遗的,其目的是获得"支持"和认同。跟现代感情观另一显著不同之处在于,这位女性并不认为把她的内心真实感觉拿出来沟通是件合乎礼数的事情。反过来,她认为胜任角色就等于能隐藏这些感受,能用幸福的表象伪装它们。令人信服地扮好她的角色还包括帮助丈夫扮好他的角色;只有这样,她方能获得满足感和胜任感。很有可能,这位女性甚至不会尝试去理解和表达她的真实感觉。她更担心的是,表达出负面感受有可能令丈夫觉得自己没能力带给妻子幸福。换言之,在她眼里,**她**有责任维护丈夫的胜任感;胜任感可定义为他为她带来幸福的能力。最后一点可能也是最有意思的一点,我们也许已经注意到,她如何以平淡无奇的口吻提到他无法

---

① Yalom,《妻子的历史》(*A History of the Wife*),第260页。

理解她。事实上,她借用这点来解释申辩一个事实,就是她不愿意让他卷入到她的个人困境中。与之截然不同的是,现代男性尤其女性期望袒露他们的隐秘自我,并与伴侣的隐秘自我交错渗透不分彼此。前现代的夫妻关系事先假设双方的自我是紧密关联在一起的;然而这种关联中的自我既不袒露也不真实。按现代标准,这里所展现的两个自我在情感上保持着距离(他们不愿让对方窥视到自己的想法和感受);然而,这两个自我又是难分难解地彼此交错彼此依赖。相反,现代人期望彼此在感情上是袒露的亲密的,但又是独立的。在现代婚姻中,结合在一起的是两个高度个体化的、差异化的自我;①双方的兼容性在精心调整之后,这两个自我结合成一桩成功的婚姻,而不是成功的角色扮演。这两人的感情构成的精心调整成为亲密感的基础。

为进一步理解承诺的实质,我们不妨看看阿马蒂亚·森(AMARTYA SEN)如何极为风趣地点明同情和承诺之间的区别。森写道,如果有人遭受酷刑这个想法令我感觉不安,这叫做同情。另一方面,如果这个想法并不会让我个人感觉不舒服或痛苦,但还是让我深切认识到这事是错误的,这叫做承诺。从字面上、从非道德角度看,基于承诺的作为是一种真正不以自我为

---

① R. Bellah, W. Sullivan, A. Swidler 和 S. Tipton,《心灵的习性:美国人生活中的个人主义和公共责任》(*Habits of the Heart: Individualism and Commitment in American Life*, Berkeley: University of California Press, 1985)。

中心的作为,因为它不涉及自我的内心,尽管承诺发源于自我。①按这个定义,激发承诺的首要因素或主要因素并非个人情感。基于承诺的婚姻和基于情感真实性的婚姻之间的差别,与以上相近。后一种婚姻的基础是尝试针对两个独立的情感自我进行和解协调,必须持续不断地创建和重建情感的条件和理由;这些情感的条件和理由驱使两个人最初走到一起。相反,承诺并非个体化的情感自我发出的投射,目的不在于满足进行中的情感抱负。情感是社会角色带来的效应,而不是其存在的先决条件。

"品格"和承诺左右着求偶和婚姻实践,它们不应被视为行动者的心理特性,也不应被视为一种更高道德的文化标志,它们是某种具体社会机制的结果:②细密的社会网络包裹和缓冲着自我;择偶的标准比较客观(相对不主观);明确的阶层内通婚原则——这等于说,社会、宗教、经济状态是择偶过程中公开的理所当然的条件;充满仪式的情感表演性制度;恪守承诺和树立声名的作用;社会角色促进和帮助了承诺。以上观点背后的重点不是要歌颂过去,更不是要主张 19 世纪的人们更好或更有道

---

① A. Sen,"理性的傻瓜:对经济行为的理论基础的批判"("Rational Fools: A Critique of the Behavioral Foundations of Economic Theory", Philosophy and Public Affairs, 6[4] [1977]),第 317-344 页(第 326 页)。

② 这些机制在新教国家出现多于天主教国家;在天主教国家友伴式爱情理念作为婚姻基础的现象比较不突出。

德感；而是为了说明道德哲学家们或倡导共产主义的人的眼中视为道德特质的这些东西，其实可通过种种社会机制得到解释；这些社会机制起到系统化的组织作用——起码部分地起到作用——将男性和女性的情感互动纳入到各种公开仪式和角色中。结果无论在众目睽睽下，还是在他们的验证中，自我变得不再那么脆弱；这正是因为行动者的情感不再发散自他们自我的内在性。评估的模式和标准、维持爱情长盛不衰的能力、爱情体验中不顾一切的冲劲，都是这样经由社会机制来塑造，社会机制又把这些秉性变身为"美德"。正是这些兼有社会和道德性质、个人和公众性质的机制，左右着中产阶层和中上阶层的择偶观，并一直延续到19世纪；至少在英语世界如是。现代性下发生改变的，正是这些进行爱情选择的条件。

爱情生态环境大转型：婚姻市场兴起

以爱情为基础进行婚姻选择的社会往往具有个人主义倾向，这种看法早已是老生常谈了：意思是说，由个人——而不是氏族或家庭——拥有结婚决定权，于是情感自主性获得合法化。考虑到情感"利己主义"在西欧存在至少已有300年之久，①以上见解未免流于宽泛而缜密不足，未能描述和归纳现代情感交易的特征。19世纪英国和美国文化中，爱情选择是充满个人色

---

① L. Stone，《1500年-1800年期间英国的家庭、性及婚姻》(*The Family, Sex and Marriage in England, 1500-1800*) (New York: Harper and Row,1977)。

彩的,但这种个人主义的形式与含义跟我们今天所认识的极为不同。我认为如果把讨论重点放在选择所处的文化组织结构上,有助于我们更好领会两者的不同。上文所述的社会机制,敦促男性和女性在互相托付终身的时候,无须经过旷日持久的讨价还价,无须经历正规严明的内省过程,也无须为在开放市场数量巨大的潜在伴侣之间选择而进行准备性的心智建设,只需反映社会标准的评估条件就可以了。在下文和后续章节中我记录的是,选择所依赖的条件发生了深刻变化:**这同时包含爱情选择的生态环境和选择架构的变化。**

请允许我提出一个大胆的观点:爱情选择所经历的转型与卡尔·波兰尼(KARL POLANYI)所描述的经济关系转型过程非常相似,他称后者为"大转型"。①经济关系的"大转型"指的是如下过程:资本主义市场将经济活动从社会活动中剥离出来,从道德/规范的框架中剥离出来的,通过自我调节的市场来组织经济,并逐渐演变到将社会关系纳入经济活动范畴内。我们所谓的两性关系中浪漫爱情的"胜利",最首要的表现就是个体爱情选择能从群体道德和社会框架中挣脱出来,并表现在出现了一个自我调控的两性邂逅交往的市场。在现代,评估爱情对象的标准已摆脱了公开公认的道德框架。这种摆脱的发生是因为择偶标准的内容发生了变迁——既有肉体的/性爱的考量,也有

---

① K. Polanyi,《大转型》(*The Great Transformation*)(Boston: Beacon Press, 1944)。

情感的/心理的考量,也因为择偶过程发生了变迁——变得更主观更个人。

爱情"大转型"的特征归纳起来有如下几个方面:(1)未来伴侣评估模式的规范性削弱了——也就是说,它摆脱了群体和公共框架,在定义吸引力和价值取向时踢开了大众媒体扮演的角色;(2)另一不断增长的趋势是同时从心理和性爱两方面看待一个人的性伴侣和爱情伴侣(前者最终还是要纳入到后者范围中);(3)最后,随着性领域的出现,性活动在婚姻市场中行动者相互竞争时的重要性日趋加大。

爱情选择的情色化与心理化

"品格"表达的是某种符合公众价值观的内在性。从这个意义上说,尽管过去评估一个人的"品格"是种个人行为,但也是公众的、共享的、接受众多具体他人核准的行为。

择偶标准的个体化及其对群体道德框架的摆脱,表明评估未来伴侣两大标准的兴起和盛行:标准之一是"情感亲密度和心理兼容度",标准之二是"性感度"。"情感亲密度"这个概念不同于以品格为基础的爱情,因为它的目标是使得两个独特的、高度区别的、错综复杂的心理特质个体能相互兼容。"性魅力"、"心仪度"或"性感度"反映出文化对性活动和肉体吸引力的强调,这已脱离了价值观的道德世界。

纵观历史,关于性爱吸引的力量、英雄难过美人关之类的例子不胜枚举。尽管作为吸引和爱情的其中一方面,"性感度"这个概念自古至今始终暗中存在,但基本上直到现代它才作为明确的、普遍的、评估的文化范畴和标准而合法存在;因为现代才具有广大的经济和文化组织结构将性诱惑和性感度纳入其编码。虽同属文化概念,但性感与美貌截然不同。19世纪中产阶层女性因**美貌**被视为很有吸引力,很难说那就是我们今天所谓的性魅力。美貌在从前被看作一种身体的、精神的属性。①(本着这种观念,罗伯特·布朗宁爱上身患残疾的伊丽莎白·巴雷特,正是因为他把内在美看得比外貌美更重。在他与她的爱情故事中,她的病残看来并未造成什么问题。②)就这个故事而言,性吸引并不是择偶时的正当评判标准之一;据此可知,这是一条全新评判标准,③是与美貌、道德品格相区分的一条标准;不妨说这条标准让人看到,品格和心理特质等等最终臣服于性感标准了。"性感"概念表明在现代存在如下事实:男性尤其是女性的性别身份已转化成为性身份;言下之意,它转化为自觉

---

① Kierkegaard写道:"尽管现实中爱情根本上是建立在感官基础上的,不过它仍是高尚的,因为它是永恒在意识中具体表现。" S. Kierkegaard,《非此即彼》(*Either/Or*) (Princeton: Princeton University Press, 1944 [1843]),第21页。

② 参见 J. Markus,《敢作敢为:伊丽莎白·巴雷特与罗伯特·布朗宁的婚姻》(*Dared and Done: The Marriage of Elizabeth Barrett and Robert Browning*) (New York: Knopf, 1995)。

③ 早期关于美在爱情过程中作用的讨论,可参见柏拉图的对话集。但是,当时的讨论更多关注的是少年之美,很少关注美作为婚姻条件的情形。

操控下的一组肉体的、语言的、着装的准则,从多个角度引起另一方的性欲望。不同以往,性感度已成为当今择偶时一种自主的、决定性的评判标准。这种转化是在消费主义精神和不断高涨的性活动的规范化合法化双重作用下发生的;心理学文化以及女性主义文化世界观推动了性活动的规范化与合法化。

无疑,随着女性主义和波希米亚的性自由主张,消费主义文化已经成为最强有力的文化力量导致女性性化及后来的男性性化。在论述 1920 年代的一部著作中,约翰·德米里奥(JOHN D'EMILIO)和埃斯特尔·弗里德曼(ESTELLE FREEDMAN)提出"美国的资本主义不再需要一种坚持不懈的工作道德和苦行主义才能积累资本,才能建设工业基础设施。企业领袖们需要的是消费者。[……]鼓励购买消费产品的道德同时也养成了对愉悦感、自我奖赏、个人满足感的接纳;这种观念可毫不费力地移植到性范畴。"①消费主义文化将欲望置于主观性的中心点,而性活动则变成欲望的某种广义隐喻。

化妆品的发展历史很能体现上述进程。19 世纪的审美观念与时尚或化妆品全然无关——后两者变化不定,受外部因素驱动;美即是当时所称颂的"道德美"——它具有"永恒的"、"内

---

① J. d'Emilio 和 E. Freedman,《亲密关系:美国性学史》(*Intimate Matters: A History of Sexuality in America*, New York: Harper and Row, 1988),第 291 页。

在的"特质。①由此可见,19世纪审美观念并未明确指向性或性活动。相反,人们认为只有品格的反映才是美的。维多利亚时期的道德观以怀疑的目光看待化妆品,因为化妆品被认为是"真实的"内在道德美的不正当替代品。然而到了20世纪初期,香水、化妆、粉底、彩妆、面霜等等潮水般涌入新兴的消费市场;为了推销这些商品,广告商们把美和品格作了区分。"从灰暗的维多利亚时代获得解放,女性们浓妆艳抹,在广告商的假想世界中举行盛大游行。各种场景中,她们在游泳、日光浴、跳舞、开车——齐齐描绘着一个爱健康、爱运动、爱玩乐的女性世界。"②

先是出现了管理系统,发明全新方法来包装和分销商品;化妆品产业倡导将人体当作一个具有审美性的表面,从而脱离了人格的道德定义。化妆品产业与时尚业、电影业联手行动,令这个进程加速和得到推广,继而横扫各个社会阶层。③化妆品和时尚等产业在当时如日中天,因为它们从电影业、模特业、广告业

---

① K. Peiss,"论美丽……及商业史"("On Beauty ... and the History of Business"),选自 P. Scranton (ed.),《美丽与商业化:现代美国的商业、性别和文化》(*Beauty and Business: Commerce, Gender, and Culture in Modern America*, London: Routledge, 2001),第7-23页(第10页)。

② K. Peiss,《希望面霜:美国美容文化的形成》(*Hope in a Jar: The Making of America's Beauty Culture*, New York: Henry Holt, 1998),第142页。

③ 例如化妆品行业,蜜丝佛陀在广告中使用电影明星。"[蜜丝佛陀]所有广告都专门邀请荧幕明星作主角,他们看似在一些大型电影公司安排要求下发表感言,为蜜丝佛陀代言。"出处同上,第126页。

等文化产业得到支持和巩固。①制片厂、女性杂志、广告商、广告牌等用各种新方法来突出人体、拉近面部、情色化肉体,各显神通,发挥出普及作用、系统编码化作用、巩固作用等等。以强势的推广攻势,多个经济部门联手贩卖和构建情色本位的自我——通过突出性特征的审美观念,女性陷入这种消费主义文化的包围;这种文化视女性为性别动因和性动因。在女性杂志和影片中,这种新生的对美的狂热崇拜"明确把化妆与性吸引联系起来"②,从而可以把化妆品、女性性征、消费、情色等天衣无缝地打包出售。③换言之,一系列新兴产业对女性情色化——及后来的男性情色化——的推广和合法化起到了推波助澜的作用。人体被理解为感官肉体,它主动寻求感官满足、愉悦感和性活动。这种对感官满足的追求为人体情色化铺平了道路:性感和情欲可以且理应从体内被唤醒,激发对方身上的性感和情欲,并进行表达。这种对女性人体的情色化横跨所有社会阶层,可认为是 20 世纪早期消费主义文化令人敬畏的文化成就。

  青春与美这两个特征符变成了情色与性的特征符。人体的商品化通过青春与美这两个特征符得以实现,继而引发对人体

---

  ① "电影公司与服装厂商达成协议,在影片中高调展示一些新款式。如果某一女装得到影迷的特别注意——比如情重身轻 Letty Lynton 一片中 Bette Davis 穿的服装——它就会迅速以大众价格快速进行生产,在百货公司中成为主打产品。" Peiss,"论美丽"("On Beauty"),第 13 页。
  ② Peiss,《希望面霜》,第 249 页。
  ③ 出处同上,第 114 页。

强烈的情色化,且将之与浪漫爱情混为一谈。美、情色、爱情之间的关联相当直白:不单"涂脂抹粉不会让淑女们失去获得爱情或婚姻的资格",①甚至看起来能直接带领她们走入爱情和婚姻。"在日日上演着爱恋和拒绝、胜利和羞辱的生活大舞台上,化妆品都有不俗的表现。"②事实上人们对美如此孜孜以求,公开的理由是希望借此找到真爱。(女性)美的"真正目标"是"钓到金龟婿"。③ 对于出身微寒的女性,它可为她们带来机会:通过婚姻高攀到条件更好的世界。美也好,强调性征的女性特质也好,都与爱情意象密切关联;因为广告商们、片场老板们、化妆品厂家们都相信,爱情和美这两样东西无疑是畅销品。爱情划分了两性阵营,要求男性和女性无休止地履行两性差异;然而它也承诺在无性的亲密关系乌托邦中,性别差异将得到废止。

男性人体也经受了这种情色化过程。男性被纳入消费文化的时间较迟,但 19 世纪时这类情色化已初露端倪,人们可找到当时基于消费文化、享乐主义、性特征的男性身份的例证。④

---

① Peiss,《希望面霜》,第 142 页。

② 出处同上,第 142 页。

③ L. Banner,《美国丽人》(*American Beauty*, New York: Knopf, 1983),第 264 页。

④ T. Pendergast,《创造现代男人:1900 年-1950 年期间的美国杂志和消费文化》(*Creating the Modern Man: American magazines and consumer culture, 1900-1950*, Columbia: University of Missouri Press, 2000); B. Osgerby, "消费型男性血统溯源:男子气概、消费与美国的'休闲阶层'"("A Pedigree of the Consuming Male: Masculinity, Consumption, and the American 'Leisure Class'"),选自　(转下页)

天平的另一端更丑恶,那里聚集着妓院、血腥竞技项目及其他不法的寻欢作乐活动;值得注意的还有,那里有很大一部分商业设施显然是为了迎合男人的消费需求而生。事实上,[……]一个范围广大的"光棍亚文化"在餐馆、理发店、烟草店、裁缝店、城市酒吧、剧院和一大堆其他的商业企业的网络周边形成,它们都靠着这群年轻富有的"镇上男人"光顾而蓬勃发达起来了。①

然而直到1950年代,以男性人体为目标的消费文化才羽翼丰满。这种消费文化最具代表性的象征物是1953年首度发行的《花花公子》(*PLAYBOY*)杂志。该杂志标志着"花花公子式道德观兴起;这种道德观优先讲究个人满足,在一个充满无止境消费、闲暇、淫荡放纵的纸醉金迷的世界里。"②男性人体商品化之初,并不是借助美、化妆品等,而是借助体育运动,并直接取材于男性的性幻想。推出男子气概的性模式时,它也推出了(跟女性的性模式)同类的情色诱惑,然而这两者之间存在一点有趣的差别:它对爱情和恋爱主题的突出,远低于针对女性的(性模式)。

(上接注④) B. Benwell(ed.),《男子气概及男性生活方式杂志》(*Masculinity and Men's Lifestyle Magazines*)(Oxford: Blackwell, 2003),第57-86页(第61-62页)。

① Osgerby,"消费型男性血统溯源"("A Pedigree of the Consuming Male"),第62页。

② 出处同上,第77页。

自19世纪中叶以来,摄影与后期出现的电影对新出现的男性和女性的情色魅力经典①进行了标准化,同时提升了人们对自己和他人外表的关注度。这些均一的审美标准致使性魅力新准则新规范无远弗届,并因此促使择偶评判标准的变迁。

美国文化中对人体的极大关注,对性和性活动的高度商品化,造成"性魅力"自成文化门类,脱离了道德观范畴。对美貌的狂热崇拜,以及后来对健美体型的狂热崇拜,用情色属性和性属性定义男子气概和女子特质……以上种种经过文化产业不遗余力的倡导,其效果体现在:将性魅力和性感转变成正面的自成一体的文化类别,把心仪度当作择偶的首要标准之一,成为人们塑造自身人格的首要标准之一。性和性活动的商品化——对资本主义推动力核心的渗透——致使性活动与原先的生育、婚姻、长期纽带,甚至情感等属性和经验渐渐脱节。

在铲除传统性教条以及性禁忌方面,在人体和两性关系的情色化方面,消费文化获得了极大的成功,因为它依仗着来自精神分析和心理学阵营的专家们的权威与合法性。确实,这些专业领域在重新定义自我时常常归因于性活动的两个基本点。首先,个人心理历史被视为是围绕(婴儿期)性活动而组织的;按照这个观点,性活动是定义一个人、他/她的心灵本质的基本点。第二,性活动迅速成为"健全"自我的标志和场所。一大批临床

---

① Peiss,《希望面霜》,第126页。

心理学家和咨询师宣称,美好的性生活对人们的健康福祉具有无上的重要性。性活动无可争议地成为美好人生和健全自我的中心点,为"性体验"成为正面概念扫清了道路。将性活动定位成主体的中心点——也就是说,自我把私人的独特实质真相放置在性和性活动中,美好自我依赖于健康的性活动——心理学将性和性活动放在自我故事的叙事时间线的两端:一个人的过去和一个人的未来现在都围绕着性和性活动而运转。自我不仅把性故事作为自我故事讲述,还把实践中与理想中的性活动当作这一故事叙述的终极标的。

自1960年代起,随着第二次女性主义浪潮所触发的文化革命和性革命的发生,心理学信息益发强盛。确实,第二次女性主义浪潮如此强劲,是因为把性活动从政治角度进行了概念的重新设定。性高潮和双方共同快感,现在成了对自主性和平等性的肯定。性快感被当成肯定女性作为一个自由平等个体获得与男性完全平等的权力的一种方式,[①]因而性活动变成对自我进行正面肯定甚至道德肯定的资源库。尽管与女性主义运动并无直接结盟,同性恋平权运动进一步在性活动和政治权利之间划上等号,将性和民主政体的核心价值观——即选择权、自决权、自主权等——紧密关联在一起。在被划归到政治权利的过程

---

① J.F. Gerhard,《渴望革命:1920年-1982年间第二次女权主义浪潮与美国性思维改写》(*Desiring Revolution: Second-Wave Feminism and the Rewriting of American Sexual Thought, 1920 to 1982*)(New York:Columbia University Press,2001)。

中,性活动成为自我当中归化的与规范化的面向,脱离了一组曾归属男子气概或女性特质的道德定义规则。这些文化力量的结合,不仅为性、性活动和性心仪度正名,还致使它们成为择偶的中心要点,最终为这种评判标准带来自成一体的自主权。对某些人而言,受到某人的"性吸引"乃是把她/他当成爱情伴侣的必要条件。

随着"性感"作为全新门类出现,以及"性感度"成为人们评估自己和他人的新模式,性活动含义经历的上述各种进程和变迁更为明显;尤其在爱情关系领域。性魅力和性感作为文化门类出现,是消费文化将美与品行道德分开对待带来的结果;日渐自主化的性活动成为人格的能指,而性高潮成为能力的表现形式,令恋人们夫妇们趋之若鹜。在《牛津英语词典》中,直到1920年后相当长一段时间内,"性感的"这个词还带有负面内涵。直到1950年代前后,这个词用于形容某人时,语言中才记录了"性感的"在现代的这种既代表正面、又与审美观和道德观不关联的意思。举个例子,1957年威廉·坎普(WILLIAM CAMP)在《爱的前景》(*PROSPECTS OF LOVE*)一书中写道:"她身上必定有些与众不同的东西在大声告诉人们她是个好床伴。一个女孩不一定要很美貌才是性感的。"[①]性感渐渐浸润到文化中;人们提到性感一词的时候,其指代的远不仅是简单的外

---

① W. Camp,《爱的前景》(*Prospects of Love*)(London: Longmans, Green, 1957)。

貌;它特指人的一种本质特征,包括但不限于纯粹肉体方面的。按索非亚·罗兰的表达来说:"性感这种素质发自内在。这种东西存在于你的内里,跟乳房啊大腿啊嘴啊什么的没有关系,起码跟这些并非真的关系很大。"[1]这里性感是指一个人所固有的、并标志她的魅力的一种普遍特性。不仅如此:它也成为择偶时的最受关注的特性。举个例子,一个52岁的老男人,医药销售经理艾伦,当他说出下面这段话的时候,其实代表的是一大群人的想法:

艾　伦:在我看来外貌是基本要求;不仅脸蛋要长得漂亮,腰肢也很重要,她必须得有杨柳小腰,美好丰满的胸脯,扁平的小腹,嗯,还有长长的腿。可你知道,比长相更重要的是她得性感。

访谈者:这是什么意思呢?

艾　伦:比如你能感觉到她的火辣,感觉到她喜欢性爱,感觉到她乐于制造快感和体会快感。

访谈者:那么,符合你这个描述的女性是否数量很多呢?

艾　伦:嗯嗨……当然没那么多啦,但我得说,有还是有一些的;对此我毫不怀疑,但你必须得找到那个真正能让你兴奋起来的人。这个用语言很难表述清

---

[1] http://www.brainyquote.com/quotes/authors/s/sophia_loren.html,最后访问时间 September 29,2011。

楚,等你一眼看到这个人你自然就明白——你找到了。性感很重要,但很难界定。反正等你看到它的时候你就会明白的。

显然,这个男人用视觉感官来辨识性魅力的一些传统特性、线索和信号;这里人体被情色化了。他表明在择偶的时候性感具有无上的重要性,以及人们可以借由哪些方法来开发一套详尽评判标准,用以捕捉对方身上的性感度。

这里的重点显然不是说性感度是个新鲜概念,或者说从前的人们并不被类似"性感度"的东西所吸引。其实这里重点要表达的是:肉体吸引已成为择偶时一种有意识的、直白的、名正言顺的、可把控的评判标准,而且现代社会提供了更多的方法让男性和女性将他们的性魅力转移到爱情和婚姻关系领地。"伴侣的肉体吸引力曾被认定为喜爱的重要预告,而诸如学术成就、智力、各种品格评价都与喜爱程度不相关联。"[1]肉

---

[1] J. Nevid,"恋爱吸引中的性别差异因素",性别角色 11(5/6)("Sex Differences in Factors of Romantic Attraction," Sex Roles, 11[5/6])(1984),第401-411页(第401页)。同时参见 A. Feingold,"恋爱吸引中的身体吸引力效果的性别差异:五种研究范式的比较"("Gender Differences in Effects of Physical Attractiveness on Romantic Attraction: A Comparison across Five Research Paradigms"), Journal of Personality and Social Psychology, 59(5)(1990),第981-993页; A.M. Pines,"恋爱吸引中个性和性别的前瞻性研究"("A Prospective Study of Personality and Gender Differences in Romantic Attraction"),参《个性及个体差异》25(1)(Personality and Individual Differences, 25[1])(1998),第147-157页。

体吸引力在择偶中发挥的作用越来越大,这点可从以下事实中看出:最近研究发现,男性和女性都认为肉体吸引这一点相当重要,①因此显示现在女性也加入了男性队伍,开始追逐这种传统上只有男性特别珍视的东西。在一个大规模的、横跨半个世纪的择偶评判标准趋势的研究中,大卫·布斯(DAVID BUSS)和他的团队找到了非常令人信服的证据;这些证据显示:在这 50 年期间,无论男性还是女性美国人,择偶时将性魅力作为标准的情况一直呈现持续上升。②换言之,随着媒体、化妆品、时尚行业的扩张,肉体吸引力的重要程度无疑增加了。③

一战后性活动出现变革,特别是二战后变革尤为清晰可见;

---

① P. Eastwick 和 E. Finkel,"关于择偶偏好中性别差异的再思考:人们是否知道他们最初心仪浪漫伙伴身上的哪些东西?"("Sex Differences in Mate Preferences Revisited: Do People Know What They Initially Desire in a Romantic Partner?"), Journal of Personality and Social Psychology, 94(2)(2008), 245-264; N. P. Li 和 D.T. Kenrick,"关于短期伴侣偏好方面的性别异同点:什么,是否,为什么"("Sex Similarities and Differences in Preferences for Short-Term Mates: What, Whether, and Why"), Journal of Personality and Social Psychology, 90(3)(2006), 468-489。

② D.M. Buss, T.K. Shackelford, L.A. Kirkpatrick 和 R.J. Larsen,"半个世纪的配偶偏好:价值观的文化演变"("A Half Century of Mate Preferences: The Cultural Evolution of Values"), Journal of Marriage and the Family, 63(2)(2001), 491-503。

③ 因此,假如说相当数量的当代心理学研究已一致表明在择偶中性吸引是一个重要因素,这是因为性吸引常常混淆历史上的自然,并以自然为名将历史进行了驯化。

诸多学者相信"娱乐化性活动"是由这些变革导致的①,继而性活动遭到异化、商品化、自恋化。我认为这种变革不妨可解读为,性活动跟美一样,逐渐变成一种"具有扩散力的地位特征";②也就是说,一种能授受地位的特性。当"性感度"成为人们择偶时重要的、甚至关键性的评判标准后,不妨推测一下这一事实可能带来的种种后果。首先,美与道德品行的交织意味着它跟社会阶层的关系可能更接近("道德观"存在于以阶层为基础的举止、以阶层为基础的合宜性的展现)。③性感概念是媒

---

① 消费文化、心理学、性活动政治化作为三大文化力量联手导致社会学家所谓的性娱乐的出现。"性娱乐这一概念定义宽泛,指的是各种以愉悦感为基础的实践活动及态度,它塑造了近阶段现代性的两性生活。[……]改变了以繁衍生育为目的的性生活中僵硬的性别身份、社会或政治,这种'可塑的性活动'[……]的重心是流动性更强的性偏好,或称为'欲望流'——'与不同类型人们建立新关系的欲望,并实验与自身和他人进行关连的替代方式'[……]。换言之,性娱乐模型以非线性方式替代了繁衍为目的的性模型。" D. Kaplan,"性和色情权力理论"("Theories of Sexual and Erotic Power")(尚未出版的手稿,将出版),第3-4页。另参见 D. Kaplan,"性解放与以色列的创意阶层"("Sexual Liberation and the Creative Class in Israel"),选自 S. Seidman, N. Fischer 和 C. Meeks (eds),《新性学研究引言》(*Introducing the New Sexuality Studies*,第二版;London: Routledge, 2011),第357-363页。

② Webster 和 Driskell 认为美即地位;结合了 Zetterberg 的观察后,我认为不妨扩展一下,把性感概念当成地位。参见 M. Webster 和 J.E. Driskell,"美即地位"("Beauty as Status," American Journal of Sociology, 89[1983],第140-165页;H. Zetterberg,"秘密排名"("The Secret Ranking", Journal of Marriage and the Family, 28[2][1966],第134-142页。

③ 关于道德观和阶层的广泛分析,可参见 M. Lamont,《金钱,道德,与举止:法国及美国中上阶层文化》(*Money, Morals, and Manners: The Culture of the French and American Upper-Middle Class*)(Chicago: University of Chicago Press, 1992)。另一角度研究,可参见 N.K. Beisel,《危及无辜:安东尼・康斯（转下页）

体—时尚—化妆品行业所塑造的,其目的是吸引各种不同女性,因此它相对独立于道德准则外,也因此独立于社会阶层外。安吉丽娜·朱莉具体地体现了性感的无阶层准则:原则上说,这个准则可能被任何一位女性所模仿所获得。这里显而易见的一重涵义就是,性感对传统的阶层内部通婚模式具有潜在破坏性。这就是说,大家都知道美貌和性感未必与社会阶层相重合,事实上美貌和性感可以为拥有较少财富和教育的女性打开另一条到达有权势的男性的通道,性感的合法化代表着进入婚姻的模式出现多样化,代表着传统上金钱决定阶层等级的方法被打破了。"在社会的最底层,这种[情色的]等级也许比别处更显著,正因为穷人、无权无势的人、未接受教育的人们在各方面都处于劣势,于是更多寄希望于色情带来的等级上的报酬。"①这最终暗示了婚姻市场与性的社会舞台之间存在着相互干预、相互重叠,有时甚至被后者取代——这个舞台上人们为性而性——而且在这个性舞台上很多很多选手进行同台竞争较量:比如说,富人们,受过良好教育的人,很有性魅力的人,不管最后一种人是否同时属于前面两种之一。

其次,选择标准的多样化也暗示着择偶时有可能存在更多

(上接注③)托克及维多利亚时期美国家庭生育》(*Imperiled Innocents: Anthony Comstock and Family Reproduction in Victorian America*)(Princeton: Princeton University Press, 1998)。

① Zetterberg,"秘密排行"("The Secret Ranking"),第136页。

冲突。也就是说,假如阶层内部通婚是构成婚姻的最强大社会拉动力——结婚对象具有彼此般配的教育和社会经济状态——性感引入的这个面向会潜在地——经常真的发生——与社会再生产的"正常"逻辑相抵触。①尽管受到阶层外伴侣吸引的事情在过去当然不能说闻所未闻,但如今这类事情更少考虑正统不正统了。这也意味着,如果要把这些同等正当合理但未必相互重合的标准进行综合,求索过程必然复杂化;选择者们更有可能在相互矛盾的属性之间顾此失彼(有时不得不从中做出取舍)。用社会学术语来表述,现代人择偶以**习性**(*HABITUS*)作为基础——即以社会化过程中获得的一组身体性质、语言性质、文化性质为基础;这样的择偶变得更加错综复杂,因为它必须对多个不同的评估集合进行吸收内化,其中有些评估倾向于社会阶层的复制,另一些评估倾向于媒体文化所描绘的没有阶级差别的各种图景。爱情**习性**天生具有复杂性。

第三个同时或许是选择中最明显受到多重标准影响的方面是如下事实:各种选择都认为性活动本身可自成目的,可以同婚姻目的割裂开来;这么做合情合理。随着"性经验"作为一个门类出现,这种割裂益发凸显。"性经验"指的是性生活与情感生活彼此割裂并各司其职;这种生活理念日渐被越来越多的人们所接受及身体力行。这种割裂暗示着情感意向与性行为之间渐

---

① 这是 D.H. Lawrence 的著作《查泰莱夫人的情人》(*Lady Chatterley's Lover*)及 Tennessee Williams 的著作《欲望号街车》(*A Streetcar Named Desire*)的主题。

行渐远,当下的情感与该情感转化为未来承诺的道德使命感之间渐行渐远。不光如此,性感这个概念还指示着性行为已从情感中剥离出来;因为大多数情感须通过道德框架进行组织和产生,但性感自身就代表着一种文化门类和行为,它不受道德准则的约束。这已变成了一种普遍趋势,在男性群体中其普遍性更超过女性群体;依据是,色情网站全部访客中有72%为男性,付费色情网站95%以上的访客为男性,女性依然更倾向于将情感和性活动混杂在一起。此外,性和爱分离的现象占据主流,也意味着解读性行为行动者们的真实感受和意向的难度更大了。

第四个后果与以下事实有关,性感使得一个人坠入情网的过程变成一个完全主观的过程,因为性吸引或怦然心动感是无法用客观标准来解释的(哪怕美的衡量标准已经标准化,这一观点仍然成立)。在奥斯汀的世界中,择偶标准是已知的、公认的、客观化的;而到了今天,这些标准已被主观化了,因为它们(原则上)基于难以言传的吸引。总体而言,个人必须靠他/她自己作出判断:是否受到某人吸引,是否应该爱上某人;于是,选定某个爱侣就是个人通过一套复杂的情感评估和认知评估过程达成决策的结果。

第五个后果,因重视性感,于是吸引的产生越来越多依赖于图标和视觉;[1]它日渐成为择偶过程中的主流,但与通过理性和

---

① 参见 J. Alexander,"标志性意识:意义的唯物感受"("Iconic Consciousness: The Material Feeling of Meaning", Environment and Planning D: Society and Space), 26 (2008), 782–794。

语言可明确表述的衡量标准是相冲突的。人们无法通过认知、意识或理性分析来明辨受到吸引的原因。吸引指的是跟陌生人短暂互动中做出的某种快速判断,因此我们看到各种速配成为新兴的文化现象(出名的"一夜情"或最近的"勾搭")。"性感度"作为一种评估模式,标志着为性经验而进行性行为的现象出现,反过来这种现象之所以存在是因为不再以家庭框架或长期框架作为参照物。

最后一个后果与前面这个毗邻而生,由于美貌和性感形象的广泛传播和标准化,于是性感概念造成身体形象和外观日渐雷同化。浪漫邂逅遭到了情色化,这体现在某几种身体特征和面部特征被选定为标准,让人们倍加向往。在这个过程中,时尚产业和文化产业所倡导的模型占据了优势地位。美貌和性感被标准化的效果,就是为性魅力划出高下等级之分:按这种耳熟能详的文化编码,某些人明显比另一些人具有更大的性魅力。因为性感的标准是有编码的,可用它来对未来伴侣们进行评估和排序,于是出现"性魅力"标尺上有些人排名比其他人更高的情形。结果是,选择被主观化了——自我成了评估的唯一有效来源——这与性感外表被标准化和可进行排序是密不可分的。

以上这些变化为经济学家们所说的婚姻市场确立了条件并设定了背景:即在个人选择和品位的监控下,人们在婚姻市场中就彼此想得到的属性进行自由选择和交换——典型情况下,用女性魅力去交换男性地位。婚姻市场概念的先驱、经济学家加里·贝克尔(GARY BECKER)认为,婚姻始终是自愿的,因此适用偏好理论,在这点上它与其他领域的经济学行为一样。除此之外,在求偶过程中不同男性之间、不同女性之间存在竞争,因此婚姻可称得上一个市场,①在该市场中,能给出最多属性的人相对其他人掌握着更大力量。贝克尔的观点准确反映了一种公认观点,即婚姻是自由选择的结果,而选择标准各不相同。但是贝克尔犯了几个重大失误:他把决策视为偏好所产生的结果,而且把所有偏好看成是平等的;他这种观点未能有效区分父母的择偶观或未来伴侣的择偶观。从社会学角度看,这两种择偶观极为不同,一般而言,某人自己作**个人选择**时在选择操作上更加复杂,因为这个人很可能要满足多种效用:即存在着数种偏好,这些偏好两两之间有可能是冲突的。此外贝克尔还忽略了一点,根据婚姻受制约或不受制约的多种方法,婚姻市场、搜索伴侣和选择伴侣的条件会有极大不同:也就是我上文提到过的选择的生态环境。最后一点也许是最关键的一点,经济学家们忽视了一个现实,婚姻市场并非天生的或全球普适的,它是人们的爱情交往历经市场化这一历史过程的结果——在这种背景下爱情交往脱离了传统道德框架——而从前选择过程受到道德框架的制约。浪漫爱情交往"大转型"过程中,不再有正式社会界限来限制你接近伴侣,在彼此交往中开始盛行激烈的竞争。经

---

① G.S. Becker,"婚姻理论:第一部分"("A Theory of Marriage: Part I", The Journal of Political Economy, 81[4][1973]),第813-846页(第814页)。

济学家们把"婚姻市场"看作是天生事物,而实际上它是历史发展的结果,它与阶层内部通婚的正式规则的消失相挂钩,与爱情选择的个体化相挂钩,也和竞争的普遍化相挂钩。不仅婚姻市场出现的条件与现代性有关,而且它本身就具备固有的现代性。从这个角度出发,谈论"情场"似乎比谈论婚姻市场更合适;因为场(赛场)这个概念预先假定行动者在既定的社交场所展开竞争时拥有的资源是不平等的。

婚姻市场与情场

随着阶层内部通婚正式机制的解体、个体化旗帜下浪漫爱情关系的市场化,同步出现了浪漫爱情关系的情色化。说到个体化,我指的是个体而非家族,成为个人的、身体的、情感的、性的属性的承载者,这些属性构成并定义他们的个人特质与独特性,而且评估和选择的过程也由个人支配。这样构成的一个拥有独特个体属性的自我,与另一个拥有独特属性的独特个体进行婚配。择偶过程中最重要的是品味的互动切磋;也就是说,择偶是两个高度差异化个体之间兼容的结果,而这两个个体以自由的无拘束的方式寻求特定属性。择偶变得更为主观,因此个体身处与他人公开竞争的局面中。由此产生的结果是,与未来配偶的因缘际会发生在一个公开市场中,人们在这里相识相知,并按照他们的"品味"进行匹配,同时为了获得最心仪的配偶与他人展开能力比拼。这使得男性和女性间的交换条款发生变化。在奥斯汀的世界中,男性和女性所交换的是一些类似的属性,往往表现为财富、地位、教育、个性的和蔼可亲等形式。大多数时候,爱情选择很大程度上反映和复制了社会阶层划分,以及依附于阶层的道德观。现代性下这种交换原则上已经变得不再对称了:也就是说,男性和女性可以"交换"不同的属性——美貌或性感用以交换社会经济实力等。

婚姻市场具备多项社会学特征。首先,前现代时期求索配偶(或多或少)是水平进行的:也就是说,发生在某人自身所属群体内。然而到了现代,我们知道种族、社会经济状态、宗教等不再是择偶的正式障碍了,于是竞争既有水平的也有纵向的,也就是说不但在一个人自身所属的社会群体内,在超出本身所属群体竞争的情况不仅常见而且典型,因此我们可以说婚姻市场原则上对每个人开放。为同一伴侣进行竞争成了普遍现象。这是因为社会阶层和社会群体不再提供正规的、形式化的求偶机制。其结果是潜在伴侣的来源得到可观的放大,原则上每个人需要跟每个他人在某既定社会领域竞争来获得最心仪的伴侣,这里心仪度可以用个体化非理性的条款来定义("我不知道为什么他对我有这么强的吸引力"),同时可以用标准化条款来定义("她是那种所有男人梦寐以求的女性")。

第二,结识另一方变成事关个人品味的问题(品味除了包括社会经济因素,还包括一些不太容易说清楚的因素,比如"魅力"或"性感")。择偶标准已被主观化,其涵盖范围从肉体吸引和性偏好到个性和社会地位不一而足,人们可按照非常私人化的个人品味进行"交换"。也就是说,诸如性感或魅力之类属性可用以"交换"经济地位,这正是因为婚姻市场看起来已经向私人选择和偏好开放。上文所述的资产交易就是婚姻市场结构经历史转型之后的结果。

第三,因人们婚配时不再存在正规机制,所以经济状况的内化也能在选择时帮到他们;理由是选择是同时涵盖经济、情感、理性和非理性等多方面的。爱情**习性**恰好具有同时进行经济和情感操作的特征。有时这种**习性**允许经济盘算与情投意合兼顾;但有时这种**习性**将承受内心的撕裂,因为一个人必须要在一个"世人眼里觉得合宜"的人选和一个"性感"的人选之间作出取舍。出于这个原因,性—爱的习性变成一种非常复杂的习性,因为它涵盖各种各样的情形。

第四,现代性下伴侣的选择更具主观性这一事实也意味着它所依据的素质(假定)是自我固有的,并反映自我"本质"的:肉体吸引和个性成为一个人内在价值的指数。如果说前现代时期婚姻是建立在一个人的客观身份及其带来的价值基础上,现在几乎是逆转过来的:因为婚姻市场是竞争性的,因为市场中有各种属性可进行交易,因为一个人在市场中的成败程度可回溯到他/她的价值,所以一个人在婚姻市场中的地位同时也是建立普遍社会价值的一种方法;一个人在性市场中的成败程度,即此人拥有伴侣的数目和/或伴侣愿意对他/她作出承诺的欲望,可推导出其普遍社会价值。在约会游戏中取胜不仅给一个人带来人气,从更根本的角度看,同时还带来社会价值(关于这个过程的分析,详见第四章)。肉欲吸引力和性表现标志着婚姻市场上出现了全新的赋予社会价值的方式。性活动因而变得与社会价值密不可分。

简而言之,当社会等级是择偶的首要标准时,男性和女性内部的竞争受到很多的局限,并只能在同一阶层的成员之间展开。相反地,在现代,竞争变得更激烈,因为不再有正规机制约束人们必须按照社会地位进行婚配,因为择偶标准既多样化又精细化,更因为择偶标准与个人品味融为一体了。现代性标志着择偶标准的重大转型,肉体和个性吸引等指标变得首要、细化,更重要的是变得主观。择偶个性化的过程,婚姻市场"调控放松"的过程,求索过程建立在类似于市场的架构之上,其中每个人可自由交换他/她自身属性,以上三方面之间形成了紧密关系,它们作为社会的、心理的、性的属性的多重叠加而发生。

女性主义学者尖锐地(公正地)批判了女性情色化带来的破坏性[1],指出它让女性屈从于男性,屈从于美容产业所催生的巨大经济机器。情色化的肉体出现高度商品化,所以很多人认为:我们生活在色情化文化中,性的公开与私密的界限、商品化

---

[1] N. Wolf,《美的神话:美的形象如何被用来对付女性》(*The Beauty Myth: How Images of Beauty Are Used Against Women*)(New York: Random House,1990)。

的性与情感的性的中间线逐渐崩解①。但这一批判观点没有谈及一个更复杂的问题,就是美貌、性吸引、性活动如何与阶层结构进行互动,又如何反过来形成一种全新的等级划分模式。具体而言,女性主义者的批判可能没注意到美貌和性感逾越了传统地位等级制度,代表有可能出现全新的社会群体(年轻美貌的一群,贫困美貌的一群);他们将对抗拥有大量社会和经济资本的群体,甚至构成社会等级制度的全新形态。男性和女性身份的情色化强调美貌和性吸引,从而大大改变了人们进入婚姻市场的条款,原因是以上这些要素与社会阶层关系不大,原先被排斥在中产阶层和中上阶层婚姻市场之外的选手也能进入这个市场。当然我并不否认个人修养具有阶级烙印,但美貌和性感是由无处不在的媒体所养成的观念,所以相比语言、文化准则而言,它们更独立于阶层之外;这就使得婚配过程——至少存在潜在可能——与阶层结构联系的紧密程度大大减低。

---

① F. Attwood,《性的主流化:西方文化的情色化》(*Mainstreaming Sex: The Sexualization of Western Culture*)(New York:I.B. Tauris,2009); A.C. Hall and M.J. Bishop,《大众色情:美国文化中的色情作品》(*Pop-Porn: Pornography in American Culture*)(Westwood, CT:Greenwood Publishing Group, 2007); B. McNair,《脱衣舞文化:性,媒体和欲望的民主化》(*Striptease Culture: Sex, Media and the Democratization of Desire*)(London:Routledge, 2002); P. Paul,《淫秽化:色情作品如何转变我们的生活,两性关系和家庭》(*Pornified: How Pornography is Transforming Our Lives, Our Relationships, and Our Families*)(New York:Times Books, 2005); C.M. Roach,《脱衣舞,性和流行文化》(*Stripping, Sex, and Popular Culture*)(Oxford:Berg Publishers, 2007)。

随着婚配过程调控放松、性感观念深入人心,出现了我们从布尔迪厄那里借用并命名为情场的东西:也就是说,这是一个社交领域,在其中性欲望被自主化,性竞争被普遍化,性诉求成为求偶的自主标准,而性魅力成为一种划分阶层和等级的独立标准。性魅力——不管是单独一项,还是与其他属性结合——成为婚配中一个自主的纬度。它受到传统阶层习性的激发——它使得我们往往被那些可与自己婚配的人所吸引——但因为性越来越多作为一个自主的社会领域进行组织,性也可能打破阶层习性并以其他形式进行评估(比如国王爱德华八世为了离婚的平民女子华里丝·辛普森而不惜辞去王位)。

上述历史进程就是社会学家汉斯·泽特博格(HANS ZETTERBERG)所提出的"情色排名"的中心点,或可以说是他人心中感应出"情感占领"的概率。①按照泽特博格的观点,各人在制造这种情感占领的能力方面高下有别,也难免会被人秘密列入这个排名中。他相信这种排名必须是秘密的;若我们了解他当时写作年份为1966年,我们也许不会感到意外。40年后,这种秘密排名已经变得相当公开,以至于我们现在会把性魅力称为一种广为接受的特性状态。②基于这种潜在的历史进程,某些社会学家提出"情色"赛场或"性"赛场已然出现。

性欲望的自主化创建出一种"社会空间",它是经过设计让

---

① Zetterberg,"秘密排行"("The Secret Ranking"),第135页。
② Webster and Driskell,"美即地位"("Beauty as Status")。

性交往或浪漫爱情交往从中发生的正式场所,比如酒吧、夜总会、公共浴室、性内容网站、婚恋交友网站、个人广告栏、红娘公司等等。这些社会空间经设计专门用于组织浪漫爱情/性交往,并根据消费者品味的逻辑与微环境分成多个层次(比如:《纽约书评》的个人广告栏,曼哈顿市中心地区的 S&M 俱乐部,等等)。①

假如如今性交往被当作赛场来组织,那么意味着在赛情分析之后,在定义谁是令人心仪的配偶时,有些选手比其他选手更成功,而且仅有人数较少的选手能停留在性金字塔的顶端;这些人是众人竞争的对象,而且为他们而竞争的人数超过为别的对象竞争的人数。有人也许会问,情场的出现是否导致了男性主宰女性的新形式的出现。在前现代时期经济中,进行经济资产交换的男性和女性常常是相类似的。因为父权制意味着控制子女、一名女性及仆人们;男性于是希望能进入婚姻生活。受规范约束,男性和女性都应走入婚姻(除了某些宗教职业或贞洁誓言的情况)。从这个意义上,男女双方在情感上是平等的。相反,在资本主义经济中大多数财产和资金流由男性控制,因而婚姻爱情对女性的社会生存和经济生存至关重要。如我在下面两个章节中所记载,婚姻市场的调控放松催生了男性掌控性领域

---

① 参见 A. Green,"欲望的社会组织:性领域探讨"("The Social Organization of Desire: The Sexual Fields Approach"), Sociological Theory, 26(1) (2008), 25–50。

的新形式。

由于阶层内部通婚正规机制的解体,通过性实践的转型和个体化,通过媒体热烈鼓吹而形成的性与美的观念已深入人心,20世纪的人们目睹性领域一种新资本的流通,我们不妨将它命名为"情色资本"。"情色资本被设想为一个人所拥有的多种属性的质量和数量,这些属性会在另一人身上引发情色反应。"①但是我认为,情色资本采取两种形式的路径;可对应不同的性别策略在情场中积累情色资本。

以最简单最男子气概的形态,情色资本体现在某人所积累的性经验的数量,使他为人瞩目。以查尔斯为例,他67岁,是一位生活在巴黎的的法国记者。他说:"在我30-40岁的时候,拥有众多情人对我而言十分重要。你知道,那种情况下数量本身几乎就等于质量。如果我有很多情人,我就会感觉到自己质变为一个与众不同的、更成功的男人。"

作家葛丽塔·克里斯蒂娜(GRETA CHRISTINA)回顾她的性经验时写道:"最初开始与人发生性关系时,我喜欢点人数。我想搞清楚到底有过多少人。知道我一生当中曾经与多少人有过性关系,是某种自豪感的来源,或者说是一种身份的

---

① A. Green,"欲望的社会组织:性领域探讨",前揭,第29页; J. Levi-Martin和M. George,"性分层理论:性淋浴和性资本理论分析学",社会学理论,24(2)("Theories of Sexual Stratification: Toward an Analytics of the Sexual Field and a Theory of Sexual Capital," Sociological Theory, 24[2])(2006), 107-132。

反映。"①查尔斯,基默—普塞尔与克里斯蒂娜都认为大量的性经验、统计性伴侣的人数是自我价值的来源。他们的所作所为无异于性资本家。他们的情色资本在这些往来账目中展示,他们为性征服的人数之巨大深感自豪。也就是说,性欲望包含在以性的丰富来炫耀式展示自我价值,这标志着某人掌握着性/情色资本,有能力战胜他人。这种累积的——或系列的——性策略已经被女性所采用,但从文化上和历史上看,那不过是对男性行为的一种模仿而已。

情色资本还有另外一重意义。有些社会学家甚至认为情色资本的形成是可以转换的,如同其他形式的资本一样,它可被转换到其他领域,比如转换为更好的职业和更高的级别。援引该领域研究学者达纳·卡普兰(DANA KAPLAN)的论点:"既然存在以性为导向的人,这也表示劳动力市场上可直接买卖一整套可累积的技能[……]比如世故练达,灵活性,创造力,自我表现和推销自己的能力。"②这种资本形式可说是对应着女性的专一型婚配策略。

---

① G. Christina,"我们现在就上床还是怎样?"("Are We Having Sex Now or What?"),选自 A. Soble 和 N. Power (eds),《爱情哲学:当代读本》(*The Philosophy of Sex: Contemporary Readings*, Totowa, NJ: Rowman & Littlefield, 2008),第 23-29 页(第 24 页)。

② D. Kaplan,《性,羞耻和刺激:感情资本主义中的自我》(*Sex, Shame and Excitation: The Self in Emotional Capitalism*,尚未本版的手稿,出版日期未定),第 2 页。

无庸置疑,情色资本能带来最直接切实结果和效益的领域就是择偶。如凯瑟琳·哈基姆(CATHERINE HAKIM)认为,高中时代被认为较有魅力的女孩比其他女孩婚嫁的概率更高,年轻时就婚嫁的概率也更高,也许有点出人意料的是她们的家庭收入一般也更高(在最初测量后 15 年再次测量)。哈基姆更深一步提出,女性可利用情色资本在社会中向上流动,而不是——或除此之外还可同时——转向劳动力市场。人们希望哈基姆的意思并不是说,"利用"某人的情色资本与发展数学技能或纺织技能以寻求社会地位提高都是同样值得赞赏的路径。但她的发现仍是有用的;其意义是,婚姻市场与劳动力市场是可类比的,因为女性可经过她们的性角色在现代社会中收获社会地位和财富。[1]按照这一观点,在 21 世纪的今天,情色资本是女性经济资本的一部分。显然,过去女性也曾使用她们的情色资本来获取原本被剥夺的社会地位和资产;但有一点是新鲜的,当前的社会结构和媒体文化赋予并可能促进情色资本到社会资本的转换。

以上转型解释了 1990 年代横扫电视荧屏的一种全新文化

---

[1] C. Hakim,《二十一世纪的工作-生活方式选择:偏好理论》(*Work-Lifestyle Choices in the 21st Century: Preference Theory*) (Oxford:Oxford University Press, 2000),第 160-163 页; R. Erikson 和 J.H. Goldthorpe,《恒定通量:工业社会中的阶层流动性研究》(*The Constant Flux: A Study of Class Mobility in Industrial Societies*) (Oxford:Clarendon Press, 1993),第 231-277 页; C. Thélot,《有其父必有其子》(*Tel Père, Tel Fils? Position Sociale et Origine Familiale*, Paris:Dunod, 1982)。

主题的出现,即在一个不可见的但极强大的市场中,与竞争对手们一起求索伴侣。这一潜在动机支撑着电视系列片《欲望都市》在全球范围大获成功;还有真人秀《单身汉》(*THE BACHELOR*)的成功。确实,《欲望都市》和《单身汉》展示和表达的主题都可以在这章的文字记载中找到:浪漫爱情关系的高度情色化,求索过程的个体化和复杂化,婚配过程中竞争的普遍化,通过性经验和性成功把性活动转化为资本;带来的结果是搜寻和选择伴侣已经变成生命周期的内在片断,具备特定形态的社会情结、规则和策略。相当大一部分自助书籍和电视连续剧就是在这种背景下应运而生的;现实中浪漫爱情求索已从客观上成为一种高度复合的社会努力,有自成一体的经济领域,社会行动者和社会规则。更关键的是:从社会学角度看现在的它是分裂的:性活动,欲望,爱情已经与社会分化密不可分——它们源自社会阶层,它们供给地位,最后经常落入同等教育背景的阶层内部通婚的巢臼;然而择偶发生的大环境却是娱乐式性活动,是不分阶级的快感分享体验和纯粹性活动。娱乐式性活动和择偶因此频频成为两股对抗的社会拉动力。

结　论

在记录前现代时期到现代时期的择偶演变时,历史学家往往侧重于强调转向情感个人主义的变化。这种表征描述当然不能说是错的,但掩盖了一个更重要的过程,即选择情态的变化过程;即情感与理性之间的关系,以及这个领域中竞争者之间竞争组织方法的变化。今时今日,择偶发生在一个高度竞争的市场中;这个市场中,爱情和性的成功是先前层级化模式影响的结果,进而本身也具有层级分化作用。这种爱情层级化有几个组成部分。其一是关注社会层级化以何种方式回潮,并塑造情色欲望:也就是,当原欲作为社会繁衍的渠道时(发现房间里权势最高的男人很"性感"),社会地位以什么方法滋养和塑造情色欲望。心仪度与某人的社会经济地位交织在一起。其二是注意到一个事实,性吸引本身构成了情色价值感的一个独立方面,并成为层级化的一条标准,这有可能会、也可能不会干扰到社会层级化。肉体吸引成为择偶时的一条单独标准,可能因此危及择偶的其他条件,也可能和其他标准同时起作用。

爱情和性自由的胜利,标志着经济学已渗透进入人类欲望机器。在现代,两性关系转型的一个主要方面体现在欲望与经济学密不可分,欲望与价值观和个人价值感问题密不可分。随着这种界限消弭,欲望不时受到经济学的烦扰。我的意思是说,普遍化的性竞争改变了意志和欲望的架构,而欲望呈现出经济交换的特质:也就是说,欲望受到供求关系原则、供应不足、供应过量等规律的调控。关于经济机器如何转变和构建意志,我们将在下一章中进行阐述展开。

第三章
承诺恐惧症及爱情选择新架构[*]

---

[*] 与马坦·沙查克(MATTAN SHACHAK)合著。

让一种能作承诺的动物繁衍,这岂不正是大自然在人类问题上的两难处境吗? 这不正是人类的真正难题所在吗?

——尼采,《道德的谱系》①

"女性变得越来越不快乐了,"我告诉朋友卡尔。"你怎么看出来的?"他面无表情地说,"女性一向喜欢诉苦、诉苦、诉苦。""为什么我们变得更悲哀了?"我追问。"因为你们在乎,"他用齿间的冷笑回答道。"你们有感觉了。""哦,原来如此。"

——莫琳·陶德,《忧郁是种新瘟疫》②

---

① F.W. Nietzsche,《道德的谱系》(*The Genealogy of Morals*, New York: Courier Dover Publications, 2003 [1887]),第34页。
② M. Dowd,"忧郁是种新瘟疫"("Blue Is the New Black", New York Times, September 19, 2009)。

自由,一向以来是现代性的经典招牌,是受压迫群体的战斗口号,是民主政体的荣耀,是资本主义经济市场的骄傲,是集权统治备受谴责的骂名。自由一直是、继续是现代政治体制的伟大成就。

然而,把自由作为标尺去丈量政体则不得不面对两个重大难点:某些与自由概念相抵触的不可公度的价值(比如团结)挑战了自由应成为我们实践终极目标这一理念,①②而行使自由可能会也确实会产生多种形式的痛苦,比如主体的不安全感和无意义感。③尽管本书秉持现代主义立场,赞同和支持自由,但本书的目的依然要质疑自由的后果;在下文的分析中大家会逐渐认清,性自由和情感自由会催生他们自己的各种痛苦形态。

然而"自由"这个概念还是未免流于宽泛了,它承载了诸般不同的含义,在不同的制度背景下产生不同的效果。资本主义市场的自由,包含诸如"利己"和"公平竞争"等含义;人际关系

---

① 参见 A. Honneth,《自由的权利》(*Das Recht der Freiheit*, Frankfurt: Suhrkamp Verlag, 2011)。

② M.J. Sandel,"程序共和国和无拘束的自我",政治理论,12(1)("The Procedural Republic and the Unencumbered Self", Political Theory, 12(1)(1984), 81-96; C. Taylor,《自我的根源》(*Sources of the Self*)(Cambridge: Cambridge University Press, 1992); M. Waltzer,《正义的范围:捍卫多元化和平等》(*Spheres of Justice: A Defense of Pluralism and Equality*)(New York: Basic Books, 1983)。

③ A. Giddens,《现代性和自我身份》(*Modernity and Self-Identity*)(Stanford: Stanford University Press, 1991); B.S. Turner 和 C. Rojek,《社会和文化》(*Society and Culture*)(London: Sage, 2001); M. Weber,《新教伦理与资本主义精神》(*The Protestant Ethic and the Spirit of Capitalism*)(London: Routledge, 2002 [1930])。

领域的自由,着落在富于表现力的个人主义;消费者范畴的自由,存在于选择的权利;公民权利的自由,体现在尊严方面,这是其他领域往往忽略的概念。自由的行使在不同领域中得到制度化,具有不同的实践后果与道德后果。

由此可知,尽管性自由历来被作为一种政治权利来表述,①但实际上政治领域和性领域的自由是不同的。政治自由需要通过一个庞大复杂的法律机构来激活,保证其行使的时候有相对秩序和可预测性。在人际和性关系上,"自由"并非通过制度设计来进行约束。除了"自愿性"受到法律约束(自愿同意的年龄,自愿的性行为,自愿的调情等等)外,性自由一路大踏步向前迈进,日渐摆脱法律和道德禁令,并且意在达到百无禁忌的地步。个性以各种泛滥的反制度形式在性关系领域得到越来越多的表达,使之——也许超出了政治范畴——成为行使纯粹个性化、选择、表达的场所。文化"淫秽化"发生的大背景是,性欲望和性幻想通过商业化而得到释放,摆脱了道德调控的锁链。②现

---

① 参见如 D. Cornell,《自由的中心点:女性主义,性别,平等》(*At the Heart of Freedom: Feminism, Sex, and Equality*) (Princeton: Princeton University Press, 1998)。

② Pascal Bruckner 提醒我们说,性和情感领域的自由包含着一系列不同的且相互关联的含义:来自外部权威的自由(来自父母、社区、男性等);可对多项生活和性选项抱持开放和有资格状态;为最圆满的个人幻想和愉悦而生活。参见 P. Bruckner,《爱情悖论》(*Le Paradoxe Amoureux*) (Paris: Grasset & Fasquelle, 2009)。Pepper Schwartz 阐述说此类性关系的实践可见于她所谓的"对等婚姻(peer marriages)"中。参见 P. Schwartz,《平等双方间的爱情:对等婚姻是如何工作的》(*Love between Equals: How Peer Marriage Really Works*) (New York: Free Press, 1994)。

代时期性活动的道德观组成中,包含对双方自由、对等、自主性的肯定,而较少去尊重一些比如性别荣誉或阶层内部通婚的规范。

自由在两性关系领域最令人瞩目的表达,可通过婚姻和性活动的含义变化为例窥见一斑。在 20 世纪早期,大多数人相信婚姻是一辈子的承诺。统计数字表明,1960 年之前美国的离婚率一直很低;大约在跨度不过 20 年的时期内,离婚率升高了一倍以上①。并且此后一直居高不下。研究显示,在 1960 年代期间人们对离婚的态度出现了戏剧性变化②。1981 年,丹尼尔·扬科洛维奇(DANIEL YANKELOVICH)的报告中提到婚姻和异性恋关系的规范构造中出现了一个重大变化。③在一项纵向研究中,他比较了受访者在 1950 年代和 1970 年代末期的答案。1950 年代,他询问年轻的单身女性和已婚女性,她们为什么珍

---

① D.T. Elwood and C. Jencks,"1960 年以来美国单亲家庭的蔓延"("The Spread of Single-Parent Families in the United States since 1960"),选自 D.P. Moynihan,T.M. Smeeding,和 L. Rainwater (eds),《家庭的未来》(*The Future of the Family*) (New York: Russell Sage Foundation, 2006),第 25-64 页。

② A. Thornton,"美国人对家庭问题的态度变迁"("Changing Attitudes toward Family Issues in the United States"),Journal of Marriage and the Family,51(4)(1989),873-893。

③ D. Yankelovich,《新规则:在发生巨变的世界中追求自我实现》(*New Rules: Searching for Self-Fulfillment in a World Turned Upside Down*) (New York: Random House, 1981),被引用于 R. Bellah,W. Sullivan,A. Swidler 和 S. Tipton,《心灵的习性:美国人生活中的个人主义和公共责任》(*Habits of the Heart: Individualism and Commitment in American Life*) (Berkeley: University of California Press, 1985),第 90-93 页。

惜婚姻和家庭。她们的回答反映了一种根深蒂固的信念,婚姻既是必要的也是不可或缺的,婚姻为她们在社会中提供了一席之地和正常生活的感觉。大约25年后到了1970年代后期,她们的态度发生了变化:婚姻对女性而言是多种选择的其中一种。把所谓的"离经叛道"行为,比如单身主义、同性性行为或未婚先孕等事情看成耻辱的人群大大减少了①。未婚同居增多了,②同居后走向婚姻的个案只有50%或更低比例。③从1970年代末期开始,婚姻和稳定关系已经变成可选项,通常只有在穷尽搜索、心理辅导和大量开支后方能达成。④在1980年代的一项关于人们对婚姻和爱情关系承诺的首创性调查中,安·斯威德勒(ANN SWIDLER)发现,当时十年见证了婚姻前和婚姻内文化

---

① D. Yankelovich,《新规则:在发生巨变的世界中追求自我实现》(*New Rules: Searching for Self-Fulfillment in a World Turned Upside Down*)(New York: Random House, 1981),被引用于R. Bellah、W. Sullivan、A. Swidler和S. Tipton,《心灵的习性:美国人生活中的个人主义和公共责任》(*Habits of the Heart: Individualism and Commitment in American Life*)(Berkeley: University of California Press, 1985),第90—93页。

② 同居家庭的数目从1977年的110万增加到1997年的490万。同居家庭数目在1977年占总家庭数1.5%,至1997年已增加到4.8%。参见L.M.Casper和P.N. Cohen,"POSSLQ衡量法够好吗?同居现象的历史估算"("How Does POSSLQ Measure Up? Historical Estimates of Cohabitation"), Demography, 37(2)(2000), 237—245。

③ R. Schoen和R.M. Weinick, "婚姻和同居中的伴侣选择"("Partner Choice in Marriages and Cohabitations"), Journal of Marriage and the Family, 55(2)(1993), 408—414。

④ Bellah et al.,《心灵的习性》(*Habits of the Heart*),第89—90页。

和情感承诺的规律发生巨大改变。①避孕术与道德标准演变使得性与婚姻的分离进一步加剧,并呈现常态化;1960年代后的人们对婚前性行为态度的根本性变化,可作为这一点的例证。②诸如此类的变化,显然是亲密关系中自由度增加的结果。性领域对自由的肯定,乃是发生于20世纪的最重大的社会转型之一。通过本章我试图展示,这种自由如何带来异性恋夫妻/情侣间情感交易的转型,这一点可从广为人知的"承诺恐惧症"现象中很明显看出。

如第二章所论证,自由的行使总是发生在一定社会语境下,我们需要调查社会语境才能了解亲密关系领域因自由而产生的多个悖论。性自由和爱情自由并不是抽象实践,而是以制度化方式内生于受到挑战但依然十分强势的父权制度内的实践。这一来也就出现了各种新的痛苦形态,主要体现为各种不平等;之所以出现各种不平等,是因为男性和女性具有不同的感受和经历方式,在情场上监视其性自由时有不同的方法。类似于市场范畴,性自由引起对性别不平等的文化再编码;这些不平等渐渐变得难以察觉,因为爱情生活遵循企业生活的逻辑——即每个

---

① 《心灵的习性》的第四章主要采用了 Ann Swidler 关于爱情和婚姻的研究。参见第85—112页。

② D. Harding 和 C. Jencks,"针对婚前性行为的态度改变:组群,时代和年龄增长的效应"("Changing Attitudes toward Premarital Sex: Cohort, Period, and Aging Effects"), Public Opinion Quarterly, 67(2)(2003), 211-226。

合作伙伴将他/她的自由放在首位,将他/她的不幸归因为有缺陷的自我。但如我试图说明的,性自由与经济自由仍有共通之处,因为性自由隐晦地将这些不平等进行了系统化甚至合理化。

从女性情感内敛到男性情感离断

按照当代标准,18世纪和19世纪的求偶过程束缚了妇女的性行为,也在相对较低程度上束缚了男性的性行为。在表达她们爱的情感和对性的憧憬时,中产阶层和中高阶层的女性比男性显得更加感情内敛。女性感情内敛主要出于两个原因:她不得不表现出含蓄缄默的性态度,而且在求偶早期阶段她的行为主要是被动的——也就是说仅限于接受或拒绝男性的求爱。① 这种含蓄是女性性观念在18世纪发生改变的结果。在基督教盛行的几个世纪里,尽管男性和女性都需要性节制,但人们认为女性有更强烈的性需要。"如果说有什么不同,那就是人们认为夏娃的女儿们(比男子)更有可能激情过度,因为人们

---

① 这些变迁的含义及其所带来的后果,自1980年以来争议不断。例如Bellah等人所著《心灵的习性》(*Habits of the Heart*)一书主张,这些变迁通过使用心理治疗式语言及自我实现的理念从根本上破坏了承诺。同时Francesca Cancian 批判说,它们过于强调个体独立性模式,而忽视了相互依赖模式;同时指出,承诺依然是婚姻的核心特征。参见F.M. Cancian,《爱在美国》(*Love in America*)(Cambridge: Cambridge University Press, 1987)。然而,本章中我从另一角度探讨了当代浪漫爱情关系及婚姻中的承诺问题——叩问这些关系中的承诺结构如何变迁,是哪些原因促成变迁。

相信她们的理性控制力比较弱。"①但到了18世纪逐渐出现另一种看法,认为女性能天生地抵御性的诱惑。塞缪尔·理查德森(MANUEL RICHARDSON)的小说《帕梅拉》(*PAMELA*)(1749年)对此给出了清晰的叙述。②这个故事讲述了一名年轻女仆受到她男主人极具侵略性的追求,甚至达到几近强奸的地步。她重复不断地抵抗他的进攻,但内心开始对他产生好感。最终,他敬重她在自己富有进攻性的追求下仍能有理有节地拒绝,于是开口向她求婚,③而她高兴地接受了他的求婚。这篇小说表明人们对女子天性出现了新的构想方式,男性和女性的性别身份的分割围绕着禁欲事件而展开:对女性而言,禁欲开始变成一种考验,成为她们美德和节操的标志,可帮助她们在婚姻市场建立声誉;对男性而言,禁欲让他们展现自己的男子气概,让他们展示自己有能力渴望并赢得美人芳心,因为女性本该拒绝欲望的。

女性为了守节而禁欲这种情形,在美国文化里面更显突出。

---

① N.F. Cott,"无爱:解读1790-1850年间维多利亚时期的性理念"("Passionlessness: An Interpretation of Victorian Sexual Ideology, 1790-1850"),《表征:文化与社会的女性期刊》(*Signs: Journal of Women in Culture and Society*),4(1978),第219-236页(第222页)。

② S. Richardson,《帕梅拉:美德得报》(*Pamela: or Virtue Rewarded*)(Harmondsworth: Penguin Books, 1985 [1740])。

③ Montesquieu的《波斯人书简》(*Persian Letters*)预先设想了这种出于美德进行抵抗的主题,他告诉我们Roxanne成为Usbeck最钟爱的妻子是因为她抵抗他的求爱,从而展示了她的美德。

禁欲的意象和理念,作为合乎礼数和自我控制的普通经济学,似乎为女性指派了一种更高尚的道德和社会地位:"通过将性欲控制上升到人类最高尚的节操,中产阶层道德家们将女性贞节打造成为人类道德的原型。"① 按照南希·科特(NANCY COTT)的说法,宗教人士把女性推向最高尚的道德地位并因此扼杀女性的性活动。这一新的意识形态对女性曾起到帮助作用,因为禁欲和贞节是为"道德平等"而支付的代价,为"权力和自尊"而支付的代价。② 科特的论述说明在 19 世纪,女性的性自由遭到男性的剥夺,而这种强加的禁欲为她们换来较高权力和平等:"认为女性缺乏肉欲动机的观点是女性道德优越论的基石,被用来提高女性的地位,并拓展她们的机遇。"③

性含蓄使得女性有理由去拒绝追求者,但并不允许她们去追求他人,④ 这意味着男性必须更积极主动,在求偶期间也要冒更大风险。如第二章我们所见,历史学家艾伦·罗思曼(ELLEN ROTHMAN)认为一个女子若在被人求婚之前就表露感情的风险过大:"一个女子应等到确认她的感情获得同等回应

---

① I. Watt,"新女性:塞缪尔·理查德森的帕梅拉"("The New Woman: Samuel Richardson's Pamela"),节选自 R.L. Coser (ed.),《家庭的结构与功能》(*The Family: Its Structure and Functions*) (New York: St Martin's Press,1964),第 281-282 页,被援引于 Cott,"无爱"("Passionlessness"),第 223 页。

② Cott,"无爱"("Passionlessness"),第 228 页。

③ 出处同上,第 233 页。

④ E.K. Rothman,《手与心:美国求偶史》(*Hands and Hearts: A History of Courtship in America*) (New York: Basic Books,1984),第 32 页。

后,方可向自己承认这份感情。"①罗思曼强调说,最要紧的一点就是女性应避免率先表白感情:"很少见到有女性愿意将自己放置在被爱人拒绝的境地上。"②据此,女性应等待男性表明其意向、证明其真心。男子的真心,他展示和证明爱情的能力,对女子是否做出婚嫁决定是至关重要的:"当一个男子提出求婚时,爱是他最重要的资质;当一个女子回应时,爱是她最首要的考量。"③罗思曼还说,男子很难确定他的求婚肯定会被接受:"男性比女性更容易抱怨对方回信太慢或太仓促。"④作为婚姻的主动方,男性在这宗交易中更容易受伤;他们不得不证明他们的一片赤诚和热烈感情,另一方面还需有一定的自制力以保护自己,在可能发生的拒绝面前不至于毫无招架之力。⑤在社会生活领域女性的公民权利普遍遭到剥夺,可她们在求偶过程中的地位看起来很高;至少她们拥有很高水平的情感力量,表现为她们可以隐瞒情感不作表示并迫使男性袒露他的感情,然后决定作何反应。

罗思曼还认为,男性一旦作选择之后鲜少动摇:"在追求其目标的时候,他极少显出矛盾斗争。可另一方面,女子即使在走

---

① E.K. Rothman,《手与心:美国求偶史》(*Hands and Hearts: A History of Courtship in America*) (New York: Basic Books,1984),第34页。
② 出处同上。
③ 出处同上,第35页。
④ 出处同上,第11页。
⑤ 出处同上,第33页。

向结婚圣坛的最后几步中,也可能会踌躇动摇。"①关于美国早期的求偶特点,罗思曼给出了一个宽泛的描述:"青年男子热衷于攻克任何障碍;青年女子常常到了门口还要躲闪。因为男性期待婚姻能丰富他们的日常生活而不是限制他们,所以他们比女性更热切地想让婚礼赶快举行。[……]但男子可以意料到未婚妻方面的阻力和拖延。"②这里所描述的世界中,通常人们见到的是某个男子敞开心扉,宣告他的热烈感情,试图"赢得"女子——换个说法,在那个世界中承诺对男子而言不是问题,因为男性的社会存在取决于他是否已经完婚。关于男性必须百折不挠才能赢得芳心的另一个例子是西奥多·塞奇威克(THEODORE SEDGWICK),他同他那个著名的联邦党人父亲同名;他追求的人是苏珊·雷德里(SUSAN RIDLEY)。小塞奇威克在1805年曾经求过婚,但在苏珊继父的反对下退缩了;次年他与苏珊重修旧好;他的兄弟们对他吃回头草一事表现出鄙视态度:"人们说你连斩断情丝的勇气也没有。"③在很多方面,尤其在婚姻方面,坚定和决断都是备受珍视的男性品质。还可以参考纳撒尼尔·霍桑(NATHANIEL HAWTHORNE)和索非娅·皮

---

① E.K. Rothman,《手与心:美国求偶史》(*Hands and Hearts: A History of Courtship in America*) (New York: Basic Books, 1984),第70页。

② 出处同上,第71页。

③ T. Kenslea,《塞奇威克夫妇爱情故事:共和国早期的求爱、订婚、婚姻》(*The Sedgwicks in Love: Courtship, Engagement, and Marriage in the Early Republic*) (Boston: Northeastern University Press, 2006),第49页。

博迪(SOPHIA PEABODY)的恋爱过程。在跟索非娅交往不到4个月、尚未做出任何结婚承诺的时候,霍桑写过如下的一封信:

> 我的灵魂爱慕着上帝送来给我的这个朋友——上帝把她的灵魂跟我的灵魂结为一体。哦,我的至爱,这个想法令我悸动! 我们是结为一体的! 我很久之前就感觉到这一点了;有时当我搜索一些柔情言辞的时候,我几乎脱口而出称你为——"爱妻"! [……] 当我拥你入怀,我常常默默地将自己交给你,也把你当成我的那份人间挚爱和幸福来接纳,并向上帝祈祷,求他赐予这个结合以神圣和保佑。①

男性和女性具备同样的特权(有时候女性的特权更大)来决定情感的速度、情感的强度和承诺的欲望;是的,至少在19世纪中产阶层男性和贵族圈如是。19世纪中产阶层的人们对男子气概的定义为:有能力去感受和表达强烈感情,许下诺言并恪守诺言,对另一方忠心不二。如第二章中所提出的,坚毅、承诺、可靠等等标志着男性的优良品格。凯伦·路司得(KAREN LYSTRA),19世纪求偶实践的另一位专家,确认"中产阶层到中上

---

① L.A. Gaeddert,《新英格兰爱情故事:纳撒尼尔·霍桑与索非娅·皮博迪》(*A New England Love Story: Nathaniel Bawthorne and Sophia Peabody*) (New York: Dial Press, 1980),第81页。

阶层男性被允许在一定范围内用对等的表示来回应女方表示，或完全复制女方的表示。"①确实，这种对男子气概的情感定义结合了维多利亚文化的道德守则和交易的经济学特征："婚姻[……]常常牵涉到相当大数量的不动产和个人财产的转移，从新娘的家族转入新郎的家族，附带着另一方承诺在未来将给予每年收入中很大一部分。"②嫁妆的作用是巩固男子对妻子承诺，将这对新人的彼此承诺固定在一个更广大的家族、经济、社会义务的系统中。它强化了父母和女儿间的家庭关系，形成了亲属家族间的社会关系，从而增强彼此之间的感情和利益纽带。③简而言之，男性的承诺嵌入在一个基于嫁妆的道德的和经济的生态系统中。这并不意味着男性永远不会毁弃承诺，永远不会抛弃怀孕的女性或一桩婚姻；④但这种行为在有产阶层中被视为离经叛道和极不光彩的行为，至少在新教当道的西欧和美国如此。⑤举个例子说明以上这一点；1841年索伦·齐克果（SOREN KIERKEGAARD）解除了与雷吉娜·奥尔森

---

① K. Lystra,《搜索心灵》(*Searching the Heart*) (New York: Oxford University Press, 1989),第21页。
② L. Stone,《破碎的人生：1660–1857年间英国分居与离婚研究》(*Broken Lives: Separation and Divorce in England 1660–1857*) (Oxford: Oxford University Press, 1993),第88页。
③ S. Chojnacki,"文艺复兴初期威尼斯的嫁妆与亲属关系研究"("Dowries and Kinsmen in Early Renaissance Venice"),Journal of Interdisciplinary History, 5(4) (1975),571–600。
④ L. Stone,《破碎的人生》。
⑤ 19世纪的英国，结婚承诺的毁约更多来自女方。参见《破碎的人生》。

(REGINE OLSEN)的订婚后,不得不承受双方家族的暴怒和蔑视,因为他们把这件事看成败坏名誉的行为。①

此类对男子气概的定义,迥异于人们所描绘的21世纪早期的男性,以及男性对女性的承诺方式。克里斯蒂安·卡特是一位成功作家的网名,他专写两性关系问题的电子书和电子周刊;我订阅他的作品已超过一年时间了。在一篇标题为"从非正式关系到承诺"的文章里,他显然面对着一个假想的女性读者群写道:

> 你跟一个男人开始交往,他身上有些东西看上去很"特别"。
> 而我这里说的并不仅仅是随便"哪一个"男人……我说的这男人是个建立严肃关系的材料。
> 他不仅有趣,浑身魅力,聪明机智,事业成功……他居然还很正常!
> 更妙的是,旁人也都说他的好话。
> 你对他了解得越深,越多*真切地*感觉到这种心有灵犀……
> 而且看起来他也有同感。当你们最后真的走到了一起……
> 那感觉,就像空气中充满"魔力"……
> 凭着本能你"知道"两个人都感觉到一种独特的联系,它将

---

① A. Hannay,《齐克果传记》(*Kierkegaard: A Biography*)(Cambridge:Cambridge University Press, 2001),第158—159页。

带领你们走入一段**真正特别**的关系。

然后你们开始在一起度过越来越多时光,你们的"日期安排"开始彼此混合在一起。然后你忍不住感觉跟那个人在一起的时光就好像是跟多年知心旧交在一起……

同处一室时你们两个难舍难分……在街上走,甚至有路人会拦下你们说,你们看起来真是完美的天生一对……

人生如此美妙……尽管你知道这一切来得太快,但你开始觉得这一切实际上很可能就是你等待的"一切"。

乐趣,激情,浪漫。奇妙的对话,欢笑,心照不宣的笑话……一切都感觉"恰到好处";你丝毫不会觉得意外,如果你们两人就这样一起度过爱情人生的所有剩余时光、一直内心灵犀相通、一直深爱对方。

虽然你知道开始朝"那个方向"考虑还是为时过早……你还是下定决心,你已经完全准备好跟他缔结一段有承诺的两性关系了……你只要他,不要别人。而且你希望他只跟**你**一起。

但现实是,你不知道到底怎样告诉他你对他的感受,或怎样弄清他是否也真正有同样的感受。

尽管,在他与你一起说了那么多做了那么多以后,在你们一起度过那么多时间以后,你相当确定你们彼此都有意思。

你决定"不动声色",看看接下来会怎样……

但日子一天天过去,你一直希望他会对你表白点什么……

想象着那个场景,他最终忍不住表露心迹、请求你成为"他的"人……

不知不觉中……过去了一周又一周……什么也没发生……很快过去了一月又一月……你开始琢磨到底发生什么事……

当然……在一起还是很开心……但是这一切要走向何方?你发现自己头脑里塞满了各种没解开的疑问……

我们在这件事上能走到哪一步?

他是否也感觉到我心里想问的问题?

为什么他还没有开口请求我成为他的女友?

他是否还在跟别人交往?

这一切对他来说都是游戏吗?

也许他对这件事的态度并不像我这么认真!?

见鬼!到底是什么情况???

你一直耐心,但是他让你抓狂……你忍不住要知道真相。

你决定把问题提出来,尽可能以不经意的方式……

可你提出来时,他看上去没"搞明白"。

也许他会说出一些肤浅的话,比如,"你想说什么?我们才约会了几个月啊!"或者……"现在这样很好啊!"

或者更糟糕……他完全逃避对话,不肯敞开心扉,表现出**你**才是那个为难对方的人。

然后……接下来几天,他变得越来越难以捉摸……一切都变了。

电话没有之前那么频繁了……沟通看起来又"生硬"又尴尬……

最后……一切都彻底停止了……"难以想象的事情"发生了……他走了。一分钟之前他看上去是佳偶先生,下一分钟他却离开了。而这件事情留给你的就是胃里一个冷冰冰、空荡荡的大洞。①

这段夸大的广告试图从一些现代后期两性之间关系的真实场景和想象场景中捕捉某些"本原的"主题。那种稳定而亲密的关系非常难以达成,尤其对女性来说;因为男性常常有逃避感情的倾向,会时不时抵抗女性希望进入一段长期关系的尝试。女性期望对一位男性有承诺,而男性对这种承诺充满戒心;这两种情况都是不言自明的。假如你流露出关心和爱情,这远不能把男性拉近你身边,反而常常令他"闻风而逃";只有在极少数例外情况下,"正常"男性情愿缔结一段承诺关系。这篇小品文明显的涵义、也是其市场营销策略,在于女性需要心理顾问去辨识患有承诺恐惧症的男性,然后躲开他们;对那些不情不愿的男性,则设法使他们自愿缔结一段承诺关系。放在本章的语境下,这篇小品文最有趣的一点就是:它假设"承诺"是男性面对的问

---

① http://www.lipstickalley.com/f41/how-go-casual-committed-138565/,最后访问时间为 October 10,2011。

题,一个普遍存在的问题。在美国,承诺恐惧症——特别在男性中间——已引起了动静不小的道德恐慌,并成为无数电视剧、电影、自助文章标题所关注的主题。人们广泛认为这种现象是男性出了问题,以至于在一个两性关系词典网站上,对承诺作出以下定义:"目前,承诺这个词(还有爱情这个词,非常难以说出口,有些男性宁愿把自己勒死也不想说这个词,比方说为了跟女人上床而说谎)跟男性这种物种完全不存在丝毫关联性。"①

只要察看一下数据,我们能找到足够的、尽管非直接的证据,来证明男性承诺和女性承诺的性质出现了变化。从1980年代开始,美国在婚姻方面出现的最主要趋势之一是人们的平均结婚年龄推迟(2003年,男性27岁,女性25岁);②也就是说,人们在不断推迟结婚的决定。③保持不婚状态的男性和女性百分比也增加了。事实上自1970年代开始,单身家庭的数量出现巨

---

① http://www.urbandictionary.com/define.php?term=Commitment,最后访问时间为 October 10,2011。
② 《美国人口统计局报告:2001年婚姻及离婚的数字,时间点和存续期》(*US Census Bureau Report: Number, Timing and Duration of Marriages and Divorces*:2001,February 2005)。
③ R. Schoen 和 V. Canudas-Romo,"首度婚姻的时间效应:20世纪英国、威尔士与美国的经验"("Timing Effects on First Marriage: Twentieth-Century Experience in England and Wales and the USA"), Population Studies, 59(2) (2005), 135-146。

大的增长,①这个现象在美国尤其明显,在欧洲也同样。出现这种情况,一是因为结婚年龄推迟,二是因为离婚率激增。婚姻存续时间缩短了:在1955-1959年期间结婚的男性中,76%的人婚姻存续至少20年;在1975-1979年期间结婚的男性中,只有58%的人婚姻存续20年以上。在该时间段内,达到较短结婚周年的男性比例(短到5年,10年或者15年)也下降了。再婚婚姻的数量也减少。②一些全新门类出现了,比如LAT(分开居住的一对),③指的是一种配偶间的亲密社会关系,双方并不同居一所,因为他们不愿意住一起,或出于各种原因无法固定分享同一处居所。这说明专一性——承诺的一种传统特征——受到挑战,而且被更随意更多形式的承诺方式取代,甚至被随机行为取代。尽管数据还不足以完美地证明这一点,但传统的承诺形式已历经了深刻转型:比如婚姻被理所当然当作人生选项的情况较过去减少,比如组织两性关系的时候支持更大灵活性,支持短

---

① 从1970年的17%到2007年的26%,单人户比重上升了9%。若包含其他非家庭结构户,这一类住户的比重大约占据美国总体三分之一。参见美国人口调查局报告:2007年美国家庭与生活安排状况,2009年九月。

② 根据《美国人口统计局报告:2001年婚姻及离婚的数字,时间点和存续期》,截止40岁为止,1935年到1939年间出生的男性和女性中,大约有15%结婚两次或以上。对于1945年到1949年间出生的第一批婴儿潮群组,这一比重上升为22%。在接下来的十年间,该比重在女性群体中基本保持不变,在1955年到1959年间出生的男性群体中回落到17%。

③ C. Strohm, J. Seltzer, S. Cochran 及 W. Mays,"分开居住的一对儿:美国两性关系研究"("Living Apart Together: Relationships in the United States"), Demographic Research, 21(7) (2009), 177-214。

期契约,有更大能力让他们从关系中脱困,先设条件中承诺完全缺失等等。①无疑,与承诺的消亡相关联的,是人们进入和脱离各种关系时具有更大的个体自由。然而,尽管承诺恐惧症看似同时适用于男性和女性,但不管从时间维度看还是从文化维度看,承诺恐惧症都是男性特有的。②

那么,我们该如何解释这种现象? 从表面看,**男性的**承诺恐惧症这一概念有悖于人们在文献中的种种发现。例如,有研究表明男性从婚姻中受益多过女性。③在大多数婚姻中男性常常被女性侍候,大家对这一点都已司空见惯。④此外女性不仅要侍候丈夫,还要鼓励他们跟"亲属往来":也就是说,她们让男性同他们的孩子们、同其他家族成员的关系保持礼数周全。最后,婚姻还激励男性赚更多钱,保持健康。⑤既然婚姻能带来这么多种好处,男性理应比女性更热衷结婚才对。确实,在一项关于男性

---

① Andrew Cherlin 将这种变迁进行了概念化,认为是从友伴式婚姻模型向个人化模型的变迁。参见 A.J. Cherlin,"美国婚姻的去制度化"("The Deinstitutionalization of American Marriage," Journal of Marriage and Family, 66 [4] [2004]),第 848-861 页。

② 承诺恐惧症在控制着社会文化经济资源的中上阶层男性,以及向往异性恋家庭模式的经济独立的女性身上最为常见。因此,本章中的描述对那些不符合以上两种类型的男性和女性相对不适用。

③ J. Bernard,《婚姻的未来》(*The Future of Marriage*)(New Haven: Yale University Press, 1982)。

④ S.F. Berk,《性别工厂:美国家庭中的家务分配》(*The Gender Factory: The Apportionment of Work in American Households*)(New York: Plenum Press, 1985)。

⑤ S.L. Nock,《男性生活中的婚姻》(*Marriage in Men's Lives*)(Oxford: Oxford University Press, 1998)。

女性对婚姻认知的研究中,盖尔·考夫曼(GAYLE KAUFMAN)和弗朗西斯·戈德沙伊德(FRANCES GOLDSCHEIDER)发现,有37%的男性认为不结婚也能获得圆满幸福的人生;而持同样观点的女性有59%。换句话说,至少在认知的层面上,男性比女性更倾向于把婚姻视为一个吸引人的选项(而且不婚状态在他们看来明显缺乏吸引力)。[1]相反,女性更倾向于认为不婚生活更吸引人更圆满。

更令人不解的是,女性更愿意缔结承诺关系这一假设跟经济学理论和社会学发现所预言的情况也是相矛盾的。经济学家加里·贝克尔的观点代表了大多数人对结婚率下降现象的解释。他认为婚姻建立在彼此优势权衡的基础上,女性就业率更高会使她们选中婚姻为选项的意愿降低;这同时也解释了结婚人数的下降。[2]由此可推出,女性应更加"挑三拣四",应更轻松地拒绝她们认为不够格的男性的求爱,应更希望找到一个更佳人选。换句话说,稳定的婚姻市场与女性较大仰赖婚姻而获得

---

[1] G. Kaufman 和 F. Goldscheider,"男性比女性更'需要'配偶吗?男性及女性眼中婚姻的重要性"("Do Men 'Need' a Spouse More Than Women? Perceptions of the Importance of Marriage for Men and Women", Sociological Quarterly,48[1][2007]),第29-46页。

[2] G.S. Becker,《家庭论》(*A Treatise on the Family*, Cambridge, MA: Harvard University Press, 1981)。关于其理论的批评文章,可参见 V.K. Oppenheimer,"女性就业与婚姻获益:专门化及贸易模式"("Women's Employment and the Gain to Marriage: The Specialization and Trading Model, Annual Review of Sociology, 23 [1997]),第431-453页。

经济生存是有关联的。照这么说,该为结婚率下降负责的人是女性而不是男性,表现出承诺恐惧症的人也理应是女性才对。①尽管以上理论毫无疑问是适用的(例如,女性谋生机会增加与结婚率下降有直接关系),但女性在承诺面前的犹豫显然较少;而男性,即使认为婚姻对自己有利,他们在承诺和长期稳定关系面前却表现出更多犹豫和思想斗争。

针对这种现象存在一些常见的解释。最显而易见的是,出于心理或进化的原因,男性往往存在心理缺陷,他们缺乏缔结一夫一妻联姻关系的基本能力。他们的心理、生理和进化特质组成,令他们倾向于性生活的多样性;因为男子气概本是一种混杂模式,因为进化过程要求男性广为传播精子,而不是照顾后代。②此类解释无法被社会学家所采纳,因为它具备同义赘述的特征,即通过简单地把必然性说成是基因或进化就解释了某种特定状态。针对这种现象的另一种解释是,男性的传统角色受到女性新掌权力的挑战,随后迷失了方向。男性在承诺面前退缩,是因为他们害怕女性,担心女性不断提高的权力威胁到他们

---

① 相反,该理论预言说,男性薪酬的增加应对婚姻和离婚发挥重要影响,使结婚更快并提高婚姻的总体存在率。

② 类似的理论诠释,请参见 D.M. Buss 和 D.P. Schmitt,"性策略理论:从进化论角度看人类择偶"("Sexual Strategies Theory: An Evolutionary Perspective on Human Mating"), Psychological Review, 100 (1993), 204-232; D. Symons,《人类性活动的演变》(*The Evolution of Human Sexuality*) (Oxford: Oxford University Press, 1979); R. Trivers,《社会演变》(*Social Evolution*) (Menlo Park, CA: Benjamin/Cummings, 1985)。

的身份认同。

用更近似精神分析学的解释来说,承诺恐惧症是男性身份与女性身份相互对立的结果:"男性身份不在于对男子气概的直接肯定,而是诞生于与女性的离断;这使得男性的性别身份脆弱不堪。"[1]男性心理中有一种与母亲分离的需要;从这种心理动力论观点出发,男性身份的铸造成型在于与女性的对立,在于依赖和分享的需要;这使得男性创建或渴望长期纽带的能力较低。从18世纪直到19世纪中期,多愁善感是男性和女性共有的特权;自19世纪中期后则变成主要是女性的特权。[2]在建立和维护亲密关系的过程中,女性接手了关爱、感受和表达情感的责任。南西·乔德罗(NANCY CHODOROW)曾提出过一个充满智慧的著名观点,她认为男性和女性的不同感情特质是现代美国核心家庭架构的后果;在这些家庭中,女性负责照顾孩子们,其结果是女孩成长过程中无时无刻不在认同母亲的身份,并在她们成年生活中始终努力复制与他人那种融合无间的关系;而男孩们在成长中始终伴着敏锐的分离感,他们竭力寻求自治

---

[1] M.S. Kimmel,《欲望的性别:男人的性》(*The Gender of Desire: Essays on Male Sexuality*)(Albany: SUNY Press, 2005),第32页。

[2] A. Vincent-Buffault,《流泪的历史:法国的多情与哀愁》(*History of Tears: Sensibility and Sentimentality in France*)(New York: St Martin's Press, 1991); Cancian,《爱在美国》(*Love in America*); E. Illouz,《对浪漫主义乌托邦的消费:资本主义下的爱情与文化矛盾》(*Consuming the Romantic Utopia: Love and the Cultural Contradictions of Capitalism*)(Berkeley: University of California Press, 1997)。

自主。男孩们学会分离;女孩们学会维系。①该解释还有一种更具政治意味的变种:男女两性关系反映了更广大范围下的社会不平等,受到广大社会中不平等关系的决定。例如舒拉密丝·费尔斯通提出,男性使用不同的策略以维持双方关系中的控制权,比如不愿承诺,表现出一些不可预测的行为(例如放女人鸽子,对后续约会含糊其辞,将工作放在首位,等等)。她指出:"男性文化在过去是(现在也是)寄生虫式的,以攫取女性情感为生却不给予相应回报。"②按照这个观点,男孩们/男性是"情感寄生虫":他们索取爱,但既不会产生爱也不会回报爱,他们不给女性提供她维系感情所需的东西。沿着这个思路继续推想,承诺恐惧症可视为"强迫型异性恋"的一个侧面,它是制度化的主流描述方式之一,意在令女性有系统地蒙受男性的羞辱、排挤和忽略。③

对于如何理解在不平等权力关系语境下的爱情定位,以上解释是十分关键的。但这些解释存在一个共同缺陷,它们对男

---

① N. Chodorow,《母性的再现:心理分析与性别社会学》(*The Reproduction of Mothering: Psychoanalysis and the Sociology of Gender*)(Berkeley: University of California Press, 1979); N. Chodorow,"俄狄浦斯式不对称与异性恋情结",社会问题,23(4)("Oedipal Asymmetries and Heterosexual Knots", Social Problems, 23[4][1976]),第454—468页。

② S. Firestone,《性辩证法:女性主义革命案例》(*The Dialectic of Sex: The Case for Feminist Revolution*, New York: Bantam, 1970),第127页。

③ A. Rich,"强迫型异性恋及女同性恋存在",表征5(4)("Compulsory Heterosexuality and Lesbian Existence", Signs, 5[4][1980]),第631—660页。

性行为进行病态化,同时肯定和赞扬女性心理和(假想的女性)亲密关系模式。社会学家遇见那些对某些行为形式进行病态化的先入之见应抱怀疑态度。从心理学角度出发的各种解释,尤其值得怀疑;因为它以某种健康心理模型为隐含基础,假设亲密关系是一种"正常的"和"健康的"状态,我们应该立志达到这种状态。这种心理模型否定我们经验中和规范中既存的一种可能性——即个体或群体有可能拒绝亲密关系但并不存在心理缺陷。换言之,尽管身为女性主义者的我发现异性恋的现状令人心情沉重,但我愿意对它进行分析;而且在分析方法中我并不假设人们理应将女性管理人际关系的方式奉为金科玉律,并以之为标尺来对照衡量男性行为。果真那样假设,就有可能模糊掉一个对文化型社会学家极有意义的问题:当男性抵触承诺时,他们是在哪些社会条件下进行表达和作为? 如果把"亲密关系"奉为金科玉律的话,就会阻止我们质疑:(男性)行为是否是针对新的社会条件的一种策略性响应和合理响应,更具体地说,它是否是对新的两性交往生态环境和爱情选择架构的一种策略性反应和合理反应。如果我们严肃对待女性主义者和社会学家共同认同的假设——即心理是可塑的,亲密关系是一种制度习俗而不是一种心理成熟的衡量——那么我们不应用该模型从心理动力论角度衡量男性不愿承诺这一状况。

上述观察得到布鲁诺·拉图尔(BRUNO LATOUR)的启发;他主张在探讨某个科学争论时,社会学家/人类学家理应将论战各方视为对等。① 在 19 世纪晚期的法国,当探讨细菌理论背后的科学理论时,拉图尔并未假设他知道巴斯德会"胜出"。② 这种对等原则能帮助我们避开美化某一立场谴责另一立场的陷阱。我们不应将男性行为病态化,我们应该叩问的是何种社会关系让男性"惧怕"承诺或承诺缺失成为可能,甚至趋之若鹜;是何种文化框架使此类行为变得有意义、正当化、令他们感到愉快。为了弄清选择和承诺的情感机制,我们要把男性不愿承诺及女性情愿承诺这两种现象当作两种对称现象来研究;这两种现象都令人不解,都亟需找到解释。在某些社会条件下,有些自我模型比其他自我模型更合用,有些困境可能会引发文化模型对此作出策略性响应;社会学主要关注的正是这些社会条件。它们是什么呢?

如果说承诺问题的根源所在既不是对婚姻的负面看法,也不是男性比女性更挑剔这一事实,那我们不妨合理地认为:男性和女性在缔结关系时,是通过不同方式来监控和构建选择的;于是承诺问题由此而生:也就是说,承诺问题源于自由以哪些方式被制度化。承诺是对机遇结构的一种响应,反过来机遇也会影响依附感的形成过程:也就是机遇影响到依附感的速度、强度、

---

① B. Latour,《我们从未现代过》(*We Have Never Been Modern*)(Cambridge, MA: Harvard University Press, 1993)。

② B. Latour,《潘多拉的希望:关于科学研究现实的随笔》(*Pandora's Hope: Essays on the Reality of Science Studies*)(Cambridge, MA: Harvard University Press, 1999),第 145-173 页。

向未来投射的能力。据此,先前的问题可重新表述为以下问题:"惧怕承诺"是对何种机遇结构的一种响应?假如同我所说承诺是对机遇的一种策略性响应,那么我们可以说承诺恐惧症的情感组织是选择生态环境和架构的转型所造成的:或说人们通过这些社会条件和认知模型来进行选择,并把他们自己和他人绑定在一起。

男子气概与承诺消亡

历史学家约翰·托什(JOHN TOSH)认为西方社会的男子气概"发生在三个领域:家庭,工作,纯男性圈子。"① 在家庭中享有权威,有能力以不仰人鼻息的独立方式获得薪资,有能力在自愿参加的协会社团、酒馆、俱乐部等女性免入的场所形成有意义关系……根据传统以上是男子气概的三大支柱。资本主义和民主政体的出现标志着这一三足鼎立结构发生了重大变迁:从20世纪开始,女性主义运动及其对政治领域、经济领域、性领域的影响一直持续有效地挑战和侵蚀着家庭中的男性权威。同时,官僚主义组织和工薪阶层的兴起很大程度上剥夺了男性的独立自主——如今大多数男性需要在其他男性和/或女性的监督下

---

① J. Tosh,《19 世纪英国男性与男子气概:关于性别,家庭与帝国的随笔》(*Manliness and Masculinities in Nineteenth-Century Britain: Essays on Gender, Family and Empire*)(London: Pearson Longman, 2005),第 35 页。

工作,大部分同性社交的纯男性圈子(除体育赛事外)都不免式微;大多数场合下异性社交休闲更符合规范。假设如托什所说,男子气概是一种"社会地位在特定社交环境下进行展示",①那么很清楚,男子气概中代表地位和背景的一些必要元素随着现代性的出现遭到侵蚀。家庭中的独立和权威、男性间的团结遭到破坏,于是传统的男子气概甚至变成一种颠倒的地位信号——从文化上被编码为属于劳动阶层的男子气概。正是在以上语境中,性活动成为男子气概最显著的地位标记物之一。如第二章所论述,性活动能授受地位。性魅力和性活动已成为性别身份的属性,而身份内部的东西则以地位作为表现形式。②

在一定程度上,性活动一向跟男子气概密不可分;但在很多社会中,人们把男性的社会权力当成获得女性的条件。男性为了证明他们的社会权力超过女性或其他男性,往往对多名女性实施占有。也就是说,如果性活动是斗争场所,那么在传统社会中权势较大的男性显然就是能支配性活动的人,因为男性权力一般情况下被转换为对更多类型的女性拥有更大的占有。按照弗朗西斯·福山(FRANCIS FUKUYAMA)的说法:"纵观历史,

---

① J. Tosh,《19世纪英国男性与男子气概:关于性别,家庭与帝国的随笔》(*Manliness and Masculinities in Nineteenth-Century Britain: Essays on Gender, Family and Empire*)(London: Pearson Longman, 2005),第35页。

② 此处我想澄清一下,我的意思并不是说性活动作为男性地位是某种社会地位区分过程,用以替代传统的男性地位区分机制。我的意思是说,以下矩阵的建立过程中存在两个并行过程:一方面是传统男性地位符号的弱化,另一方面是性活动作为地位得到了极大重视。

有权势的、有财富的、有高尚地位的男性一直享有随意占有[即在婚姻的框架下随意性交]多个女性的权力。"①换言之,性活动一向是社会经济地位的反映,而且是个直接指数。这样的多重两性关系通常伴随着支持女性的义务,其方式不一而足,要么最终与她们结婚,要么提供经济好处。

第二章讨论了20世纪消费主义文化及临床心理学的冲击如何导致性范畴从道德管制、从正式的阶层内部通婚演变为追求自主性,及情场的出现。这些结果意义十分重大:男性不再需要有权势、有统治权才能获得女性。这种性交往权与男性的社会经济权力相对独立,不同社会经济背景的男性能与多名女性进行性交往,无需为此付钱,不会在同辈中引发道德谴责,也不会被胁迫缔结婚姻。②用福山的话说:"自1950年代开始产生的变化是,很多相当平凡的男性被允许过一种享乐主义的、系列的一夫多妻的梦幻生活,这种生活以前只限于社会顶层的一小群人特有。"③性活动与男性地位的关联如此紧密,可以用三个可能理由来解释。就性活动曾与权势者的社会经济地位相关联这个问题,我们必须说性活动与权力和地位的关联依然存续,尽管

---

① F. Fukuyama,《大颠覆:人性与社会秩序的重建》(*The Great Disruption: Human Nature and the Reconstitution of Social Order*)(Glencoe, IL:Free Press),第121页。

② 卡萨诺瓦(Casanova)之流的历史人物之所以具有现代意义,正是因为在没有个人财富的情况下,他也能与来自不同社会经济阶层的大量女性进行交往。

③ Fukuyama,《大颠覆》(*The Great Disruption*),第121页。

到了今天这种联系不如以前强大了。系列型性活动对各个阶层的男性都很有诱惑力,因为如果与女性交往是受到约束的,那么它就标志着男性地位——系列型性活动代表他胜过其他男性。男性竞争、验证、地位都经由性活动得以发扬。对于男性,性活动是一种地位标志,代表同其他男性竞争的能力及获得女性青睐的能力:"女性为异性恋男性提供验证,而男性之间要为此进行竞争。"[1]此外,男性之前在家庭中所拥有的控制权也转移到性和性活动上了;性活动变成他们表达和展示权威、自主性的一个领域。性活动中的这种情感离断指示并组织着更广义的自主性和控制权,还有男子气概。情感离断可视为男性自主性的一种扭曲,是由性和婚姻的分离所促成的。最终,男性凭借性行为与其他男性一边展开竞争一边形成纽带,把女性身体铸造成为男性团结的对立面。[2]换言之,当男性在工作、家庭、男性社交圈这三大场所的地位渐渐受到侵蚀时,性自由将性活动变成一个男性行使和展示男子气概的场所;它将性活动转化为地位。如果说性对于男性来讲是一种展示其地位、与其他男性建立纽带的方式,那么男性在家庭中控制权的丧失、在工作场所自主性的丧失,造成了性活动受到过度重视;过去代表地位的男子气概可

---

[1] M. Donaldson,"什么是男性霸权?",理论与社会,22(5)("What is Hegemonic Masculinity?" Theory and Society,22[5][1993]),第643–657页(第645页)。

[2] S. Hite,《海蒂性学报告:男性性行为》(*The Hite Report on Male Sexuality*, New York: Ballantine Books, 1981),第479页。

通过三方面体现:权威,自主权,和男性团结,现在只能通过性活动一个方面来表达。

性活动在重新定义男子气概的过程中起到了中心作用,其推手就是贯穿整个20世纪的女性和男性的深度情色化;也就是说,两性关系不再经由道德框架进行管制,而性吸引——性感——已成为性别身份的明确属性,脱离了自我的道德表现。[①]在第二章中我提到性活动已成为竞争场所。现在我可以更精确地指出,这是因为性活动使男性的社会地位得以获取和维持——在这一领域中男性为了肯定其性地位而彼此竞争。

我们不妨推测,假如1960年代之后性行为和性活动成为女性自由的主要行使场所,那也许是因为系列型性活动与男性权力紧密挂钩。然而,即使男性和女性的性交往的条件全被深度情色化了,即使性活动已成为两种性别地位的信号,但是两性的情色化所遵循的路径并不相同。人类学家伊夫琳·布莱克伍德(EVELYN BLACKWOOD)指出,"在涉及到性活动时,男性和女性所处的立场是不同的",此处的"不同"指"控制或命名行为的能力不同,对某些实践主张权力的能力不同,对标记某些实践

---

① F. Attwood,《性的主流化:西方文化的情色化》(*Mainstreaming Sex: The Sexualization of Western Culture*, London: I.B. Tauris, 2009); A.C. Hall and M.J. Bishop,《大众色情:美国文化中的色情作品》(*Pop-Porn: Pornography in American Culture*, Westport, CT: Greenwood Publishing Group, 2007); B. McNair,《脱衣舞文化:性、媒体和欲望的民主化》(*Striptease Culture: Sex, Media and the Democratization of Desire*, London: Routledge, 2002)。

为允许,另一些实践为不允许的能力不同"。①与此同时,社会学家兰德尔·柯林斯(RANDALL COLLINS)也将它描述为"依据性别的分层系统。"②性别之间的不同通过性策略得到彰显;因此我们从这里开始转向探讨女性的婚配策略。

女性专一型策略的动态

毫无疑问,女性之所以有更大的承诺意愿,是我们所谓的女性专一型婚配策略的结果。苏珊·布朗米勒(SUSAN BROWNMILLER)为这种策略找到的理由之一是,女性的排他专一是男性女性间契约的一个部分;在该两性契约中,男性保护女性不被强奸,作为交换,他获得她的忠诚和依赖。③女性的专一型策略在此处被视为女性依赖性、性别不平等、不对等权力关系的结果。另外,爱丽丝·罗西(ALICE ROSSI)提出女性具有

---

① E. Blackwood,"男性父权制度的幽灵"("The Specter of the Patriarchal Man", American Ethnologist, 32[1][2005]),第42-45页(第44页)。

② R. Collins,"性别分层理论"("A Conflict Theory of Sexual Stratification", Social Problems, 19[1][1971]),第3-21页(第3页)。

③ S. Brownmiller,《违背我们的意志:男性、女性与强奸》(*Against Our Will: Men, Women, and Rape*, New York: Bantam Books, 1976); Chodorow,"俄狄浦斯式不对称与异性恋情结"("Oedipal Asymmetries and Heterosexual Knots")及《母性的再现》(*The Reproduction of Mothering*); Rich,"强迫型异性恋及女同性恋存在",5(4)("Compulsory Heterosexuality and Lesbian Existence" 5[4])。

"天生的双重"性取向——"趋向男性"和"趋向家中幼少",①这一论点解释了她们的专一型策略。

我要提出的观点是,采取专一型策略的异性恋女性,实际上更多出于生育取向的激发,而不是出于对男性有天然取向。也就是说,专一型性活动更多发生在那些在一夫一妻家庭的制度框架下希望做母亲的女性身上。这些女性把求索配偶的事情置于她们生育角色的构建和认知之下。②在传统的前现代父权制中,男性与女性同样受迫于成规和文化的压力,生儿育女、然后成为一家之长、传承香火。传统父权制下的男子气概需要用一个家庭来证明,因为它必须要统领管辖子女、女人、仆从和土地。在一些质疑父权制的社会中(比如我们所处的社会中),男性迫于成规的压力进行生育的情况少多了,因为家庭不再是一个关于控制和支配的场所。构成男子气概的最主要的文化必要因素是心理自主、进取心及在经济组织中的经济成功。所以现今担

---

① A. Rossi,"女性人生中的孩子和家务"("Children and Work in the Lives of Women")(本论文于1976年2月提交于亚利桑那大学Tucson校区)被援引于Rich,"强迫型异性恋及女同性恋存在"("Compulsory Heterosexuality and Lesbian Existence"),第631页。

② 针对中产阶层、受过良好教育的、经济独立的女性将婚姻(或其他形式两性关系)与生儿育女分开的状况,Rosanna Hertz阐述了另一种策略,即选择称为"独立的"母亲。这是针对上述同一个束缚女性的选择生态环境作出的另一种响应。参见R. Hertz,《单身出于偶然,生育出于选择:女性如何选择未婚生子及建立新型美国家庭》(*Single by Chance, Mothers by Choice: How Women Are Choosing Parenthood Without Marriage and Creating the New American Family*)(Oxford: Oxford University Press, 2008)。

当生育子女和想要子女的社会角色的人是女性。在这个过程中,选择的生态环境和选择架构都发生了显著变化。具体而言,当今女性形成对自己身体的文化认知和婚配策略时,生理时间扮演了极为重要的角色。若是选择要孩子,选择以家庭(或异性同居家庭)作为抚养孩子的框架,那么这些女性就不得不把她们的身体视为在特定时间内起作用、并听凭时间安排的一种生物学单元。这种看法主要来自两个方面。相当多的证据表明,女性进入劳动市场,同时女性接受高等教育,这两个原因引起女性婚嫁和生育双双推迟(而教育程度较低的女性婚嫁时间虽推迟,但生育并未推迟)。[1]相比20世纪中期的女性,现代社会女性决定更晚一些进入婚姻市场;仍然有压倒多数的异性恋女子选择做母亲;因此她们感受到的时间紧迫性比1960年代之前的女性要更严重。[2]模仿海德格尔的语气,我们可以说现代中产阶层女性在婚姻市场中考虑时间因素时,出发点不是这个婚姻对她生命终了如何有利,而是从她们"生育能力"的有利角度出发的。在爱情领域中,女性的有限性是以生育年龄为特征的。举个例子,英国《独立报》两性专栏作家凯瑟琳·陶珊写道:

---

[1] Elwood 和 Jencks,"自1960年以来美国单亲家庭的蔓延"("The Spread of Single-Parent Families in the United States since 1960")。

[2] 显然这一观点应作更细致的辨析,因为西班牙和意大利的女性选择不生养,而美国的女性仍然倾向于选择生养。

如今我正好年届30，我准备收敛起之前那种狂野的卧室活动，而集中到一个（非常幸运的）男人身上；而且我很有信心，之前的性探险经历将让我成为一个更优质的伴侣，无论在卧室内还是卧室外。今天的我比以前任何时候都更安定，更自信，更开心。但是约会也更难了，因为要考虑的事情更多了。我还没考虑好要不要生孩子，但生物钟的现实存在令我感觉到，我可以浪费在错误对象身上的时间越来越少，假如某天我真的决定要孩子的话。①

对时间感知更敏锐的第二个理由，是因为美容产业、随处可得的女性生育时间"狭窄"窗口数据极大协助人们把女性（大过男性）的身体当作一个可用年代表来定义的单元（因此有衰退的威胁）。"性感"观念的盛行、美貌标准的日益严苛，其结果是对青春的主观重视度提高，从而也提高了对年龄增长的意识，在女性群体中尤其如此。直到19世纪，"大龄"女性（指的是年近30岁的女性）也许出于她财产或金钱的累积依然受到热捧；但现代的性感标准因为与青春和外貌相挂钩，令女性强烈意识到年龄增长的过程，因而它强调的是女性特质在时间的文化类别下的组织（在前现代的欧洲，有25%婚姻中男方比女方更年

---

① http://sleeping-around.blogspot.com/search? updated-min = 2008 - 01 - 01T00%3A00%3A00Z&updated-max = 2009 - 01 - 01T00%3A00%3A00Z&max-results =50,最后访问时间 October 11,2011（目前网页已无效）。

少)。当前这种形势给女性带来了结构性不利:女性身处生育孩子的成规约束(一般在异性伴侣的框架之内)并感知到女性的生理限制,在她们眼中择偶只能在有限时间段之内进行。尤其到了30多岁、40多岁的时候,这种时间紧迫感很容易令她们感觉选择越来越少了,从而产生更强意愿想更早更快与一名男性缔结承诺关系。在海伦·菲尔丁(HELEN FIELDING)以书中女主人公命名的小说中,借女主人公布丽奇特·琼斯之口说道:"当女性从二十多岁滑向三十多岁[……],力量对比出现了微妙的偏移。即使最臭名昭著的轻佻女子也失去勇气,开始跟新露头的生存焦虑作斗争:她害怕孤零零死去,害怕死后三个星期才被人发现而遗体已经被阿尔萨斯狗啃掉一半。"[1]近期研究表明,当生育能力降低,女性会更多考虑性行为,会有更频繁更强烈的性幻想[2]以上表明寻找性伴侣和感受到时间窗口渐渐合拢这两方面存在联系。[3]

有一个互联网论坛,上面提供了各种案例让我们观察到在一个可用情感不平衡的市场中男性如何看待自己;这种不平衡

---

[1] H. Fielding,《BJ 单身日记》(*Bridget Jones's Diary*)(London: Thorndike Press, 1998),第34页。

[2] J. Easton, J. Confer, C. Goetz 及 D. Buss,"生育声声催:性动机,幻想及逼人的生物钟"("Reproduction Expediting: Sexual Motivations, Fantasies, and the Ticking Biological Clock"), Personality and Individual Differences, 49(5)(2010), 516-520。

[3] 很不幸,当前生殖技术的提高将此类年龄局限和极限不断向后推。总体而言,这些仍然是较为边缘化的。

的市场是因为男女两性对时间的不同感知而产生的:

> 假如她年龄比你大很多并且有孩子,那么完全可以放心,她的孩子已长大成人,不会在乎你怎样。如果这位女性仅比你年长 5 岁,那你得倾听她脑袋里的时钟嘀嗒声,就像在《泄密的心》一书中那样。等到了 30 岁,如果她已在你身上投入了任何时间,最后通牒就会像鱼雷一样悄悄地上膛。你就准备好应对措施吧。紧跟而来的是结婚的最后通牒,接下来就是生孩子的请求。这其实有点像天主教徒眼中的教皇法令。如果你有办法跟一位较年长的女性保持关系,并确定她的孩子们都进了大学,那你就放心享乐吧。不然,趁你还能脱身的时候就赶紧分手吧。①

这种让男性逃避婚姻、依附感、养儿育女责任的呼吁,都以一个不言而喻的假设作为基础,那就是女性比男性对婚姻/承诺兴趣更高,因为她们的时间框架更受限制。②生理时间——作为一种某一个体选择构成中的重要文化感知门类——是女性选择架构的一个基本方面,是一种认知机制和情感机制;女性通过这

---

① http://seductiontutor.blogspot.com/2006/09/4-women-to-avoid.html,最后访问时间 October 11,2011。
② 当然,这指的是承诺一段生儿育女的两性关系,而不仅仅是成为爱侣或缔结浪漫爱情关系。

些机制做选择,于是比男性拥有较少的谈判能力;而男性对时间因素比较不在意,因而拥有更长的认知时间跨度来作选择。

这些方式的第二个方面,也就是在中产阶层和中上阶层女性中引起选择较少的感觉的这种新的选择生态环境,是人口学。从历史上看,在资本主义的前两百年间女性身处双重隔离之下:她们被隔离在低收入工作中,被隔离只能作为性和性别色彩浓烈的行动者。①这种情形让婚姻成为她们获得经济社会生存和地位的关键途径。走向婚姻,就是要依附一名男性——也就是爱;因此性活动对女性的经济存在与社会存在都非常关键,并导致她们把婚姻作为情感领域进行过度投入。此外,从总体上看女性的婚配策略无非是同一阶层内部通婚,或与更高阶层通婚:也就是说,要选择一个与她们本人教育程度(及由此带来的社会经济地位)相当或程度更高的男性。②自 1980 起,男性教育水平的提高比女性教育水平提高略慢一些,③平均来看男性的收

---

① C.A. MacKinnon,《对职场女性的性骚扰:性歧视个案》(*Sexual Harassment of Working Women: A Case of Sex Discrimination*)(New Haven: Yale University Press, 1979)。

② 然而 Robert Schoen 和 Robin Weinick 在"婚姻和同居中的伴侣选择"("Partner Choice in Marriages and Cohabitations")一文中阐述了同居关系中存在男性高攀的微弱倾向,这巩固了人们的想法,即同居关系中女性教育程度与男性教育程度同等重要。

③ K. Peter 和 L. Horn,《参与和完成本科教育者的性别差异,及随着时间发生什么变迁》(*Gender Differences in Participation and Completion of Undergraduate Education and How They Have Changed Over Time*)(NCES 2005-2169)(美国教育部,国家教育统计中心:华盛顿特区:美国政府出版局,2005 年);A. Sum, (转下页)

入能力相对女性呈现下降态势,受过良好教育的男性比同样教育背景的女性收入更高或一样高的比例减少了。①这也意味着,更高比例受过良好教育的中产阶层和中上阶层女性为了同一群受过良好教育的富有男性正在展开竞争,并因此造成后者短缺。②尽管有更多数目的女性在争取着同样受过良好教育的男性,③

(上接注③) N. Fogg 和 P. Harrington,以及 I. Khatiwada, S. Palma, N. Pond 和 P. Tobar,"美国高校招生与学位获得中不断加大的性别差距,及其潜在的经济和社会后果"("The Growing Gender Gaps in College Enrollment and Degree Attainment in the US and Their Potential Economic and Social Consequences")(为华盛顿特区劳动力市场研究中心举办的商业圆桌会议撰写,2003 年)。

① S.K. Lewis 和 V.K. Oppenheimer 表明,身处教育水平较不看好的婚姻市场中女性较容易与教育水平比她们更低的男性结婚,相比教育水平较高的婚姻市场中人,她们这么做的几率会随着年龄而上升。参见 S.K. Lewis 和 V.K. Oppenheimer,"各个婚姻市场中按教育程度的择偶选型:美国非拉丁裔白人"("Educational Assortative Mating across Marriage Markets: Non-Hispanic Whites in the United States"),人口统计学,37(1)(2000),29–40; V.K. Oppenheimer,"女性就业增加与工业社会中的未来家庭"("Women's Rising Employment and the Future of the Family in Industrial Societies"),人口与发展评论(Population and Development Review),20(2)(1994),293–342。

② Eric D. Gould 和 M. Daniele Paserman 表明,某个城市中较高的男性工资不平等可使得女性结婚率更低,搜索第一任和第二任丈夫的时间更长。参见 E.D. Gould 和 M.D. Paserman,"等待真命天子:不平等的加剧与结婚率的下降"("Waiting for Mr Right: Rising Inequality and Declining Marriage Rates"),城市经济学报(Journal of Urban Economics),53(2003),257–281。

③ 这也许还解释了,为何自 1980 年以来,女性教育程度超过丈夫的家庭数目出现升高,与传统实践恰好相悖。参见 Z. Qian,"1970–1990 年间择偶选型的变迁:年龄及教育程度的影响"("Changes in Assortative Mating: The Impact of Age and Education, 1970–1990"),人口统计学,35(3)(1998),279–292。如 Qian 在注解中说明,女性婚配策略存在年龄段差异:较年轻就结合的女性更多遵循传统的教育程度高攀的模式,而年龄较大(超过 30 岁)才结合的女性择偶时更多选择教育程度相当的配偶(出处同上,第 291 页)。

年龄主义的盛行——对年龄的歧视——使得男性伴侣样本数目多于女性可选择的伴侣样本;因为按照惯例,在两性关系中女性可能(甚至理应)比男性更年轻。与众人直觉不同,在1970年代到1990年代之间,男性找到比之年轻的女性结婚对象的几率增加了,而女性找到比她年轻的男性结婚对象的几率下降了。①这是因为当今男性更直接依赖于市场以取得经济生存,而且可以仅仅依靠他们自身就达到经济生存——这就使得他们对女方所积累的财产和财富的依赖程度较低。如果男性可选择更年轻、较不富有、较低教育程度的伴侣,这就意味着他们可从中选择的样本大大增多了。这些事实叠加起来,造成了两种性别择偶时可用样本的大小有别,其结果就是教育程度良好的女性可选择的男性人数更少了。②

这反过来表明,承诺恐惧症与选择生态环境的根本性变化有关联;当前的选择生态环境让男性对性契约的条款掌握着控制权。随着可进行性交往的女性数量增加的趋势,随着以系列性活动来确认地位的变化趋势,随着不同阶层内部通婚策略下男性女性可选择样本大小的差距,随着对时间限制的不同感知,出现的结果是男性可选择的样本相比女性要多得多,当今他们

---

① Qian 在注解中还提到,1990 年代,女性与年龄超过她们父母的男性结合时,同居的几率低于结婚的几率;而女性年龄超过男性的结合中,同居的几率是结婚几率的两倍(出处参本书第 146 页注释③)。

② Lewis 和 Oppenheimer,"各个婚姻市场中按教育程度的择偶选型"(Educational Assortative Mating across Marriage Markets),第 36 页。

身处的选择环境就是男性比女性有更丰富的人选。换一种方式表达,就是男性更倾向于将婚姻市场看作性市场,倾向于在其中逗留更长时间;而女性更倾向于将性市场视为婚姻市场,倾向于在其中逗留较短时间。

我希望通过下文中关于我所谓的选择架构——也就是选择本身如何构思——的分析,更详尽地阐述可选择样本的客观大小和主观大小与承诺恐惧症的关系。

享乐主义型承诺恐惧症

从文化角度出发,有两种方法可体验到承诺恐惧症:一种是享乐主义,愉快地累积建立多个两性关系,从而不断推迟承诺的到来;另一种是意志缺失,即缺乏渴望承诺的能力,或者说缺乏渴望建立两性关系的能力。上述两类人的分别可用另一种方式来描述:其中一类人会建立一系列的多个两性关系,但无法在某个伴侣身上安定下来;①另一类人是不会渴望拥有关系。前一类人的特征可以说是欲望过满,第二类人则是欲望缺失。第一类人的特点是有很多选择但难以专情于某一对象,第二类人的问题在于什么人也不想拥有。

---

① 这一分类包含两个方面:解散一段关系,及在一段关系中。尽管两方面都表明了承诺的细分化,但后者有可能受到形势约束,对一段未明言的两性关系作出短期的隐晦的承诺,或具体的明确的承诺,根据义务衡量其"严肃"程度。

性选择丰富性带来的纯粹效应可从一篇赢得《纽约时报》"现代爱情"大学生征文比赛的优胜文章中看出端倪。作者玛格丽特·菲尔茨这样描述她的一位男性朋友,他与她同为大学学生:

> 史蒂文解释说,这并非是[对女友]忠诚的问题,只是期望值的问题。别人不能期望他没有拈花惹草的想法,他也不能期望她换个思路。他们两人都很年轻,都生活在纽约;生活在纽约的每个人心里都明白,遇见什么人都有可能,无论何地,无论何时。①

在这段引用文字中可以很清楚看到,人们无法专情于某一对象是因为选择太丰富,是因为永远存在这样那样可能性。

有一位年龄36岁在高技术公司工作的男性,曾拥有过众多两性关系经验,从一夜情到接二连三的长期关系,还有短至几个月长至几年的同居关系。他报告说他广泛使用互联网来发现伴侣。我问他,女性个人情况介绍中是否有哪些内容会令他"退却"。

采访者:个人情况介绍中是否有一些内容会令你退却,让

---

① http://www.nytimes.com/2008/05/04/fashion/04love.html,最后访问时间 October 11, 2011。

>   一个原本看上去很美的女性失去资格?
>
> 赛　门:实话说,如果有人在个人情况介绍中写她希望建立一段认真关系,那会令我退却。我认为这些女性很笨。因为你知道你可以轻易操纵她们。一个渴望"认真"的人基本上很容易被掌控。这样子很无趣。
>
> 采访者:你是否碰到很多这样的女性?
>
> 赛　门:是的。人数够多的。

这个回答实在很离谱,假如是在18世纪和19世纪两性关系的历史的语境下。在那段时期以及在20世纪上半叶,"认真"一度是婚姻的先决条件。女性在性方面的"认真"(就是抵抗男子的能力)是她在婚姻市场建立声誉的一种方法,同时据此表明她有结婚意愿而且值得婚娶。观察到当时与现代情况的鲜明对比,我们从中发现以下逆转:一位"认真的"女性,一位据此表明她以稳定和承诺关系为先决导向的女性,被认为是"无趣"的。赛门的回答反映了他的观点;他认为情愿承诺的女性表现出某种形式的依赖性,这样的先决愿望会让她们轻易沦为玩弄情感的男性的猎物。假设我们接受他的说法,女性若急于承诺,男性利用她想要承诺的欲望就有能力准确地控制她;这可以解读为男性以权力压倒女性的另一种表达形式;可这种说法忽视了一个要点,即男性并不喜欢用过多权力去压倒女性。这种超越的权力反过来让他无法坠入爱河。这与舒拉密丝·费尔斯通(以及其他人)的主张存在惊人的一致:"**权力不平衡会妨碍**"爱的感受。①按费尔斯通的观点,只有男性想办法中和并遗忘女性属于次等类别这一事实时,他们才能爱上女性。此处,"认真"正好标志着该女性属于次等类别。这让这位男性无法受她吸引或爱上她。因为一个"认真的女性"正是缺乏价值的人,这妨碍到他对她价值赋予的能力;她不要求男性表演性地执行并证明他的性地位。由此可知,她缺乏价值是因为征服她并不代表着与别的男性在情场上竞争取胜。也就是说,如果性活动是一个斗争的赛场,只有向他们自己和向他人展示出胜过其他男性的能力才能够获得男性地位和威望。拥有一个"认真的女性"并不代表战胜其他男性,因为她并不要求他表演式地展示和行使男子气概。以下这个来自互联网网站的案例很好地阐明了这一点:

> 我认为无论是男性还是女性,人们常常会被那些对他/她无感的人吸引。不想要你的人恰恰是最难以抵抗的人。常常看到的情况是,当我知道那个女孩对我着迷之后,我就对她兴趣索然了。——汤姆,26岁,纽约 ②

---

① Firestone,《性辩证法》(*The Dialectic of Sex*),第130页。
② http://www.ivillage.com/men-confess-what-makes-them-fall-love-0/4-a-283713,最后访问时间2011年10月11日。

像汤姆和赛门这种男性,他们的所作所为好比发生在一个爱情供过于求的市场,这种先天的不均衡局面驱使他们设法让自己拉开距离。正如我们在下文中将看到的,男性与女性互动时的情感方式的关键特征是距离和离断。

丹尼尔已年届50岁;他在以色列一所大学工作,但之前在美国生活多年。他在很多政治问题上持极左观点,同时自称是女性主义者。他富有,专业上极为成功,离婚,育有两个孩子。据他自己坦白,他与前妻的婚姻美满,而且现在对她依然感情很深。然而在他刚年届40岁后不久,就匆匆离开他的妻子和孩子们,因为他爱上了另一个女子,不久后他离开这个女子又爱上另一个女子,然后他又离开了她。

我问他的第一个问题是:

> 在你的人生中,爱情——我指的是浪漫爱情——所扮演的角色是什么?

丹尼尔:我人生中的一切都围绕着爱运转。就是这样。这是我人生的唯一重心。我的余生都会围绕着这个问题运转。在过去几年中,我越来越多了解到,在我的工作背后有一个缪斯女神,有一个女子。从早到晚,我几乎无时无刻不在思考爱情。我是个不可救药的浪漫主义人士……我一直以来都在为爱情忙活。

然而,他所说的"恋爱"与诸多女性对恋爱的描述大为不同。我问他:

> 你说的一直为爱情忙活是什么意思?

丹尼尔:意思是,我一直都在想着一名女性,当然并不是总是同一个人。当我想着一名女性时,我总是把她当成我人生中的那位女性,不管我们的关系是真实的或仅仅是我幻想出来的。我会有很强烈的幻想。

采访者:刚才你说到有多位女性。

丹尼尔:是的,因为我喜欢女性。但在一个特定时间点,我的思想总是集中在某一个女性身上。

几个月前我跟一名女子约会;我们一起去看电影;当时我们乘坐她的车返回,我们一路交谈着,然后她称我为丹麦佬,她用我的名字丹尼尔生造出一个昵称。就在那个时刻,我感觉到她好像在强暴我。身体上的强暴。我感觉到我的存在被触犯了。我实实在在地体会到厌恶和拒绝。我感觉到被侵犯了。我立刻感觉到跟这名女子在一起是没有前途的。我不想要——我当时不想要这位女性的爱情。

采访者:你就跟这位女性分手了?

丹尼尔：次日就分手了。我当时就告诉她，我无法忍受被人用这种方式称呼。我告诉她没法跟她在一起了。

开始的时候，丹尼尔描述了一系列爱情让生活更美好的经历。他并不把自己看成一个无法承诺或无法爱的一个人。正相反，他极度赞赏"爱情"的经验和柔情，并宣称如果他失去以上经验就会像花朵一样"枯萎"。但在这里，爱情和爱情带来的兴奋欣喜并非源于对某人的坚定承诺，而是源于消费研究领域的学者们称为"多样性驱动"的东西①，它是在一个充满许多可能性的市场中进行选择的结果，也是开始一段全新关系所产生的情感激动的结果。丹尼尔跟赛门一样，身处一个巨大的、充满经济意味的性选择市场中，他面对着很多选项。这里我先行假设，上面提到的两位男性表达的是对距离的需求：其中一位无法忍受女性的先决承诺；另一位男性无法忍受超出界限的亲昵表现，这个界限只有他自己知道。此类对亲密关系的恐惧已经不再是常见的，或者不那么常见的心理学范畴的恐惧了②。以上两位男

---

① E. Faison，"被忽视的多样性驱动：研究消费者行为中的一个有用概念"（"The Neglected Variety Drive: A Useful Concept for Consumers' Behavior"），消费者研究期刊，4(3)(1977)，172—175。

② 例如，R.W. Firestone 和 J. Catlett，《惧怕亲密》（*Fear of Intimacy*）（Washington, DC: American Psychological Association, 1999）；M.D. Sherman 和 M.H. Thelen，"惧怕亲密的量尺：在青少年身上的验证和扩展"（"Fear of Intimacy Scale: Validation and Extension with Adolescents"），社会及个人关系期刊（Journal of Social and Personal Relationships），13(1996)，507—521。

性表现出来的策略,是通过一种情感的界限与相对应的女性建立距离;原因是女性更多更早地向往承诺关系,并且向往独占性。相比男性,女性呈现自己的时候,从性和情感方面都表现得更唾手可得,因而令男性——与她们社会经济地位相当或更高的男性——更有能力控制交往过程中的情感条款。用经济学术语来说,在男性凭借掌握的经济资源基本上拥有控制权的市场中,如果一名女性免费提供性,并表示她的先决愿望是承诺,那就对她太不利了。在情感关系的供求格局下,因为一方充裕另一方稀缺,女性的情感状态受到男性主宰:大量供应的物品造成了选择的丰富性,这就伴生了等级排列、偏好形成和价值归结等等问题。因充裕性,价值归结尤为困难。因稀缺性,价值赋值快速达成。正是充裕性让丹尼尔有机会体验多样性,抛开一段原本挺完美的婚姻,而把他的幻想指向更多数量的女性。问题在于,他所渴望的多个对象因其可得性和数量而失去价值;因为价值来自于有能力认定和建立等级,可得选项过多且这些选项彼此并无显著区别时,价值的建立就比较困难了。稀缺性正是一个对象或一个人从中获得价值的一种社会过程:"稀缺性意味着人们需要的多于可获得的。"[①]反之,这也意味着当某种东西的供应超过需求时,人们对它的欲望也随之降低。

以上援引案例的特征就是男性在欲望和距离之间建立了隐

[①] R. Schenk, http://ingrimayne.com/econ/Introduction/Scarcity NChoice. html,最后访问时间 October 11,2011。

含公式。我认为性兴奋、边界建立、与他人保持距离的文化混合物等等构成了一种机制,在充裕性和稀缺性之间找到折中。尽管以上对比不免有些夸大其词,但可以断言,前现代的男女婚配是按照彼此的价值进行匹配,这种价值的确立依据的是或多或少较客观的方式(找寻的对象应具有相似家族谱系,财富,地位等等);而在现代婚配中,主观欲望面临选择的充裕性,若要选定某一有价值的对象,若本人要监控和创建此类价值,就难免纠缠于经济问题和情感问题,如此在欲望的构成中就缺失了一个重要的部分。由此可见,欲望是带有经济学性质的,即带着经济学中关于价值问题的印记,还带着类似经济学中价值创建机制问题的印记。浪漫欲望的本质带有经济学性质,因为欲望现在更紧密地跟稀缺性的变动挂钩,并作为一种授予价值的方法。再举一个例子。有一位55岁男子,教育程度很高,离婚,育有一个孩子。在访谈中,他历数了自己的数段两性关系。

采访者:在你之前的关系中,你是否曾经碰到过你想跟对方分手的时刻?

史蒂文:有碰到。常常碰到。[……]那就是我的人生故事。大多数时间我想要一人独处。

采访者:那你为何还要跟女性约会?

史蒂文:一部分原因是从俗。

采访者:假设我的理解是正确的,你刚才说到你曾经有过不少女友,但每次都到"等待另行通知"就终结了。

史蒂文:是的,完全正确,美女。直到现在我还是这么想:或许我可以找个伴侣,可这必须是暂时的、有限度的,两周一次见面,互通一些电话,仅此而已。这些对我就足够了,我不需要更深入的东西,所以我不需要伴侣关系。伴侣关系是一种负担。我有一大堆人可以约会的,只不过我没那时间。这事那事种种事都很有意思,只不过我不可能每件事都去做。那我为什么还要一个什么关系来给自己增加负担呢?

采访者:你认为女性是否跟你一样想法?

史蒂文:不会吧。起码按照她们所说是不会的。不妨这么说吧,我说的是曾经跟我一起过的女性,双方的想法从来就不对称。她们总是想要更多。至于为什么她们想要更多东西,我不明白。

采访者:你说的"东西"是指什么?

史蒂文:更多东西就是指跟我更多约会;更多联系;更多交谈;我总是听她们说,她们跟你睡觉不仅仅是为了睡觉,而是出于爱情云云。我不懂,人们有种说法——在交谈中也好,在实践中也好,真实发生的也好——不管我能给她们什么,女人总想要更多;

事实上我无法给她们更多,所以说真的,每次结束总是为了这个原因。

采访者: 每次都为了这个原因结束?

史蒂文: 是的,总是为了这个原因。

采访者: 有过例外吗?

史蒂文: 有的。曾有一次,有个非常著名的记者打电话给我;我们见了面,她占有我,以那种一般情况下男人占有女人的方式;等于说她得到了她想要的,然后扬长而去,后来既不打电话给我,也不回复我的电话。我被惊呆了。这种事以前从没发生在我身上过。这种方式通常是男性对待女性的行为,但从来不是这样反过来的。

采访者: 让我们回到前面你提到的问题上,跟你相比女性希望从这段关系中得到更多。你刚才说到,比如她们想跟你住在一起而你不想这样?

史蒂文: 这么说吧,我真的做不到。我过去有过的所有两性关系,也许对其中那一段关系不适用,但我过去所有的关系都以这个作为结束的。每次我都让她提出分手,我觉得是这样的。起码这是我讲给自己听的故事。我相信比较准确的说法是,我不清楚是否我让她们提出跟我分手,但是总是为了我无法给她们更多而结束……她们想要跟我住在一

　　　　　起,用同一个银行账户,用同一张床,看同样的书,
　　　　　可我做不到。
采访者: 那么可以说,这些女性对你的需要超出你对她们
　　　　　的需要。
史蒂文: 完全正确;她们想要的总是超出我能提供的。
采访者: 你是否是喜欢这个事实,就是你被需要超过你需
　　　　　要她们?
史蒂文: 这个不完全对。因为你不得不管理所有这些需
　　　　　求。但没错,这能给你带来一种权力的感觉。更
　　　　　被需要的那个人具有更大的权力。
采访者: 这是否是你不想对她们有太大需要的原因? 为了
　　　　　权力?
史蒂文: 也许吧。不过我不知道这是出于自觉或是出于盘
　　　　　算的。

以上这些对话清晰表达出之前讨论过的一些要素。这位男性所讲述的故事涉及到一系列的两性关系,性活动的充裕性在这里有两层含义:女性的供应量很充裕,而且她们所给予的喜欢和爱也很充裕,甚至多到过剩的地步——也就是说,多得超过他的需求了。事实上,正如他本人提到的,女性总是"想要"他给予更多,这超过了他愿意给予的;对此他的自我认识是,他常常不得不管理女性那种过度供应的喜爱和需索。欲望在这里服从情感

经济学观点,供应过量造成价值缩水,而稀缺性则造成价值提升。

这里的重点是,性自由导致充裕性反过来引出了欲望对象价值赋值的问题;而只有当这个对象有价值时才能显出这是跟其他男性竞争后得胜的结果。也就是说,现代形势下,男性和女性彼此交会于双方都具有极大充裕的性选择的时代;但女性身负的生育角色会让她们较早终止搜索,而男性不存在明确的文化上或经济上的动机让他们终止搜索。以上那些男性的逃避策略不见得是病态心理的标志,只不过身处一个他们无法设定价值的市场中,他们试图经由稀缺性策略来增加其价值;因为女性的性和情感的可获得性出现供应过量,也因为他们主宰着性领域。《BJ单身日记》一书例证了在当代约会中这种俗套故事层出不穷:

> [汤姆主张]男性认为他们永远跟所有女性处于某种性阶梯上,有些女性高于他们,有些女性低于他们。如果这个女子"低于"他(等于说,愿意跟他睡觉,对他十分热衷),那么以一种格劳乔·马克斯(GROUCHO MARX)式的笔法他表示不想成为她的"俱乐部"的一员……如今,要抓住一个男子的心,不是通过美貌、食物、性、诱惑等特性,而仅需要

有能力表现出对他并不怎么感兴趣的态度。①

在反思消费文化的过程中,拉塞尔·贝尔克(RUSSEL BELK)和同行们认为,"所渴望的各种可能对象不可得或稀缺"造成了我们的欲望。②在参考经典社会学家格奥尔格·齐美尔观点的基础上,他们进一步提出"我们最热切渴望那些能牢牢抓住我们的心而我们无法轻易得到的对象。对象疏远我们或对抗我们的追求将加剧我们的欲望。"③这种稀缺性原理可能普遍构成人类欲望的相当一部分;因此当充裕性干扰到价值设定问题,当竞争构成欲望,稀缺性于是成为欲望的突出特征。举个例子,杰拉尔德是一名46岁的作家、记者及诗人。他详细描述了自己跟一位同时保持多重风流关系的女性的深入交往关系,而且他清楚那位女性的所有风流韵事:

> 她同时有那么多风流韵事,这重重地伤到了我,但同时这也让她变得更令人渴望,因为我不得不时时刻刻向她证明自己,因为一切全都得来不易,也因为我想要相信,不对,我真的相信我

---

① Fielding,《BJ单身日记》(*Bridget Jones's Diary*),第102页。
② R. Belk, G. Guliz 和 S. Askegaard,"欲望之火:关于消费者激情的多地调查"("The Fire of Desire: A Multisited Inquiry into Consumer Passion"),消费者研究期刊,30(3)(2003),第326-351页(第330页)。
③ 出处同上。

> 是她最喜欢的一个,也是她用情最深的一个。
>
> 采访者: 那么,你是否感觉到你在跟她约会的其他男子竞争?
>
> 杰拉尔德: 完全正确;我时时刻刻都感觉到这一点;我心里并不好受,但同时也更兴奋,这让她显得更加来之不易,因此从某种意义上更有价值;因为我觉得她从来不曾完全属于我。

或者考虑一下另一个例子罗纳德,一位37岁的艺术策展人和艺术家;他告诉我他在身体力行着一夫多妻制度;也就是说,他跟多名女子同时保持着多段爱情关系。

> 采访者: 你是否认为存在那么一位女性,她能让你转变思想更喜欢一夫一妻?我这么问是因为你刚才说到,你不知道是否存在那么一位女性能让你转变思想更喜欢一夫一妻。
>
> 罗纳德: 这个问题很难回答;我想,要是我遇见一位跟我相似的女子,她也不满足于只拥有一段关系,她积攒男性就如同我积攒女性一样,那样的话,嗯,我想她会激起我足够的兴趣,让我只想跟她一个人在一起。

上文中的这些叙述让我们看到,为什么那本 1995 年面世的手册《恋爱宝典》(*THE RULES*)尽管受到大量谴责和嘲笑,仍取得如此轰动的成功并成为一种文化现象,热卖两百多万册。这本手册要传授的正是如何建立边界、在男性控制异性恋交往的大形势下如何维系两性关系。这本手册教授和鼓吹当今女性必须成为保持距离的专家,从而形成稀缺性并据此增加价值。下面是手册中出现的一些规则:

- 02:不要先向男人开口(也不要先开口请他跳舞)
- 03:不要盯着男人看,不要太健谈
- 05:不要打电话给他,难得回他的电话
- 06:每次要由你先挂断电话,或者先结束约会
- 07:周三若约会了一次,就不可接受周六晚上约会
- 12:如果他在你生日或者情人节没有为你买恋爱礼物的话,就停止跟他约会
- 15:不要急着上床,及其他关于亲昵行为的规则。①

在要求平等和尊严的女性主义政治环境下,这些规则显得既愚蠢又有损人格。但此书的巨大成功值得我们更多关注。其成功

---

① E. Fein 和 S. Schneider,《恋爱宝典:如何俘虏他的心,屡试不爽的秘诀》(*The Rules: Time-Tested Secrets for Capturing the Heart of Mr Right*)(New York:Warner Books, 1995),第 xvii–xviii 页。

可以解释为,这些规则构成的文化策略目的是造成稀缺性,因而能在男性利用女性愿意承诺这一点来控制女性情感的市场中,提高女性情感的价值。《恋爱宝典》一书极具误导性,它尝试通过稀缺性原则来达到修正男性和女性之间结构性情感不平衡的目的;不过它确实击中了两性关系中情感不平衡的要害点。

充裕性之所以对性领域产生了经济学效应和情感效应,是因为性领域的架构按照等级、竞争、欲望本质的转型来进行;通过稀缺性原理激活欲望,而欲望进而反映某人在性领域的价值和地位。由此可见,性的充裕性影响欲望及对欲望的渴望程度。在第二类承诺恐惧症当中这一点尤其明显;患有这类承诺恐惧症的男性(某种程度上也包括女性,尽管数量较少,但确实存在)无法令自己情愿专情于某一个浪漫爱情对象。[1]

意志丧失型承诺恐惧症

意志丧失可被描述为充裕文化的更高阶段;到了这个阶段,人们的需要能力和欲望能力已然崩解。以下是来自互联网的一些案例。

亲爱的杰夫,

---

[1] 关于追求性快感和更新的欲望如何逐渐渗透入侵的描述,请参见 Schwartz,《平等双方间的爱情》(*Love between Equals*)第三章。

我同这个女孩约会已经一年半了。最近以来,我一直疑心重重,而且貌似无力把种种杂念逐出脑海。我从小在一个破裂的家庭中长大,在我看来,自己身上有太多问题,到如今终于发作出来了。

我的问题在于,自己经常疑心重重,非常惊慌,甚至有时觉得自己快完蛋了;但跟她在一起的时候我会快乐一些,不会总是想那些不好的事情。尽管有这些问题,我仍然觉得非常在乎她,无论情绪如何变化,不管是变好或是变坏,我都知道自己真的很在乎她,深爱着她。

我想象她是我未来的一部分;然而每到此时,那些挥之不去的杂念让我很难保持正面情绪。你以前是否碰到过这种情形,或者,你能给我一些建议帮助我,因为我实在不想跟她分手。

杰夫的答复

我很少在此类问答中告诉人们该做什么,但你这个案例我忍不住要说几句。**留在这个女子身边!我为什么这么说呢?**因为你提到的种种想分手的理由都来源于过往的恐惧和问题。[……]

如果一个人赞同一夫一妻式的长期关系、订婚、婚姻的话,忍不住会质疑身边的这个人是否果真是他们遇到的最佳人选?想知道今后你是否可能遇见一个比你现在的伴侣

更好的人不过是一件很自然的事情。①

以下一封电子邮件来自于人们互相交换建议的一个论坛。

直到不久前,我的自信心总是比较低,总把自己想成一个打酱油的局外人,相信人们并不会真正注意到我。这把你自己的信心[原文如此]降低到觉得自己毫无魅力的地步。不必说我已经单身相当久了,这让你感觉到孤单,让你满脑子想着遇见什么人,想着遇见了那人时你的所有问题就全部迎刃而解了。不管怎样,这个阶段我不想让自己陷入一大堆理论中。我脑子里思考的重点是,我相信你要么跟某人在一起了,要么没有在一起(我指的是那种关系),我无法理解这两者之间还能有什么"中间状态"。我写这段话不是鼓动大家急着去做些什么事,或对婚姻等等抱很高期望(按我家族的婚姻历史看其实婚姻挺多波折的!)。其实我更愿意相信,当你们携手启程时不管前途何等不确定,可以这么说,若你回到一个人的状态肯定还是会有些不得不斩断的感情牵扯。首先就我而言,若要先动手"斩断"什么会让我感到害怕莫名,这似乎是我恐惧的根源。想到这会让别人伤心,我就害怕得手脚僵硬;当步入任何形式关

---

① http://dating.about.com/od/datingresources/a/SecondThought_2.htm,最后访问时间 February 15,2006(目前网页已无效)。

系的那一刻,你必须得考虑一下某人的感受;我觉得这种责任实在过于重大了。

以下是给这个帖子的一些回帖:

[……]也许你需要尝试需要做的事情是,让你自己认识到:你无须向人许以整个世界才能让他们重视你。况且,假如事情万一未能按计划进行(其实很少事情是按计划进行的),那也不等于说你是个失败的人或是个坏人。假如人们叫你做什么事情的话,你一般会怎样?你是否会觉得很难开口拒绝?

[……]

讲到承诺,我认为它也貌似来源于过度许诺,因错误的理由许诺,同时担心别人会看穿这一切。也许你要学习从一开始就不要给自己太大压力。祝你好运,GEO。

我刚意识到其实我本人也有承诺恐惧。我意识到几乎在我所有的关系中一直都有这个特点。我意识到承诺恐惧症很大程度来自于我父母的婚姻和离婚,而且我往往立刻将长期关系与难以避免的痛苦磨难联系到一起。

我对眼下正在交往的这个男子样样都很满意;就像楼上的帖子里说的,每次我一想到他,想到我对他的感情,就会感觉到空虚、不动心、爱得不够。

> 每个人都说,第一步是要承认并讨论自己的问题所在,但接下去呢?!? 焦虑正在逐渐占领我的生活。我曾有过非常极端的惊恐发作,那次我还真的失去知觉了。我很害怕这种事儿再度发生。我从来没听说过其他人因为恐惧而失去知觉的事儿(除了电视剧《黑道家族》(SOPRANOS)里面的托尼,嘿)。我真的真的很需要帮助啊,任何指点我都很感激。①

以上帖子都围绕着三大主题。第一,发展感情很困难,于是很难对某个对象产生偏好,于是很难对某人情感落定;这个问题可陈述为一个人为对象设定价值的问题。其二,以上这些陈述根本无关享乐主义,所表达的是自我意识削弱,自己怀疑自己,显然不具备足够的内在资源真正敢于渴求自己想要的。最后,人们面临着难以把自我投射到未来这一困境:即表现出允诺受到抑制的特点。我们看到这里呈现出一种自我人格深度冲突的形式,行动者不敢去渴求某些事物又希望自己愿望成真,或者预见到他们钟情某些事物然后会后悔。由此可知,对承诺的恐惧表现为意志构造内部的**一种缺陷**,表现为缺乏能力在情感和承诺的决断力之间达成和解。在之前这些陈述中情感确实是存在的,且表现出兴奋感和新鲜感的周期循环,可这里的情感本身看

---

① http://www.uncommonforum.com/viewtopic.php?t=15806,最后访问时间 October 11, 2011。

得出是有缺陷的。这些男性(还有这个女性)所经历的害怕和焦虑,来源于持久的承诺关系这一文化理想与缺乏资源来达成理想之间的鸿沟。接下来的问题就是如何理解承诺所必需的文化资源遭何种机制的剥夺。尽管哲学家曾尝试理解为什么人们明知某些事物对自己有害但依然孜孜以求,但这里需要解答的问题是,这些人明知某事物对他们有益却仍然无法让自己对之产生欲望(这个问题涉及到意志力薄弱)。其实从某些角度看,我们要问的问题是:当涉及到自我的核心时,爱情和欲望的结构是什么。哈里·法兰克福(HARRY FRANKFURT)认为,爱情和关心从本质上有益于承诺的产生。承诺是意志力的一个组成部分,或者说一个层面;这是一种认知的、道德的、情感表达的架构,帮助人们将他们自己与未来绑定在一起,并且放弃尽量扩大选择范围的可能性。爱情是一种约束力,因为

> 爱情具备这一特征十分必要——爱情不约束意志走向;它并不通过一阵汹涌的激情或用强制力来击败或制服意志力。恰好相反,这种约束来自于我们自己的意志力内部。我们之所以受到约束,正是经由我们自己的意志力,而不经由任何外部力量或借用的力量。①

---

① H. Frankfurt,《爱的理由》(*The Reasons of Love*) (Princeton: Princeton University Press, 2004),第46页。

从以上陈述中看出这一类意志力受到影响甚至陷入解体,由此正好引申出我论述的最后一个部分:承诺恐惧症正是一种围绕选择问题而出现的文化现象。法兰克福所引申出的意志力概念,仅在意志力与社会制度和选择机制存在共鸣的情况下才有意义。当这些情况发生变化时,起到约束作用的"内在"意志力量也会变化。在第二章中,我提到选择的生态环境和选择架构,这些机制塑造和约束着意志的形态。在后续章节中,我将阐述爱情决策过程中所使用的文化类目和技巧,它们又进而构成爱情选择的全新架构。

浪漫爱情选择的全新架构,或称意志的解体

在前现代时期的婚姻市场中,选择是通过自我与家庭及工作环境的紧密互动而成形;也许,正因如此,当时的选择是具有约束力的。相反,现代婚姻市场通过那种貌似无拘无碍、自由奔放的人际邂逅交往方式来进行运作,人们的选择能力不仅获得施展,而且持续被需要。尽管如此,选择能力远非建立于纯粹情感之上,事实上,它隐含一种复杂的情感表达和认知装置,用以评估伴侣们,商榷自己对伴侣的情感,预测自己是否有能力维系这些情感。现代的亲密关系和婚配并不单纯是决断力在起作用;它们也是根据一套复杂评估集合所作选择

的结果。①当然有人会说,符合这一描述的选择并不仅存在于现代。历史学家艾伦·麦克法兰(ALAN MACFARLANE)认为,在青春期发育之初到婚姻之间的10年中,16世纪的英国农民和仆人"时时意识到周边的教唆和邀约,时时检查他们的感情。从轻微的调情开始到最终定情于某个特定伴侣之前,许多人会历经一系列的情感波澜。"②

然而,现代时期的选择明显有别于以前的情形,这主要体现在三个特征因素上;这三个因素合起来很好反映了当代特色:现代人进行选择时,是从大量的备选项中选出的,这些选项或真实或臆想,有些选项真实和臆想兼有;它是内省过程产生的结果;人们通过内省,对需求、情感、生活方式偏好等全面权衡;并且它发散自个体化的意志和情感状态,参与并回应着对方的纯粹意志和情感状态,原则上它还需时时长新。也就是说,因为爱情选择不再具有完全约束力,它必须通过持续的恒久的情感产生来进行更新。困扰着现代性选择的难题是,人们不得不在有意识监控自愿选择和非自愿发作的自然情感波动之间左右逢源。正因为它们的典型特征为选择机制的管制放宽,于是,婚姻市场出

---

① 在择偶过程中,即使针对同一评估对象,也有可能涉及不同的甚至相互冲突的一组标准。例如,人们可能使用魅力,消费习惯,品行,情感或心理兼容,以及他/她的地位来评估一个伴侣。
② A. MacFarlane,《1300年-1840年间英国的婚姻和爱情:生育模式》(*Marriage and Love in England: Modes of Reproduction, 1300-1840*)(Oxford: Basil Blackwell, 1986),第296页。

现了形式多样的选择,其形式越来越趋近于消费市场中正在运作的那些选择形式。消费者选择是具有特殊文化性的选择类型,通过综合理性考量、品味提升、对效用和福利最大化的欲望等因素来作出选择。这一全新的选择架构与本章和第二章中所阐述的选择生态环境结合起来,对决策和承诺起到了抑制作用。接下来,我将细细检讨这一爱情选择全新架构的各个组成方面;它不仅影响到男性,也绝对影响到女性,尽管对后者影响程度略低。

如前所述,或真实或臆想的性伴侣数目的急剧增多和极大充裕,是造成选择生态环境转变的主要原因。随着宗教诫命、伦理规范、种族禁忌、阶级内部通婚规则等纷纷瓦解,基本上,任何人都可进入婚姻市场[①]。借助互联网媒体,可获得的潜在伴侣数目出现非同寻常的增长,进一步加深了转变。或真实或臆想的选择之充裕性,引发了浪漫爱情情感形成中及确定某人为爱情归宿对象的过程出现重大认知性变化。事实上,透过对选择充裕性如何影响决策形成过程的研究,我们明显观察到:选项可得性较高将抑制——而不是促进——人们对单一对象或单一两性关系进行承诺的能力。为什么现代人们作出选择并忠实于这一选择的能力正在经历显著变化? 关于这一问题存在诸多解答。性选择丰裕度和选择自由度共同促成了一个变化,即个体

---

① 就此而言,可以是任何其他类型的对偶关系。

必须持续不断地努力内省,以确立他们的偏好,以评估他们的选项,以澄清他们的情感。这就要求有一种理性形式用以自我检讨,随之而生的是以本质主义(真实可信的)机制来决定感情;在这一机制下,婚配决策必须建立在情感的自我认识和有能力对情感作未来投射的基础上。根据这个观点,寻觅佳偶一事包括以下几方面:选择的人必须对应你的本质自我,必须有一组定义本人所需的偏好和需要。有一点对这一选择概念至关重要:内省后演绎得出决策是一种超认知的过程;人们通过内省,对自身进行理性评估,对另一方的素质及双方兼容度进行理性评估。照着这个模式,内省能引导人们厘清情感。由此可见,内省是择偶的重要特征之一;因为内省暗示着男女双方必须建立情感的强烈度和深入度,必须设想双方关系的未来,并设想双方关系的成败概率。我的看法是,通过各种普及的心理学文化渠道对内省从文化层面进行一再强调,往往造成人们尝试从文化层面出发设计更好的决策技巧。其实出于多个理由,我们可以并理应怀疑:我们真的据此就能掌握选择能力?

(A)认知心理学方面有大量证据表明,人类存在着与生俱来的认知偏差,让他们很难充分地评估、内省、了解他们想要的是什么,难以预知他们未来的感受。在彼此独立的几项研究工作中,认知心理学家蒂莫西·威尔逊(TIMOTHY WILSON)和丹尼尔·吉尔伯特(DANIEL GILBERT)(他们只是其中两位)都发现,因为存在认知偏差,人们在参与吉尔伯特所谓的"情感预测"①或了解自己将产生什么感受的能力时都感到力不从心;认知偏差等于是思维时的系统性误差(移情偏差,效果偏差)。

让我们来看一个例子。尤金是一名54岁的离婚男子,他与38岁的苏珊娜交往两年了。

尤　金:尽管我非常爱她,但两人关系一直不顺利。
采访者:你能否说说为什么关系一直不顺利呢?
尤　金:嗯,她想生孩子,想建立家庭。而我觉得我无法给她这些东西。这些东西我都已经历过了,见识过了。我犹豫了很长时间,我不停地思考这件事,我尽量长时间地检讨我自己,但令人惊讶的是,我无论如何想不出什么办法让自己愿意做那些事情。我非常爱她,但我不想建立新的家庭;到了最后,因为我无法定夺,因为我怎么也作不出决定,我们两人分手了。是我提出分手的。也许在当时那种情形下她还能再拖一小段时间,但我觉得我没有权利把她留在身边,她需要跟另外的人去建立家庭。直到今天,我也不知道这件事我做得是否妥当,直到今天,我也不知道我真正想要的是什么。

---

① T.D. Wilson 和 D.T. Gilbert,"情感预测"("Affective Forecasting"), Advances in Experimental Social Psychology,35(2003),345-411。

这个男子没办法作出决定,即使经历了长时间的内省过程之后;这种内省在激发他评估形势的理性能力的同时,也麻痹他的意志力。这令人联想到诗人西奥多·罗特克(THEODORE ROETHKE)的一段文字,心理学家蒂莫西·威尔逊曾引用过它:"自我冥想是种诅咒/让脑中的混乱变本加厉。"① 尤金期待着某种情感上的自我启示,但他无法通过理性内省来达成这一点;因为人的自我并不是一个"硬性的"、固定的、可知的实体存在,并没有清晰的边界或内容物。社会自我其实是一种实用主义存在,会根据周边情况和别人的行动不断变换形态。人们试图通过内省来发掘内在的需求或欲望,但这些需求或欲望却根据周边情况变换着形态。出于这一原因,内省妨碍到人们去感受强烈的毫无保留的情感的能力,因这类情感是经由非理性认知回路而激发的。

(B) 在爱情选择领域也好消费选择领域也好,更大数量的可选项往往导致非常广泛的信息收集过程,目的是为了在不同选项间作出评判;这或许是所谓的"理性"思考形式,又或许与男子气概有关联。这种高度认知高度理性的信息收集技巧,并不能为决策制定带来帮助,事实上反而令决策制定复杂化;其原因存在认知心理学家称作"信息过载"的问题。认知心理学家加里·克莱因(GARY KLEIN)为我们展现了过多选项如何刺

---

① T.D. Wilson,"无所谓,不必三思"("Don't Think Twice,It's All Right",国际先驱论坛报,December 30,2005),第6页。

激人们进行各种比较,这些比较恰恰削弱了人们按直觉进行快速决策的能力。根据直觉作出的决策往往更快速,它需要动员情感,需要下意识使用长期积累的隐性知识,涉及到承担风险的意愿。[①]相反地,多个选项之间进行权衡比较即涉及到把某物品、某个人或某一形势分解成为多个部分,然后在或真实或臆想的多个选项之间展开理由充分的比较,试图对种种属性进行评估和权衡。后面这种评估模式依靠的不是全盘判断,而是被分解剖析的信息。这样一来,对象被分解和评估,成为某个过程中一些单独的离散的部分;而直觉评估因此被模糊掉了。直觉评估在这里被认为是某种无法用公式表达,或无法以命题出现的决策制定形式。这种评估模式妨碍人们建立强烈情感的承诺能力。对于那些无法用理性来评估和决策的事情,直觉是很必要的;因为那种中规中矩的选项权衡未能考虑到个体情感的力量或强度。"找理由"并将一个对象分解为多个部分的做法,削弱了决策中的情感力量,正是情感力量让我们有能力凭着推测去进行承诺。在决策制定过程中不断找理由的做法,有可能使人们失去按情感和直觉采取行动的能力;因为经由内省,人们把某一刺激源分解成了诸般不同属性:"有证据表明,对某一刺激源进行多个不同层面的评估,会致

---

① G. Klein,《权力的来源:人们如何决策》(*Sources of Power: How People Make Decisions*)(Cambridge, MA: MIT Press, 1999)。

使人们把评估温和化。"①

（C）以上洞察引出一个十分有趣的发现：对某个既定物品（或人）的理性评估，会缓和并削弱人们对它/他的正面欣赏。换言之，针对某人某物属性的认知活动，会削弱此人此物的情感吸引度。蒂莫西·威尔森和乔纳森·斯库勒（JONATHAN SCHOOLER）做过一些实验，表明品尝和评估——这两种都基于非认知性的心理活动——都受到反省式的口头评估的影响（向自己详述评判标准）；他们同时提出，这些反省式的口头评估反过来从总体上削弱了这人对某一刺激源的正面评价。②这里有两个过程在起作用。第一个过程与评估时口头模式和非口头模式的彼此干扰有关系。当口头替代非口头，常常会削弱"喜欢"或"不喜欢"这类非口头判断能力；例如，食物品尝或目测评价，在不进行口头表达的情况下能更好达到目的。这里起

---

① T.D. Wilson 和 J.W. Schooler，"思考过度：内省可降低偏好与决策的质量"（"Thinking Too Much: Introspection Can Reduce the Quality of Preferences and Decisions"，Journal of Personality and Social Psychology 60[2]［1991］），第181-192页（第182页）。相似地，Chezy Ofir 和 Itamar Simonson 证明，预期评估某一服务或产品，会导致评估的有益质量和满意度降低，并降低客户的购买意愿，使他们对评估的服务推荐度降低。预期评估的这种负偏差，在不管质量高低的情形下都有发生；即使买家被明确告知要同时考虑正反两方面。这些发现与所谓的"消极增强论"相一致，表明除非买家一开始展开评估任务的时候抱着很低的期望值，他们偏向于在消费时把关注重点放在产品/服务质量的否定方面。请参见 C. Ofir 和 I. Simonson，"寻求负面消费者反馈：评估期望值对评估满意度的影响"（"In Search of Negative Customer Feedback: The Effect of Expecting to Evaluate on Satisfaction Evaluations"，市场调查杂志，38[2]［2001］），第170-182页。

② Wilson 和 Schooler，"思考过度"（"Thinking Too Much"）。

作用的第二个过程是,某人若需要比较很多选项,他/她对某一特定选项的感受就会变得较为缓和。①威尔森和斯库勒认为,推理预演的过程——就是对某个具体选择的推理过程进行口头表述的过程——有可能削弱人们作出直觉决策的能力。从这个意义上看,如果身处一种对选择有着高度表述的文化,可能会大大降低人们**不问情由**就介入感情纽带的能力,也会大大降低人们基于直觉作出承诺的能力。在这里,直觉式文化实践遭到了破坏。

如上发现或许可与婚姻社会学研究中的其他发现联系起来看。虽然婚前同居率出现了大幅升高,但这些婚前同居关系有40%持续时间少于5年,大多数持续时间仅有两年。55%的同居关系能走入婚姻的殿堂,但这些人的婚姻比其他人的婚姻更容易以离婚收场。②无论男性还是女性,通常都认为之所以同居

---

① 无独有偶,Ravi Dhar 提出,当选项集合中包含几个很有吸引力的备选项但又没有一个选项能脱颖而出时,人们更倾向于不选择选项(例如,所有可选项都不选)。请参见 R. Dhar,"消费者偏向于不选择选项"("Consumer Preference for a No-Choice Option",消费者研究杂志,24[2][1997]),第 215-231 页。有研究表明,当消费者面临着过多或过少选项时,他们会避免作出任何选择。请参见 D. Kuksov 和 M. Villas-Boas,"较多备选项导致较少作选择"("When More Alternatives Lead to Less Choice",营销学,29[3][2010]),第 507-524 页。

② 根据 Larry Bumpass 和 Hsien-Hen Lu 的观点,先同居后结婚的案例中大约有 55%的同居关系最后进入婚姻,40%的同居关系在五年内解散(大多数在前两年内解散)。请参见 L. Bumpass 和 H.-H. Lu,"美国的同居趋势及其对有孩家庭的影响"("Trends in Cohabitation and Implications for Children's Family Contexts in the United States"),Population Studies: A Journal of Demography,54(1)(2000),29-41。

是因为内心有种渴望,要坚定自己进入婚姻或终生承诺的决心。然而,建立这种自反条件,又把这些条件当成决策基础的做法与承诺并不相符,至少并不是承诺所必要的;承诺来源于另一种完全不同的认知结构和感情结构,它不因内省式自我认识而得到促进。某些研究表明,订婚前/结婚前同居往往事与愿违,会降低男性对其伴侣们的承诺,①常造成婚姻满意度和婚姻质量降低,并造成离婚风险增加。②

(D)选择的充裕性带来的最大冲击在于,更大数量的选项导致经济学家赫伯特·西蒙(HERBERT SIMON)所说的从追求满意到追求最大化的偏移。追求满意,是指人们乐于止步于第一个可获得的、"够格的"选项;③追求最大化的人们,则寻找可能的最佳选项。多项试验表明,更充裕的选择并不能让选择变得更简单,反而让选择变得更困难。巴里·施瓦茨(BARRY

---

① G. Kline, S.M. Stanley 和 H.J. Markman,"订婚前同居与婚姻承诺中的性别不对称"("Pre-engagement Cohabitation and Gender Asymmetry in Marital Commitment",家庭心理学期刊,20[4][2006]),第553-560页;G. Kline et al.,"时机决定一切:订婚前同居与不良婚姻结果风险的升高"("Timing Is Everything: Pre-engagement Cohabitation and Increased Risk for Poor Marital Outcomes",家庭心理学期刊,18[2][2004]),第311-318页。

② W. Axinn 和 A. Thornton,"同居与离婚的关系:是选择性?还是因果关系的影响?"("The Relationship between Cohabitation and Divorce: Selectivity or Causal Influence?",人口统计,29[3][1992]),第357-374页;R. Schoen,"首度结合与首度婚姻的稳定性"("First Unions and the Stability of First Marriages",婚姻与家庭期刊,54[2][1992]),第281-284页。

③ H. Simon,"社会学中的有限理性:今天与明天"("Bounded Rationality in Social Science: Today and Tomorrow"), Mind & Society, 1(1)(2000), 25-39。

SCHWARTS)提出,"最大化"心态的核心机制之一就是对后悔的预期,感觉会损失掉经济学家所说的"机会成本"。更多选择也造成冷漠,因为某人的选项最大化欲望和对丧失机遇的后悔的预期①影响到意志的活力和选择的能力。

请看下面这个例子。有一名48岁数学家名叫菲利普,过去25年里一直生活在纽约市:

采访者: 你人生中有哪些意义重大的爱情故事?

菲利普: 嗯,那要看你说的意义重大到底指什么了。可以说,过去跟我一起生活过的五名女子都算得上意义重大,也可以说一个也算不上;因为我跟她们当中每个人都存在同样的问题;这个问题就是,我从来没能得到那种感觉:"她就是我想共度一生的人",那个正确的人,唯一的人。你明白我的意思吧?

采访者: 我不太明白;你说的是什么意思呢?

菲利普: 好吧,我举个例子。我跟一名女子共同生活了两年;我们关系相处得极好,交谈起来充满乐趣,我们一起欢笑,一起旅行,我们还自己做饭……一切都让人心情舒畅。可后来,她开始谈起她想生孩

---

① B. Schwartz,《选择的悖论:为何过犹不及》(*The Paradox of Choice: Why More is Less*)(New York: HarperCollins, 2005),第163页。

> 子,那么我不得不自问我对她的真实感受是什么,我就是找不到那种"哇!"的感受;在我想象中,你必须得有那种感受才会作出生孩子这种重大决定吧。

采访者:这些话是什么意思?

菲利普:好比说,我必须能感觉到这个女子是和我共度一生的人。我非要跟她在一起不可,不然我就会很痛苦,而她是我可能拥有的最美妙的女子。可我就是找不到这样的感觉。我老觉得,假如没有这个女子的话,我还能另找一个[大笑];也许我是在逃避自己,可我真的觉得,外面有大把大把又聪明又美貌的女子在啊,她们随时愿意跟我在一起。这件事情悲伤的一面可能在于,我并不认为天底下存在这么一个美妙无双到能让我头脑发昏的女子。

这名男性叙述的故事表明了多个选项如何抑制他对某一女性付出强烈感情的能力。如果在一个市场中存在很多好选择,人们就很难找到某一个能够完胜任何其他方案的解决方案;因为强烈感情影响某人选择的情形,总是起源于有限选项,或已经找到最佳交易的感觉。

另外还有一个例子也展现了对选择的感知、选择切实增多、随之而生的收益最大化欲望等因素在寻找人生伴侣的过程中起到了什么作用。这篇文章出现在《纽约时报》戴安·斯班克勒(DIANE SPECHLER)所撰写的"现代爱情"专栏中,从社会学角度看它很有价值,传达了很多信息。这篇文章细细讲述了她的一个学生(也是她的恋人)通过一档电视征婚节目寻找配偶的历险故事:"负责选角的导师开始分析我学生在问卷表上的回答,他们筛选了几百份女性的申请资料,并把潜在对象的照片通过电邮发给他。"[1]尽管这名男子与叙事者之间两性关系十分融洽,他仍然报名参加这个节目,在几百份女性档案中筛选,根据她们的外表(其中有些女性"魅力不足")和心理兼容度进行挑选。这档电视节目反映出当代的选择的情势往往以见面前的信息为基础。这名男子最终还是被节目组排除了,因为他们觉得他过于"挑剔",而这个属性其实恰恰受到选择条件的强化。挑剔,看来是充斥着整个浪漫爱情选择领域的瘟疫,但事实上它不是一种心理学特质,而是选择生态环境和选择架构造成的结果:也就是说,它从根本上受到选择最大化欲望的驱动,而如今选择的范围之大几乎已经到了无法管理的程度了。

承诺含有工具成分和情感成分。[2]很明显,婚姻市场中的选

---

[1] D. Spechler,"在本人真人秀中竞争"("Competing in My Own Reality Show"),纽约时报(New York Times),2011年6月11日,http://www.nytimes.com/2010/06/13/fashion/13love.html?emc=tnt&tntemail1=y,最后访问时间 October 11,2011。

[2] E. Lawler,T. Shane 和 Y. Jeongkoo,《非个人化世界中的社会承诺》(*Social Commitments in a Depersonalized World*)(New York:Russell Sage Foundation,2009),第26页。

择者们正试图把选择制定过程中的理性层面和情感层面结合在一起。然而研究表明,承诺最强势的始终还是其情感层面,因为承诺不可能是一种理性层面的选择。当爱情选择架构面临着的潜在伴侣数目之大达到前所未有的程度,人们对强烈情感作出承诺的能力就得到了削弱,因为它所触发的多个认知过程会不断地干扰和破坏情绪性及直觉。

上文所述的选择所具备的种种特性,成为所谓*矛盾心理*的这一心理状态所需的认知条件和社会学条件。模糊性指的是认知能力所处的一种状态(不确定某一客体到底为此或彼);矛盾心理是指情绪。弗洛伊德认为,矛盾心理是人们内心普遍存在的一种属性,由爱与恨混杂而成。哲学家大卫·帕格迈尔(DAVID PUGMIRE)将矛盾心理更广义地定义为针对同一客体同时存在的两种对立的情绪反应。[①]但我认为,当代的爱情矛盾心理其实跟以上定义有所差异:它指的是受到抑制的感受。"冷静的矛盾心理"也许能更贴切地描述这种状态,因为其中隐含了之前提到过的情感主调之一,即意志力缺失。现代性的矛盾心理以诸多种形式出现:不清楚一方对另一方的感受是什么(这就是真爱么?我是否真的想要跟他共度一生?);感受到彼此矛盾的情感(渴望探索全新的关系,但又延续着当前关系);嘴里说着一番话,心里却无法感受到这些言词应该附带的情感

---

① D. Pugmire,《健全的情感:情感完整性》(*Sound Sentiments: Integrity in the Emotions*)(Oxford: Oxford University Press, 2005),第175页。

(我很喜欢跟你在一起,但我无法全心全意地承诺)。矛盾心理并非内心世界固有的,是组织着我们生活的各种体系制度的特性。人们之所以想要一些彼此矛盾的事物,其原因往往是存在不同制度安排:爱情和自主性,关爱和自力更生;这些事物在我们的家庭中和市场上通过不同的制度得以表现。同时在这些相互抵触的事物之间,文化无法提供人们所需的清晰的高下等级。如安德鲁·维格特(ANDREW WEIGERT)所言:"我们解读基本情感经验时所使用的概念标签假如存在相互抵触,其结果必是情感钝化。任一种情感都无法成为主宰。"[1]矛盾心理对情感和感受具有直接影响:"如果我们对自己是什么人感觉不确定的话,行动时就会出现迟疑、停滞、半途而废。"[2]罗伯特·默顿(ROBERT MERTON)是最早分析矛盾心理的社会学家之一,他认为这种情况可能源于对某一角色存在符合规范但相互矛盾的期望,但这种矛盾性未必会破坏这个角色。默顿反而认为其理由正是:矛盾心理对社会秩序可存在功能性作用。我认为,当选择极为充裕且不受到明确的时间框架局限时,矛盾心理确实可存在功能性。尽管矛盾心理也许未必造成问题,默顿论述道:"优柔寡断却可能随之而来,阻止人采取行动。问题表现为意

---

[1] A.J. Weigert,《混杂的情感:理解矛盾心理的一些步骤》(*Mixed Emotions: Certain Steps toward Understanding Ambivalence*)(Albany: SUNY Press, 1991),第34页。

[2] 出处同上,第34页。

志力缺失,尽管病根在于矛盾心理。"①因为欲望无法固定于某个单一对象身上,因为人们无力祈望实际上殷切盼望的事物,内心就分裂成了彼此冲突的两部分。

恪守诺言与现代性中的选择架构

以上所描述的特征解答了——至少部分解答了——为什么承诺和恪守诺言已变成人们的人格中出现问题的几方面。这并不等于说过去人们在这些方面从不存在问题,也不等于说这些方面会影响到社会生活的所有领域。作为例子,恪守诺言可视为现代时期最伟大的制度成就和心理学成就之一,尤其在经济交易领域。话虽如此,我却认为爱情意志的本质已发生变化;变化的特征反映在情感经验/性经验已与承诺脱节。在经济学家阿玛蒂亚·森的文章中,承诺的定义受到"个人选择和个人福利之间产生裂痕这一事实"的界定。②换言之,某人作出承诺就意味着要作出选择令自己放弃提高自身福利的可能性。承诺隐含着对自己未来前途进行设想的一种特殊能力,停止搜索过程

---

① A.J. Weigert,《混杂的情感:理解矛盾心理的一些步骤》(*Mixed Emotions: Certain Steps toward Understanding Ambivalence*) (Albany: SUNY Press, 1991),第22页。
② A. Sen, "理性的傻瓜:对经济行为的理论基础的批判" ("Rational Fools: A Critique of the Behavioral Foundations of Economic Theory",哲学与公共事务,6[4][1977]),第317-344页(第329页)。

并放弃可能的更好前景并作出决策的能力。当眼前的选择看起来是可能的选择中最好的一个,和/或当某人选定某个"够格的"选择并以之作为归宿,这个时候承诺就发生了。从某种意义上说,承诺和爱情因此而深深地交缠在一起——至少主观上如此。哲学家让·吕克·马里昂(JEAN-LUC MARION)曾说过:"假如有人嘴里说:'当下这一刻我是爱你的',他的意思是说:'我一点儿也不爱你';这样达成的无非是一对表演性矛盾。"①马里昂说,爱就是愿意永远爱下去。这就涉及到如下问题:从什么时候开始,选择中已不复包含一种把人们跟未来捆绑在一起的情感力量?为什么会这样?

承诺是以未来为导向的;但人们在设想这个未来时,总是假设在未来本人跟今天一样,想要的东西也跟今天一样。这是承诺的时间性结构:

> 口头许诺相比用其他方式表达的诺言,其稳定性并不稍逊;事实上,口头许诺稳定性甚至更好,因为诺言实际上具备时间离析的特性。许诺的口头表达发生在当下,但其言外之意却是"面向未来和预期的"[……]。每个诺言都带有日期,这个日期是诺言作出的日期,若不存在这个日期则诺言不具有效性。

---

① J.-L. Marion,《情色现象》(*The Erotic Phenomenon*)(Chicago: University of Chicago Press, 2007 [2003]),第174页。

结果是,"许诺的时间点相对于诺言实现的时间点,永远是过去。"①这种假想的时间分离正是现代时期自我的文化结构中我们要讨论的部分。这是因为由心理学文化所打造的自我人格的表述,对情感工作的表演方式和礼节方式形成了抛弃,至少形成了侵蚀。

礼节可定义如下:

> 要呈现礼节中的"仿佛"世界、要呈现这种虚拟语气,既不需要事前理解,也不需要分辨概念上的模棱两可。简单优雅的表演分散了人们对理解一事的关注,从而允许秩序存在而无须理解它。通过这一方式,它类似于我们要采取具体行动前必须作出定夺;在决策时我们尽可能去进行理解,尽管这种理解也许并不完整(其实总是这样的),可行动是必须要采取的。在医疗干预、金融投资、婚姻承诺、宣战、高速公路规划等等方面都存在这种情况——几乎所有形式的人类努力中都存在这种情况。②

---

① R. Craig,《用以许诺的语言:维多利亚时代法律和小说中的订婚》(*Promising Language: Betrothal in Victorian Law and Fiction*)(Albany:SUNY Press, 2000),第6页。
② A. Seligman,《仪式及其后果:论真诚的局限》(*Ritual and Its Consequences: An Essay on the Limits of Sincerity*)(Oxford:Oxford University Press, 2008),第115页。

换言之,礼节调控下的选择与那些根据真实性、内省、情感本体论下选择是对立的。前一种选择把承诺视为一种表演性成就,通过意志行为及一系列社会约定俗成的仪式达成;后一种选择把承诺视为基于"真实"情感进行内省的结果。恪守诺言对自我形成负担,因为在真实性制度下,决策必须反映自我"深处的"情感本质,还必须遵循"自我实现"的取向。自我实现必然是一种自我发展和变化的循序渐进,因此要想象自我在未来将会变成怎样就更困难了。从这一角度出发,自我实现预先假设了可能出现自我的非连续性:明天我可能变成与今天不同的一个人。自我实现这一文化理想要求某人的选项应永远保持开放。自我实现这一理想包含着一种从根本上缺乏稳定的自我监督,因为发展和成长的隐含意义是明天之我必定不同于今日之我。在自我实现的理想中,人们不知道明天想要的是什么,因为根据定义,人们无从了解他们(未来)多重的、更高级的自我将会变成什么样。用社会学家罗伯特·贝拉(ROBERT BELLAH)等人的话说:"让我们不致离散的爱来源于我们主观世界的悲欢离合。"①自我实现的理想是一种十分强势的制度和文化力量:这理想让人们离开不满意的工作和无爱婚姻,参加冥想学习班,进行漫长、昂贵的度假,咨询心理学家,不一而足。从根本上它假设自我是个永不停歇的移动目标,是需要去发现、去成就

---

① Bellah et al.,《心灵的习性》(*Habits of the Heart*),第90页。

的事物。①在《纽约时报》某专栏中,一名单身男子在信中写到他选择不进入婚姻或家庭生活:"此生中令人最难以直视的事物之一,就是我们未能走过的人生,未能选择的道路,未能实现的可能性。"②自我实现的理想瓦解并反对自我的概念,意志力是恒常和不变事物的概念,以及意志力因其恒常性和不变性而值得称颂的概念。自我实现不仅意味着不可安于任何固定身份中,尤其意味着不可安于在自我的某一投射。换言之,自我实现的理想影响了人们顺着一条连续直线投射自我的能力和愿望。③

似乎与上述思路相印证呼应,德里达(DERRIDA)论述说:

> 诺言总是言过其实。如果没有这种本质上的言过其实,诺言就归为关于未来知识的一种描述了。它的作为应具备一种假定式结构,而非表演式结构。[……]在许诺这一作为的内部结构下,诺言的成功记着一种无可挽回的扰动或倒错。[……]正因如此,每个诺言都有其不可信、滑稽可笑的一面,都热衷地尝试妥协于法律、契约、誓言,以及公开

---

① Z. Bauman,《消费人生》(*Consuming Life*) (Cambridge: Polity Press, 2007)。

② T. Kreider, "The Referendum," 纽约时报(New York Times), September 17, 2009, http://happydays.blogs.nytimes.com/2009/09/17/the-referendum/?scp=3-b&sq=Light+Years&st=nyt, 最后访问时间 October 11, 2011。

③ 自我的时相与本体割裂,致使承诺的建构成为一种情境化、差异化、暂时性的行动。

表示的忠诚。①

我发现德里达关于恪守诺言的评论某种程度上点明了现代性承诺结构发生深刻变化后出现的症状,这种变化与现代环境以及择偶架构密不可分。在奥斯汀笔下的世界里,诺言彰显着人物的道德;在以上例证中,诺言也具有绝对的压迫性。诺言成了自我的负担。通过恪守诺言,人们在当下锁定未来,在未来锁定当下;然而未来是开放的、根本无法让渡的。人们无法将自己的未来许给别人。要清晰表述诺言很困难,这进而跟未来被纳入现代爱情情感结构的方式的深刻变化相关联。现代亲密关系——安东尼·吉登斯曾盛赞现代亲密关系是民主的先导——的主要特征是:假如它不再能反映情感、品位和意志力,人们可随时中断爱情。②③在这种文化语境下,诺言真的可能变成"滑稽可笑"。承诺需要在选择框架下践行;它把选择框架式当作具有无上组织能力的隐喻自我。诺言——至少在浪漫爱情语境

---

① J. Derrida,《回忆保罗德曼》(*Mémoires: For Paul de Man*) (New York: Columbia University Press, 1986),第94页。

② A. Giddens,《亲密关系的变迁》(*The Transformation of Intimacy*) (Cambridge: Polity Press, 1992)。

③ 在Bellah等人所描述的这一爱情功利主义模式下——作为一种短期关系,"爱情不外乎是一种交换,除了完整和开放的沟通义务之外没有任何规则约束。在这种关系存续过程中,它理应供给爱侣各自所需索的东西;等这种关系终结时,爱侣双方至少已经从他们的投资中获得了一种合理的回报。"《心灵的习性》(*Habits of the Heart*),第108页。

下——变得滑稽可笑,如果两性关系的基础是没完没了的选择,或如果选择依赖的是本质主义情感制度——即人们认为两性关系的形成和根基必须是真诚的情感,情感必须先于关系产生,并持续不断地成为关系的组成部分。

意志结构和承诺结构的转型催生了两性关系的新形态,比如"勾搭",BTP(类男友),它们把矛盾心理和选择困难症进行了制度化:

> BTP: BOYFRIENDLY TYPE PERSON(类男友)的首字母缩写。BTP意思是此人尚未成为你的男友,但对你而言比一夜风流那种人更重要些。这个词语可用于感情发展中间阶段,即在他/她获得"正式的"男友/女友身份之前。假如他是BTP,你若称呼他为男友的话仍会觉得欠妥,但你们又已有很多次的约会/通电话/等等,而且彼此有强烈的感情,但尚未迈出最后一步进入同居生活。你们两人不一定上过床,你也可能还与别人约会(而且并不觉得这是什么"欺骗行为"),尽管这么做你也许有点负疚感,或者发现他也这么做的话你会生气,因为两人的关系正在变得越来越认真。这个词语经常被承诺恐惧症的人所使用。GTP意思同上,指的是女性("类女友")。①

---

① http://www.urbandictionary.com/define.php?term = commitmentphobe,最后访问时间 October 11, 2011。

不管如何忍俊不住,这样的表达用语预示着男女间的维系模式出现了变迁,两性维系的核心——意志和承诺——因受到选择现状的影响而出现转变;在当前选择环境中,自我面临着数量巨大的各种可能性,而且无法画出一条连续直线连接现在与未来,并用以进行自我投射。

为了弄清此类承诺恐惧症的现代文化特异性,我们不妨对照比较齐克果决定与雷吉娜·奥尔森解除订婚关系一事。至于他的动机是什么,长期以来有很多不同看法:有人认为这是他内心深处宗教性的爆发;有人认为这是他长期忧郁和压抑的结果;有人认为那是因为他担心自己无法给她带来幸福。看起来,齐克果始终毫不妥协地秉持着道德真实性和宗教真实性:他害怕他的婚姻不得不建立于谎言上,因为他内心生活有很多方面不足与外人道。①在他决定解除订婚的时候,选择动机并没有显露面目:这是否他的最佳选择,她是否合适的人选,是否当时"要稳定下来还为时尚早"。在齐克果这个案例中,解除婚约是他确证自己的意志力是他长处而非短处的一种方式。这个例子表明,"承诺恐惧症"的文化内涵可以千差万别,甚至可以不包含"选择"的动机。

性的丰裕性与情感不平等

在现代亲密关系中,尽管男性和女性都把自由视为两性关

---

① 请参见 Hannay,《齐克果》(*Kierkegaard*),第155页。

系主观性中最基本的价值观和制度性实践,但他们遵循的道路却不尽相同,位置的形态也不同。此外,性选择的全新生态环境和全新架构影响了两性之间的平衡。多个研究纷纷获得相同的发现:男性比女性更经常涉足随意性交,由此看出,男性对随意性交的态度也更为正面。[1]某些研究报告说,男性更关注身体吸引力,[2]还有一些报告显示,女性比男性需要更多的情感参与才进入肉体接触。[3]男性受到性的激发程度比女性高得多,而"女性明显倾向于更重视亲密关系、爱情和喜爱",该观点与本章开

---

[1] P. Regan 和 C. Dreyer,"色欲?爱情?地位?年轻人参与随意性行为的动机研究"("Lust? Love? Status? Young Adults' Motives for Engaging in Casual Sex"), Journal of Psychology and Human Sexuality, 11(1)(1999),1-23;M.B. Oliver 和 J.S. Hyde,"性活动中的性别差异:汇总分析"("Gender Differences in Sexuality: A Meta-Analysis"), Psychological Bulletin, 114(1993),29-51。

[2] R. Fisman, S.S. Iyengar, E. Kamenica 和 I. Simonson,"择偶中的性别差异:来自速成约会实验的证据"("Gender Differences in Mate Selection: Evidence from a Speed-Dating Experiment"), Quarterly Journal of Economics, 121 (2006), 673-697; P.C. Regan, L.S. Levin, S. Sprecher, F.S. Christopher 和 R. Cate,"在短期性伙伴和长期浪漫爱侣身上,男性和女性心仪的是哪些特性?"("What Characteristics Do Men and Women Desire in Their Short-Term Sexual and Long-Term Romantic Partners?"), Journal of Psychology & Human Sexuality, 12(3) (2000), 1-21; S. Stewart, H. Stinnett 和 L.B.Rosenfeld,"短期和长期两性伴侣心仪特性的性别差异"("Sex Differences in Desired Characteristics of Short-Term and Long-Term Relationship Partners"), Journal of Social and Personal Relationships, 17 (6)(2000), 843-853。然而从历史上看,男性与女性从 20 世纪后半叶开始对身体吸引度更加看重。

[3] L. Cubbins 和 K. Tanfer,"性爱的性别影响:男性和女性自我报告的高风险性行为研究"("The Influence of Gender on Sex: A Study of Men's and Women's Self-Reported High-Risk Sex Behavior"), Archives of Sexual Behavior, 29 (3)(2000), 229-255。

头引语部分所援引的莫琳·陶珊的文字不谋而合。①

人们一般会把以上发现解读为:男性和女性具有不同生物学驱动,所以才产生这种分野。但是,我怀疑这是进化论生物学家在向"大自然"寻求答案,为何当今社会是以这种形式组织的。假设我在本章中的分析是正确的,因男性和女性获取地位的策略有所不同,所以性活动对男性与女性起到不同的渠道作用:对男性而言,性活动已成为他们行使男性地位(权威,自主性,男性的团结)的主要场所;对女性而言,性活动仍然屈从于生育和婚姻。当他们与社会权力建立联系时,男性和女性的性活动都至为重要,可两性所采取的策略却不同。在父权制依然支配着家庭和经济——尽管男权受到侵蚀和对抗——的大背景下,市场化的性交往方式可划分为两种,系列型及专一型。这两种性策略并不只是简单的"不同";它们为主宰性领域的男性群体带来可观的优势(因为他们的职业、经济实力等等),因为在性活动市场化大背景下,相比于专一型,系列型性活动具有更大的情感战略优势和力量。

女性的性专一蕴含着情感依附。对专情的欲望使得女性比男性更早更强烈地感受并表达她们的感情。因为女性的性选择必须面对现实,即女性的社会经济地位更直接地依赖于单一男

---

① Collins,"性分层理论"("A Conflict Theory of Sexual Stratification"),第7页;W. Burgess 和 P. Wallin,《订婚与结婚》(*Engagement and Marriage*)(New York: Lippincott, 1953)。

子,性选择还关系到生儿育女,所以女性更倾向于性专一和情感专一。①

与之形成对照的是系列型性活动,它往往伴随着情感离断;理由不一而足:假如性活动是系列发生的,抱着情感离断的态度更合宜(系列的情感依附,代价相当大);有时间先后或同时进行多个伴侣的累积,通常令人对其中任一伴侣的情感钝化,原因自然是因为他经历过的伴侣人数众多;而情感离断也不外乎是向其他男性炫耀式展示资本的一种形式。换言之,系列性活动——有如地位可作为男子气概的指标一样——伴随着男性的情感离断,进而又在承诺恐惧症中发挥重要影响,它反映了男性所处的选择生态环境和选择架构,以及由此形成的对异性交往的控制力。此外,系列性活动所隐含的情感离断的方式不一而足。

在《纽约时报》"现代爱情"专栏作家玛格丽特·菲尔茨撰写的文章中可看到一个很说明问题的例子,先前我曾援引过这段文章。她在文中写道:"有时候我不喜欢他们(男性),甚至惧怕他们,很多时候我觉得他们乏味透了。可是无论我感到惧怕也好,不喜欢也好,乏味也好,都不曾削弱我内心深处希望一个

---

① 关于中产阶层女性在分离婚姻(或其他任何形式的双人关系)和生育时采用的另一种策略,可参见 Hertz,《单身出于偶然,生育出于选择》(*Single by Chance, Mothers by Choice*)。

男人能留在身边的欲望,或至少说他能留下,能留下很久。"①这段文章有力说明了男性与女性之间的不对等,一语道明了女性对承诺的欲望和男性向她们承诺的欲望。

女性和男性的性策略的不同点形成了我称之为情感不平等的条件:系列性活动为男性带来结构性优势,他们可以收敛感情,可以比女性更不情愿缔结承诺关系,因为他们可选择的样本范围更大(从时间跨度和人口学特征来讲)。以下的短文就是一个情感不平等的案例。一个互联网专栏中,一名读者写给另一名女性读者的建议说:

> 你在犹豫要不要强迫一个"承诺恐惧症患者"缔结承诺关系,我认为你的犹豫是对的。我丈夫曾经非常惧怕承诺,每次走到承诺的某个新阶段面前时,他就想着要分手或者离开我(当我希望展开一段更稳定的关系时,当我想要搬去跟他一起住时,当我想要结婚时,甚至在我们婚后,当我想生个孩子时)。我们的儿子出生后,他终于适应了这段承诺关系;但一段时间后我却开始发生问题——因为之前在我们的关系中我不得不采取非常积极主动的态度,以至于到最后我怀疑他爱不爱我。如果真心想回答这个问题

---

① http://www.nytimes.com/2008/05/04/fashion/04love.html?pagewanted=2,最后访问时间 October 11, 2011。

的话,他确实需要通过心理疗法才能找到答案……但他不确定要不要这么做。现在我正在接受心理疗法,希望找到我想要的答案。当你试图跟这种男子建立一段承诺关系的时候,可能会牵涉到很多痛苦。无论如何,以上就是我的经历。承诺是得到了,但并不幸福。①(在我的例子中,出现自我怀疑的加剧)。

这名女性在叙述时使用了化名,描述了男性和女性间的一种情感不平衡和不平等的状态,以及她试图通过心理疗法来应对情感不平等。这种情感不平等发生的大背景包括如下几个方面,两性关系被市场化,男性和女性作选择的条件发生了改变,那些拥有更多选择的行动者在情场上占据更强势的地位;不管他们拥有更多选择是因为魅力、年轻、教育程度、收入,还是以上几点的任意结合。

男性与女性之间协商的条款是依照双方在爱情交易中的情感地位来决定的。19世纪时,人们通过坚定不移的情感,通过几近炫耀式展现男子作出承诺和恪守诺言的能力来体现男子气概;现代时期,人们更多地通过情感收敛而不是情感展示来体现男子气概。相反,19世纪的女性比男性更多地表现出情感内敛——而当代女性更倾向于情感外露。正如一位心理学主管医

---

① http://parents.berkeley.edu/advice/family/committment.html,最后访问时间 October 11,2011。

生维拉所言:"根据我过去20多年的门诊经历,以及询问我手下培训的多名心理医生后,我发现主要问题为:女性想要更多爱情,更多情感,更多的性,更多承诺;而男性逃避以上所有。男性甚至想要更少的性;我的意思是他们不太想要带着附加条件的性。"

布尔迪厄创造了一个术语叫做"象征性主宰",用以命名某些群体定义现实和价值感时所采用的方式。与此对应,我提出一个术语叫"情感主宰",用以表达两性关系其中一方通过更大程度的感情离断从而在情感互动时掌握更大控制权,有更大能力作选择方并制约另一方的选择。自由市场条件在婚配中的出现掩盖了一个事实,即伴随出现的男性对女性情感主宰的新形式;这种新形式表现为女性情感的可得性及男性不愿向女性承诺自己,其原因在于选择条件出现了变化。

与经济关系相类似,造成不对等关系是因为表面的自发性和个性化掩盖了社会调控力的缺失。我认为不妨把承诺恐惧症描述成一种特定的情感和两性关系规律,对原本身处不同选择环境和选择架构中可进行自由选择的双方产生束缚。然而很多人可能会质疑我的分析,他们的根据是自1970年代以来女性的性活动越来越多地呈现出系列型特征,因此其性活动和情感活动远不像上文所说的那样沉闷单调。系列型性活动得到部分女性的青睐,是因为她们把这一点当作自由解放的生活方式,当作禁令解除后体验快感和平等的结果。这么理解显然没有错,但我要说的是,女性是用系列性活动这一手段来反击和模仿男性权力。鉴于象征性主宰和情感主宰理论,出现这种情况并不意外:如果说系列性活动是男性身份地位的属性之一,那很有可能同时催生模仿(对权力属性的模仿)和策略上的反击(对情感离断唯一合适的反击就是比对方离得更远)。对女性而言,系列性活动总是与专一型性活动共存,因此在经历一系列性活动过程中内心一直充满矛盾。女性往往倾向于混合型策略:系列型加上专一型。更准确地说,对女性而言系列型性活动是达成专一型性活动的途径,前者自身不是最终目的。女性同时选择系列型和专一型策略,最终又把系列型性活动当作专一型的从属部分。有一本全国最佳畅销书名为《脱钩》(*UNHOOKED*),作者劳拉·塞逊斯·斯坦普(LAURA SESSIONS STEPP)在文中描写了一群大学女生,她们身上体现出全新的性习性,其中以"勾搭"做法最为典型:"这群年轻女孩闲聊着她们(勾搭过的男孩子)的数量,口气好似在经纪行里汇总数据资料。她们把日程计划本藏在床头柜里,上面有记帐,还把名字填在 EXCEL 电子表格里,还附上细节和表现评分。"[①]这跟我在第二章中关于性活动的累计可当作一种资本形式的分析相一致。斯坦普解释道:

---

① L.S. Stepp,《脱钩:年轻女性如何追求性,推迟爱情,最终两者皆输》(*Unhooked: How Young Women Pursue Sex, Delay Love and Lose at Both*)(New York: Riverhead Books, 2007),第 10 页。

年轻人差不多抛弃了约会形式,取而代之的是集体聚会,还有跟爱情、承诺不相干的性行为——有时候甚至跟喜不喜欢都无关。关系被滥交所取代,就是他们所谓的勾搭。爱情一事[……]被束之高阁,或被视为不可能;性正在成为社会交往中的主要流通货币。①

然而,正如斯坦普的研究和实例所表明,若两人关系涉及性,则女孩们更容易从中感受到爱。斯坦普认为这种状况导致了严重的困惑,其特征表现是:女孩们既想要感情依附,但又试图否认自己需要感情依附。她观察到最多的一贯规律是女孩们与被爱的需求进行斗争,她们假装对男孩们漠然处之、不存在感情依附。英国有本畅销书名为《破坏规矩》(*BREAKING THE RULES*),凯瑟琳·陶珊在书中回忆了自己亲身经历的故事,讲到自己的多次性冒险经历,我们可视之为一种解放的、多形态的、高度活跃的性活动的近景特写。②然而,她关于性冒险经历的叙事完全从属于她寻找唯一人生伴侣的过程——她找到了此人,但他却不愿意对她有承诺。她的性冒险经历乃是在寻找人生伴侣的语境下展开的。另一个例子是电视连续剧《欲望都

---

① L.S. Stepp,《脱钩:年轻女性如何追求性,推迟爱情,最终两者皆输》(*Unhooked: How Young Women Pursue Sex, Delay Love and Lose at Both*)(New York: Riverhead Books, 2007),第4页。

② C. Townsend,《破坏规矩:一个坏女孩的自白》(*Breaking the Rules: Confessions of a Bad Girl*)(London: John Murray, 2008)。

市》,包括自这部电视剧改编的电影;《欲望都市》描绘了女性的自由奔放的系列型性活动,但很多人观察到(并对此颇多非议)这些性活动都不外是她们对单个伴侣求索过程的一部分。在"现代爱情"征文作品的末尾,作者玛格丽特·菲尔茨提出(之前曾作过援引):"我试着思考我和史蒂文的对话(他对一夫一妻有抵触,见上文),我试着回想我从前积极尝试践行的那种带着禅意的去执。我试着提醒自己,任何人都不是我的财产,我也不是任何人的财产。"①这些例子说明,女性的系列型性活动最终受到专一型性活动的支配。作为先天存在,女性的情感和对承诺的渴望通常深刻左右着她们的婚配策略,结果就是女性更容易经历欲望的冲突,情感策略的混乱,并被男性所主宰——因为通过系列性活动,男性有更强能力在承诺问题上引而不发。

结 论

自由不是一种抽象价值,而是一种制度化的文化实践,它影响和塑造着很多其他方面,比如意志力、选择、欲望、情感等等。通过一系列主客观约束条件,可形成影响意志力的某种结构;在现代时期最重要的一种约束条件就是选择的自由度。现代选择架构先天决定了男性和女性都具有数目极大的潜在伴侣,人们

---

① http://www.nytimes.com/2008/05/04/fashion/04love.html?pagewanted=3,最后访问时间 October 11, 2011。

有自由以意志和情感为基础来选择伴侣。但伴随而来的婚配策略和相应的选择架构却蕴含着不同的策略,比如内敛和监视感情离断。正因为性领域已经成为竞争场所,因而能授予人们地位和情色资本;而且因为这种情色资本的获得途径和轨迹是男女有别的,所以出现了男性承诺恐惧症这一文化问题。承诺恐惧症是特定的有文化针对性的选择架构的表现,可以跟抑制承诺的文化幻想比较后得到更好说明:伊莎杜拉·温是艾瑞卡·容(ERICA JONG)的小说《惧怕飞行》(*FEAR OF FLYING*)一书(1974年)中的女主人公的话语包含着反差很大的多重文化意义:

> 无拉链,你懂的,不是说欧洲人的男装裤子前开口用了扣子而不用拉链,也不是因为涉事各方的魅力已强大到颠倒众生的地步,而是因为这种事快速浓缩了梦境,还貌似感觉不到内疚;因为过程中根本不交谈。这种方式是完全纯粹的。它不具备隐秘动机。不存在权力游戏。男子没有"获取",女子没有"给予"。[……] 没人试图证明什么,或从别人身上获得什么。它算是天底下最纯粹的事情了。[①]

支撑这一幻想的不是本章描述的承诺恐惧症,而是另一种不同

---

① E. Jong,《惧怕飞行》(*Fear of Flying*) (New York: Signet, 1974),第11页。

的选择架构。在这种幻想中,纯快感、主权、双方平等之类纷纷登场。正因为没人提出选择的问题,所以这种快感很纯粹;这里不存在抛弃或被抛弃的矛盾心理或焦虑。这是一种双方分享纯粹快感的形式,此处情感离断不具备痛苦的含义——意思是根本不具备任何含义——而且双方对等地分享。如此纯粹的享乐主义之所以成为可能,是因为没人逼迫涉事双方作选择。这种纯粹的强烈程度,正是那些围绕承诺恐惧症打转的男性和女性的叙述中所缺席的;因为承诺恐惧症的基础是种种因面临选择而带来的困难、矛盾心理、焦虑等等,当然也是因选择过多造成的,因难以创造承诺所需的情感条件造成,因情感不平等造成。

情感不平等自(爱情)意志的转型而产生:某人如何爱上对方,如何选择把他/她的人生跟对方绑定在一起;爱情意志本身是选择环境和选择架构转型的结果。与市场中所发生的情况类似,选择自由度带来的效应就是一切选择的可见性都降低了;因为愉悦感的获得须借助自主性和充裕性这对孪生文化理想,它们是自由概念中的两个基本文化向量。自主性、自由和理性是现代性的最基本要素,且这几个要素缺一不可、互为条件。对自由进行制度化的这些条件——在选择环境和选择架构的转型中——影响并改变着意志,而意志是个体人格的主旋律,以上理想都须以人格为基础。我们不妨认为,令人目不暇接的心理疗法、励志、教练型文化可被还原成为在一个日益多变的可能性市场中调控选择、制定决策的一些文化技巧。这一进程中,自由要以现实形式出现的时候往往变得无所适从,导致人们行使选择的时候低能或缺乏欲望。假如有一本关于自由的史书,那我们可以说人们已走过了争取自由的阶段,而进入了选择困难甚至保留不选择权利的阶段。

第四章
对认同的需索:爱情与自我脆弱性

我的价值全在于我的怀疑——
他的优点——使我满心忧惧——
跟他一对照,我的才能
显得如此卑微——

唯恐我应当力不从心地证明
他有什么必要爱我——
一道灵光
从我的满怀忧虑中闪过——

神祇真的会屈尊
会天生偏心——
因祂如此至高无上
以至于无处可依

因此我——这平凡的躯壳
被祂选中——
如改造教堂一般改造我的灵魂
使之成为圣器——

——艾米莉·狄金森,"作品第791号"[①]

[①] E. Dickinson,《艾米莉·狄金森诗集》(*The Poems of Emily Dickinson*, ed. R.W. Franklin, Reading edition, Cambridge, MA: The Belknap Press, 1999),第352-353页。

[阿喀琉斯对彭忒西勒亚说]
没错,受制于爱的力量,我成为你的奴隶,
而且我甘愿永远接受这些约束;
侥幸借着武力,你却属于我;
因为当时是你,我尊贵的朋友,是你
倒在我的脚下,而不是我倒在你脚下。

   阿喀琉斯对彭忒西勒亚说,
    海因里希·冯·克莱斯特,
      ——《彭忒西勒亚》①

---

① H. von Kleist,《彭忒西勒亚》(*Penthesilea*)(New York:HarperCollins,1998[1808]),第104页。

笛卡尔在《沉思录》一书中勾勒了现代性的一些重要时刻：有意识地在怀疑中把控自己，又通过这一把控行为试图对意识当中的已知事物进行确证。在第三沉思中笛卡尔写道：

> 我是一个能思维的(有意识的)事物，是一个能怀疑、肯定、否认、知晓一些客体，也对很多其他客体不了解的生命，——其他客体的爱恨、意愿、拒绝，其他能感知或有类似想象的客体；因为如我上文所述，尽管我感知或想象的事物也许除我之外的人觉得根本算不上什么[它们本身算不上什么]，我依然很肯定这些意识模式，即我称之为感知和想象的东西，哪怕只不过是些意识模式，存在于我的内心。①

笛卡尔的上述巧妙思辨当中包含了一个观点：要达到确定性必须要运用质疑手法，而自我乃是能够同时对知识进行怀疑和确证的唯一实例；怀疑是建立确定性的必经之路。

针对笛卡尔在人类的意识高墙内建立知识确定性这一观点所包含的控制意愿，一向以来存在大量的论著。②关于自我成为确定性客体的组成部分并由此获得相当愉悦感这一点，却很少

---

① R. Descartes,《方法谈与第一哲学沉思录》(*Discourse on the Method and Meditations on First Philosophy*) (Cambridge, MA: Hackett Publishing Company, 1998 [1641])。

② C. Taylor,《自我的根源》(*Sources of the Self*) (Cambridge: Cambridge University Press, 1992)。

有人注意到。① 在笛卡尔的文章中,怀疑的经历具有某种欢乐的特质,这种欢乐与拉康说的婴儿预期能控制自己身体所获得的欢乐相类。笛卡尔式怀疑是喜悦且欢乐的,出于它对确定性的预期。

当代哲学家让·吕克·马里昂继承了笛卡尔式反思,并肯定笛卡尔的客体形而上学说——也就是说,该形而上学的目的是建立客体的确定性——但它无法协助建立更重要的一种确定性,即自我的确定性。自我所需的不光是、且主要并不是知识的确定性或本体的确定性,自我还需要性欲的确定性;也许唯一能够回答确定性价值问题的就是后面这种确定性。马里昂提出,恋人反对"意向主体",因为后者寻求确定性,而前者寻求肯定(或称为"再三肯定"),并将问题"我是否存在?"替换为问题"有任何人爱我吗?"②

马里昂针对笛卡尔建立确定性的尝试进行重新表述并非偶然。事实摆在眼前,在爱情关系和性爱关系中本体的安全感和价值感岌岌可危。若说两性交往都根据社会领域来组织安排,就等于说它们能产生社会地位和价值感。即使走马观花式浏览一下现代性爱关系和爱情关系,也不难发现性与爱情已成为个体自我价值感的重要部分。我认为,在近阶段现代条件下,情色

---

① J.-L. Marion,《情色现象》(*The Erotic Phenomenon*)(Chicago: University of Chicago Press, 2007 [2003]),第22页。

② 出处同上。

问题研究能最清晰地表述寻求肯定时出现的问题,并体现它之所以替代认识论研究是因为现代自我逐渐被种种悖论所充斥。

为何爱情如此美好?

在哲学家眼中,爱情是疯狂的表现形式之一;①当然,爱情是疯狂的一种特殊表现形式,因为它的力量源于一个事实,即它能提升自我,还能让自己感知到其不断累积的力量。经由对方凝视的眼神,浪漫爱情提升了人们的自我形象。这方面的经典描写不胜枚举,此处引用魏德(WETHER)的一段文字:"她爱我。这让我在自己心中变得格外珍贵起来,我多么——我可以这么告诉你,到底有谁能理解这般情感呢——我多么崇拜圣坛上的自己,自从知道她爱上我!"②当一个人坠入情网,他/她会不加批判地把注意力放在另一方身上。大卫·休谟曾恰到好处地讥讽道:"一个被肉欲点燃的人,对渴望的对象至少会生出瞬间的善意,并在这一刻将她幻想得比平时更美丽。"③西蒙·布莱克伯恩(SIMON BLACKBURN)评论说:"恋爱中的人并不是字面意义上的瞎子。他们确实能看到对方身上的赘肉、肉疣

---

① 最早的案例之一为柏拉图的《斐多篇》(*Phaedrus*)。
② J.W. Goethe,《少年维特之烦恼》(*The Sorrows of Young Werther*)(New York: New American Library, 1962 [1774]),第50—51页。
③ D. Hume,《人性论》(*A Treatise of Human Nature*)(Oxford: Oxford University Press, 1888 [1739-1740], bk II, pt ii, sec. 11),第394页。

和斜眼,但奇怪的是他们不在乎这些缺点,甚至有可能发现这些缺点令他们着迷。"①这种宽容之心是爱情固有的,其结果是让所爱的对象(短暂地)更显著地感觉到他/她自己的价值。当弗洛伊德看到这种以奇特评估模式为特征的情色现象,他也深受震动:"这种性领域过高评价的现象总让我们深受震动——事实显示,爱情对象一定程度上享有不受批判的自由,而且其所有特征都得到了更高的评价,相比那些不在恋爱中的人们,相比其本人不是别人恋爱对象时。"②

在尼采眼中,引起某人价值感提升的原因,不是成为另一人不加批判加以关注的对象,而正是因为浪漫爱情行为增加了他/她的生命能量:"他/她在自己眼里变得更容光焕发,更强壮,更丰富,更完整。[……]这不仅仅因为它改变了对价值的感受;恋爱中的人**确实**价值更高。"③西蒙·布莱克伯恩这么说:

> 恋爱中的人们不仅虚构他所钟情的对象,还会在自己的想象中虚构他/她本人;这情形就有如人们常说的:在望着飞

---

① S. Blackburn,《欲望:七宗罪》(*Lust: The Seven Deadly Sins*) (Oxford: Oxford University Press, 2006),第82页。

② S. Freud, "恋爱状态与催眠" ("Being in Love and Hypnosis") 被引用于 J. Strachey (ed.),《弗洛伊德心理学著作全集(标准版)》第十八卷(*The Standard Edition of the Complete Psychological Works of Sigmund Freud, vol. XVIII*) (London: Hogarth Press and the Institute of Psycho-Analysis, 1953 [1922]),第112页。

③ 被引用于 A. Carson,《性本能:苦乐参半》(*Eros: The Bittersweet*) (Princeton: Princeton University Press, 1998),第39页。

扶壁的时候要找点东西扶着自己,在假想自己行于海上的时候要前后晃动身体。伴装带来的诗意能征服自己,至少有一瞬间我们成为我们想象中的自己。①

不管上文所强调的是人们不加批判的行为还是浪漫爱情带来生命能量,有一点大家没有分歧:坠入情网能让人摆脱作为不起眼的凡人的感觉,激发独一无二的感觉并提升自我价值感。

关于爱情能提升人的自我感觉——被人不加批判地热爱着并且也热爱着别人——由此可见正是爱情感受的核心部分,在各种不同的社会历史背景下都不例外。但我认为,在现代两性关系中,爱情带来的自我价值感具有特殊的迫切的重要意义;原因是当代个人主义看重的是人们自我价值的建立,同时随着现代性的日益推进,人们还有自我分化的压力及建立独一无二感的压力。换言之,不管从前爱情能带来何种主观验证,那种验证并不产生任何社会作用,也不能替代社会认同(除了在社会流动性案例中,当来自较高社会阶层的人嫁娶了一个较低社会基层的人)。爱情认同具备的社会学特征较不明显。我认为正是这样的认同结构促成了现代爱情关系的转型,同时这种认同比以往任何时候都更深入、广泛。

---

① Blackburn,《欲望》(*Lust*),第83页。

从认同阶层到认同自我

1897年,有两本求偶忠告类书籍问世了;汉弗莱女士写了两本书:《男性礼仪》和《女性礼仪》。书中的建议林林总总,囊括了中产阶层求偶过程中所需的有关阶层和性别规范的指南:男士应有的举止和仪态,与女士一起上街该如何行走,在引见男士之前是否应先引见女士,是否应提供阳伞给一名素不相识的女士,女士在场时是否应避免抽烟,协助女士登上马车时应伸出哪只手(右手还是左手),还有在餐厅付账发现钱不够时应如何为自己脱困。给女性的建议则包含一些训诫,如何保持泰然自若,如何在谈话中穿插一些笑声(尽管不可太大声),如何优雅地骑自行车,招待宾客时应奉上什么食物酒水,桌上应布置什么花,以及应在什么时候行礼等等。

那个时期有许多忠告建议类书籍——假如不是占书籍大多数的话——关注浪漫爱情领域针对性别和阶层设立的规矩;因为他们着眼的目标是求偶成功,而求偶能否成功一般取决于是否有能力采纳教养良好的中产阶层的规范准则。这些书籍提供了如何获得认同的礼仪,授予这种认同的前提是,一个人能表现和展示一系列*行动者*们该做和不该做的,其主要目的是向本人同一阶层及对方同一阶层确认其阶层身份和性别身份。反过来,如果要为对方的自我带来荣耀,可以发出信号承认和确认自己及对方的社会阶层和性别。冒犯他人就等于社会学家吕克·博尔坦斯基(LUC BOLTANSKI)所说的冒犯门楣,即冒犯他们的相对重要性和社会量表上的排行。①

到了当代,关于约会方面的自助书内容上更是五花八门。《约会傻瓜书》(*DATING FOR DUMMIES*)②的第一章标题为"我是谁?",另外还有一些小标题,诸如"如何变得自信"及"了解什么令你心动";《约会男女》(*MARS AND VENUS ON A DATE*)③一书里面包含一些章节标题如"男女欲望动力学","男人需要肯定,女人需要爱慕",还有"不确定性";另一书《约会对象……还是灵魂伴侣?》④包含如下一些章节,"了解你自己",和"情感健康的巨大影响"。在这些当代建议手册中,种种求偶建议的重心发生了偏移:它不再指向(中产阶层的)礼仪举止合度,甚至不再指向很重规矩的性爱和性别举止,而更侧重于自我;这一自我概念脱离了等级观念,而交给内在和情感来定义。更准确地说,不论男女性,这些关于求偶的现代讨论全围绕

---

① L. Boltanski 和 L. Thévenot,《辩护:价值经济学》(*On Justification: Economies of Worth*)(Princeton: Princeton University Press, 2006 [1991])。

② J. Browne,《约会傻瓜书》(*Dating for Dummies*)(New York: Wiley Publishing, 2006)。

③ J. Gray,《约会男女》(*Mars and Venus on a Date*)(New York: HarperCollins, 1997)。

④ N.C. Warren,《约会对象……还是灵魂伴侣? 如何通过两次以下约会了解他是否值得继续交往》(*Date ... or Soul Mate? How to Know If Someone Is Worth Pursuing in Two Dates or Less*)(Nashville: Thomas Nelson Publishers, 2002)。

着同一论点:一个人的价值是否要通过适当的认同礼仪被他人所授予。

以下有个很典型的例子,来自《约会男女》一书:

> 男人的自信心令他冒着可能被拒绝的风险向一名女子索取电话号码,这在女子心中产生被人心仪的感觉并令她感到安心。当她考虑他的请求并把自己的电话号码给他,他的自信心提高了。正像他的主动令她感觉自己与众不同,她的接受在他内心激发出更大的自信心。(加以强调)①

在这里,阶层和性别界线显然烟消云散了。相反,在这里人的自我必须得到妥善的照顾,而且自我"被本质化",所以自我独立于此人的社会阶层而存在。当代人的价值感存在于自我之内。畅销书《约会对象……还是灵魂伴侣?》一书的作者进一步指出:"事实是,我们所有人都希望自己感觉良好,因此若我们在某个特定的人身边感觉特别好,我们就会神奇地看到这个人对我们变得多么重要多么有吸引力;反之亦然。"②认同的礼仪在这里必须先肯定自我的"本质",而不是肯定某人是适合该阶层的成员;"自我感觉良好"同时成为坠入情网的原因和目的。诸

---

① Gray,《约会男女》(*Mars and Venus on a Date*),第179页。
② Warren,《约会对象……还是灵魂伴侣?》(*Date … or Soul Mate?*),第 xviii 页。

多心理学家和心理分析家印证了这一观点,即自我需要再三肯定。心理分析家艾瑟尔·斯佩科特·柏森(ETHEL SPECTOR PERSON)简洁地阐述了这个观点:在爱情体验中,人们给对方授予很高的价值,却常常质疑自我的价值,并需要别人确认其价值。①柏森的用辞和分析指出了现代时期爱情含义出现的一个重大转型。她写道:

> 通过相知相爱,恋人们验证了彼此的独一无二性和价值。他们确认彼此的主观存在和价值。在爱情中,恋人们可能有机会得到彻底了解、彻底接受而不受评判,尽管存在种种不足仍然被爱。[……]我们的不安全感被治愈了,我们的重要性得到了肯定,这种情况只有在我们成为爱情对象时才发生。(加以强调)②

"验证"和"不安全感"等等语汇在18世纪或19世纪的浪漫爱情语汇中从不曾出现,这些语汇构成了全新的表述,一种清晰的新方法来设想爱情体验。事实上,"不安全感"这个词在当代爱情语汇中变得如此重要(对于当代关于爱情和约会的忠告建议

---

① E.S. Person,《爱情梦与命中注定的邂逅:浪漫激情的力量》(*Dreams of Love and Fateful Encounters: The Power of Romantic Passion*)(New York: Norton Company,1988),第38页。

② 出处同上,第59页。

也同样重要），以至于我们感到有必要深究其意义。

以上心理学描述蕴含并指出了我们社会环境的特点。普通心理学语言中"不安全感"指向两个社会学事实：（A）我们的价值和价值感并非先于互动存在，也不是一种先天存在，而需要持续不断地塑造与肯定；（B）我们在两性关系中的表现可确立这种价值感。感到不安全意味着不确定自身的价值，无法靠自己获得价值确定，及不得不依赖他人来确定价值。现代性出现的根本性变化之一，就是社会价值以表演性方式通过社会关系得以确立。换一种表述，我们可以说社会互动——即自我借以表现的种种方式——是自我积累价值和价值感的主要向量；这样一来，自我对他人产生严重依赖，对自己同他人的互动产生严重依赖。直到19世纪中期或晚期，爱情纽带关系的组织基础仍是一种业已建立的、几近客观的社会价值感；在现代近阶段，爱情纽带关系所承担的角色是产生很大一部分我们所谓的自我价值感。也就是说，从前的很多婚姻和浪漫爱情关系稳固地建立在社会和经济考量之上，所以浪漫爱情很少能为人们的社会地位带来提升。正是这种爱情与社会框架的分离，使得浪漫爱情中人们往往会对自我价值进行协商。

为了更好认识当代情景不同以往，我们不妨简要地比较一下当代与19世纪求偶仪式的异同。评估从前那些人们的情感生活内容是件颇有风险的事情，但那些礼仪还是能为我们提供有趣的比较点和替代思考方式——关于自我如何组织，及求偶中如何处理自我问题。19世纪求偶过程中常见的一个特点是,男性对所追求的女性充满溢美之词,而女性的反应常常是对她自己的价值表示谦虚。

1801年4月9日,弗朗西丝·塞奇威克(FRANCES SEDGWICK)写信给她父亲,谈到她未来的丈夫埃比尼泽·沃森(EBENEZER WATSON)(一开始她曾拒绝过他的求婚):"我真希望自己觉得,我的优点可以跟他的优点相提并论。[……]像我这样一个渺小的人,总感到自己无力从任何方面为人带来微薄的幸福,除了不懈地回报你对我的善意付出。"①女性公开表达了她们在追求者面前的自卑感。以上绝非个别情况,塞奇威克这种感受在整个世纪中都能听到回音。举个例子,在研究19世纪求偶实践时,艾伦·罗思曼提出:"作为得到更多理想化的性别,女性比男性更担心爱人把她们想象得太高尚。一名长岛女教师请求她的未婚夫说:'你脑中的我远远优于真实的我,我应该让你了解真实的我;软弱、易受伤、鲁莽、任性。'"②与阿尔伯特·布莱索(ALBERT BLEDSOE)订婚后,哈丽特·考克斯(HARRIETT COXE)也有类似的感受,她把这些感受倾注在一封"私人"信件中;她在信中写道:"他对我深刻、热烈的爱慕,

---

① T. Kenslea,《塞奇威克夫妇爱情故事:共和国早期的求爱、订婚、婚姻》(*The Sedgwicks in Love: Courtship, Engagement, and Marriage in the Early Republic*)(Boston: Northeastern University Press, 2006),第46页。

② E.K. Rothman,《手与心:美国求偶史》(*Hands and Hearts: A History of Courtship in America*)(New York: Basic Books, 1984),第98页。

不应该激起我的虚荣心,因为我知道,他在各方面都大大高估了我。"一名纽约女性珀西斯·西博礼希望她的追求者不要犯这种错误,于是她写信给这位爱慕者:"请不要将我视为完美无瑕的人,你将来无疑会发现我有很多缺点。要是你现在觉得我完美无瑕,我怕将来你会失望。"西博礼相信她没能成功说服她的未婚夫她"并非完美无瑕"。她想象婚后她将要面临的"严肃审判",她将"看到他眼中的量尺迅速回落,这个人之前将我当作完美的人盲目崇拜。[……]这对任何一个被高估的人来说伤害都很大。"① 玛丽·皮尔森"认为她自己配不上[她的追求者]易法连的爱慕,认为自己当不起他的赞美。"② "易法连看到的是'他想象中能够给他带来幸福的女性身上应具备的所有构成',而她看到的仅仅是个充满自我怀疑和不安全感的平凡女性。"③ 后来还有另一个案例,赛缪·克莱门斯(马克·吐温)在追求奥利维亚·兰登的时候写道:

> 我赞美你的时候请不要感觉受伤,因为我知道我赞美你的时候说的全是实话。最起码我找到了你的一个缺点——就是自我贬低。[……]无论如何,自我贬低是种美德和优

---

① E.K. Rothman,《手与心:美国求偶史》(*Hands and Hearts: A History of Courtship in America*)(New York: Basic Books, 1984),第98-99页。
② 出处同上,第19页。
③ 出处同上。

点,这说明你不以自我为中心,而以自我为中心才是最难原谅的缺点之一。①

在英国——这个国家与美国存在着如此众多的文化血缘——我们观察到类似的这种自我展现,比如出现在伊丽莎白·巴雷特和罗伯特·布朗宁之间。现代读者看到巴雷特和布朗宁之间书信来往中罗伯特以极大篇幅专门赞美伊丽莎白的独一无二和不同寻常的品质,以及伊丽莎白对这些话的否认后,也许会感到震惊。伊丽莎白在1845年的一封信中写道:"你居然喜欢我,这件事从发生的第一分钟起到今天对我而言一直是个真正的奇迹——可当我想到你假如从来不曾认识我,你将会过得更好时,就不时感到无法抑制的痛苦。"② 1946年2月,他们的恋爱已经进入高峰期,伊丽莎白写道:"从未有别的事物像你的爱情一样令我感到如此卑微。"③ 1845年3月,她写道:"如果不是你用内心强大有力的爱情把我抬举到空中,我就不可能达成你对我的殷切希望。"④以上这些文字中的每句话都引起罗伯

---

① S. Harris,《奥利维亚·兰登和马克·吐温的爱情故事》(*The Courtship of Olivia Langdon and Mark Twain*) (Cambridge: Cambridge University Press, 1996),第96页。

② D. Karlin (ed.),《罗伯特·布朗宁与伊丽莎白·巴雷特:爱情书简1845年—1846年》(*Robert Browning and Elizabeth Barrett: The Courtship Correspondence 1845–1846*) (Oxford: Clarendon Press, 1989),第124页。

③ 出处同上,第218页。

④ 出处同上,第229页。

特的强烈抗议,以及他对爱的宣言和承诺的强化。还有另一个案例,简·克莱蒙(JANE CLAIRMONT)曾经短暂成为拜伦勋爵的爱人,她偏离了应有的被动角色,但仍然尊重了情书的惯例,在写给他的信中说道:"我不期望你爱我,我不值得你爱。我感到你是高不可攀的,可出乎我自己意料的是,我很高兴地发现,你出卖了我原以为你心底不复再有的激情。"①

在这些宣言中,女性表现出自卑感,但这种自卑感并非应那些爱她们的男子而发,而是应品格的道德理想而发(最后一个案例也许应该除外)。这一观点可以从下文中得到进一步证实;人们从下文中能观察到男性也会表达出自我怀疑,尽管相对来说比较不频繁,比较不典型。波士顿上流社会成员哈里·塞奇威克曾与简·米诺(JANE MINOT)订婚。在一段长达17个月的离别中,两人之间多有鸿雁传书:"贯穿这些书信往来的一个恒久主题,就是作为简的伴侣哈里是否配得上她——从智力方面,精神方面,和专业方面等等。[……]到了冬末之际,哈里经历了一次短暂的自信危机:'我真希望我能看透命运,'他写道:'只为了解一件事情——我以后会不会变得配不上你,会不会丧失你的尊重。'"②从这种种形式的自我贬低中,我们可推断以下几点。第一,他们想当然地假设行动者是以"客观的"方式

---

① W. Littlefield (ed.),《著名诗人与小说家的情书》(*Poets and Novelists*) (New York: The J. McBride Co., 1909),第29页。

② Kenslea,《塞奇威克夫妇爱情故事》(*The Sedgwicks in Love*),第156页。

评估自己。我们从中看到的是,一个人是否有能力通过外人的目光来看待自己,并向价值感的客观标准负责:也就是说,这些标准是常见的,是男性和女性共有的。此外,很有可能这里还展现出一个人同时具备批判自己(并由此展现此人品质)的能力和通过向对方显露自己的短处和缺点来建立亲密关系的能力。通过展现他们有能力坚持某种品德理想,有能力以这种理想为名批判自已,这些女性和男性所展现的自我无需我们当代人所谓的"精神支持"或"验证"。这样的自我能对自身进行自我评估,评估获得的价值感并不来自于获得对方"验证",而来自于愿意向道德标准负责,来自于不断提升自己以达到这些道德标准。毫无疑问,此类自我贬低的礼仪会遭到对方的礼仪式抗议;其功能不是请求"验证",而是"检验"这名男子的恢复力和承诺。再说明一次,这里涉及到的不是女性"自我"问题或需要得到验证的问题,而是男性展示和证明其坚定不移的能力。

此类自我贬低的礼仪与当代浪漫爱情关系中忽隐忽现的威胁极为不同,这些礼仪无法带来验证效果。容我举几个例子来说明;这些例子是从通俗文化和我的一些访谈中搜集而来。苏珊·夏皮罗(SUSAN SHAPIRO)所撰写的回忆录中,讲到"让我失恋的五个男人"。她写出了一段她跟丈夫艾伦的私人对话,其中提到她的前男友布拉德。

布拉德在电子邮件里曾经写过"我仍然热爱你的头脑。"为

什么你从来不这么说?这是多年以来第一次让我产生良好感觉的恭维。

"他仍然热爱搞乱你的头脑。"艾伦站起身来,拿着他的包进了蝙蝠洞[就是他的私人活动室]。

我跟在他身后,把那些手稿从褪色的灰色沙发上搬开,这样可以有地方坐下来。我知道他不在情绪中,可我们这周几乎都没怎么交谈。他期望看到我一直在完全相同的地方等着他,就像他夹在书里的那个书签一样。

"你从来不说我聪明,"我说。

"我一直都有恭维你的。"他有点恼火。"我刚说过你很漂亮。"

他没弄懂我的意思,每次我都不得不解释。"我是家中唯一的女儿;跟我一起长大的三个兄弟,人人都夸他们出色。等到夸我的时候,人们就说可爱啊漂亮啊迷人啊。这对我来说不够。难道你一点也不了解我么?"我请求道。"为什么我需要这成千上万的书,还有堆满各处的简报?全是为了过度补偿。是为了向每个人证明我很聪明,因为从来没有人这么说过……是为了向自己证明,"我说。"都说缺啥补啥。"

"这话倒是很有智慧。"艾伦一边说,一边拍拍我的前额。"你这只丑陋的笨猪。"①

---

① S. Shapiro,《让我失恋的五个男人》(*Five Men Who Broke My Heart*)(New York: Delacorte Press, 2004),第29页。

这名女子的抱怨和请求,都是因她希望验证自我的需求所引发的,得到个体的验证,得到社会的验证。再看另一个例子。一名56岁的女性谈到婚姻中的种种不顺心,她说道:

> 你知道,我有个非常贴心的丈夫;他很忠诚,也很有献身精神。但他不懂得做那些让你感觉良好的小事情。

采访者: 比方说哪些事情呢?

克莉丝汀:你知道的,买点小礼物啊,给我一点惊喜啊,跟我说我有多棒啊。虽然我知道他爱我,但他不懂怎样让我感觉美妙和特别。

采访者: 哪怕他爱着你?

克莉丝汀:是的。[沉默]你知道,爱是关于怎么爱,不是关于爱什么。即使我知道他爱着我。但我们之间从来都缺少那些让你感觉特别和独一无二的东西。

在19世纪,忠诚和承诺被视为是爱情的至高证明。但在此处,有人觉得这些还不够,因为爱情必须隐含一种持续进行的、永无休止的"验证"过程:即对一个人自身的个体性和价值的重复确认。

假如像萨特所说,恋爱中人需要被爱,①那是因为在被爱需求中,首先是作为一种社会需要的认同。以上说到的两位女性要求得到丈夫的恭维并不说明她们具有"自恋型"缺陷人格,或"缺乏自尊",而是说明爱情关系可提供社会认同这一普遍需求。社会价值感不再单纯由一个人经济或社会地位决定,而必须从他/她的自我获得,定义为一个独特的、私人的、个体的及非制度性的实体存在。肉欲纽带关系必须包含价值感,②而现代的社会价值感主要是表演式的:也就是说,它是通过一个人与他人互动及其过程来达成的。如果"准备遇见所爱时,恋爱中人担心着他的气味,他的服装,他的头发,他的晚间计划,*最后还有他是否配得上人家*",③这是因为在现代时期,爱情已成为价值感的核心组成部分。

尽管没有把他的社会学从理论角度当成现代社会学,欧

---

① Person,《爱情梦想与命中注定的邂逅》(*Dreams of Love and Fateful Encounters*),第 44 页。

② 该观点与另外一类浪漫爱情互动形成对照,后一类关系中人们的价值感需要得到再三肯定,正是因为人的社会价值感和社会身份是各方都知晓而且不可谈判的。再参考简·奥斯汀笔下世界,艾玛那位很有魅力的朋友 Harriet 一心想找一个社会地位比自己更高的男子;当她真的找到时,照我们今天的话说,她遭到对方的"拒绝"。被拒绝后她的信心感受并不影响她的自我感知,更别提摧毁她的自我感知了;不如说,她只是有点尴尬,因为她在评估自己和对方社会地位的时候犯了个社会错误。她的价值感并未受到影响,只不过感觉到失了点分寸感。相反在现代性中,互动前不会像他们那样先考量社会价值;社会价值在互动中、通过互动而构建。

③ Person,《爱情梦想与命中注定的邂逅》(*Dreams of Love and Fateful Encounters*),第 38 页。

文·戈夫曼(ERVING GOFFMAN)对社会互动中的这种表演性给予了高度关注:意思是他高度关注人们以何种方式产生价值感,何种方式没能产生价值感(什么时候他们"保住面子",给对方应有的尊重,等等)。戈夫曼似乎想当然地认为,互动假如是成功的,自然就应产生价值感;他假设互动普遍以这种方式建构。然而这是长期以来西欧社会结构转型和社交演变的结果。自17世纪以来,在沙龙,在宫廷,在对话、在礼仪手册中,贵族和中产阶层都不停地制定全新形式的行为规范,旨在通过面部表情、身体动作及言辞等得体地承认他人或对他人表示尊重。这个过程不同于对他人表示顺从以保护他们的荣誉感,因为社会价值感与先赋地位的关系日渐疏远。换言之,当我们把他人当成一个人而无视他/她的地位,通过社会互动来赋予其价值的时候,认同是一种隐晦的必要方式,并成为现代性形成中不可或缺的一环。阿克塞尔·霍耐特(AXEL HONNETH)从理论角度以一种明确方式确立了认同在人际关系中的重要性。(然而他对"认同"这个词的使用比我的用法更广义。)按照他的定义,认同是一个不断进行的社会过程,包括支持"人们对自己的正面认识"。因为"自我形象[……]取决于持续受到他人支持的可能性",①认同蕴含

---

① A. Honneth,"个人身份与不敬"("Personal Identity and Disrespect")引用自 S. Seidman 和 J. Alexander (eds),《新社会理论读本:当代辩论集》(*The New Social Theory Reader: Contemporary Debates*) (London: Routledge, 2001), 第39-45页(第39页)。

着同时从认知层面和情感层面承认和强化另一方的主张和地位。认同过程中,一个人的社会价值感和价值不断建立在他/她和他人的各种关系之内,并借助这些关系而建立。

因此,与通过个人主义思想体系来解析现代时期浪漫爱情的力量的大量学说相对照,①我认为这种爱情力量衍生于更为根本的事实,就是爱情为认同提供了强有力的锚定点,提供了一个人价值感的感知和构造,在当今这个社会价值感既不确定又不断被商榷的时代。可是为什么会这样呢?为什么爱情能做到其他情感很难做到的事呢?关于这几个问题,我有一个可能的解释。

在综合了埃米尔·涂尔干(EMILE DURKHEIM)和欧文·戈夫曼的真知灼见后,兰德尔·柯林斯(RANDALL COLLINS)② 提出:社会互动的功能是一组能建立情感能量的仪式,用以联

---

① U. Beck 和 E. Beck-Gernsheim,《爱情的正常性混乱》(*The Normal Chaos of Love*)(Cambridge:Polity Press, 1995);M. Evans,《爱情:一个不浪漫的探讨》(*Love: An Unromantic Discussion*)(Cambridge:Polity Press, 2003);A. Giddens,《亲密关系的变迁》(*The Transformation of Intimacy*)(Cambridge:Polity Press, 1992);E. Illouz,《对浪漫主义乌托邦的消费:资本主义下的爱情与文化矛盾》(*Consuming the Romantic Utopia: Love and the Cultural Contradictions of Capitalism*)(Berkeley:University of California Press, 1997);L. Stone,《1500 年-1800 年间英国的家庭、性及婚姻》(*The Family, Sex and Marriage in England, 1500-1800*)(New York:Harper and Row, 1977)。我目前这本书针对这个问题采取了不同的立场,在以下篇幅中很快就会看到。

② R. Collins,《互动仪式链》(*Interaction Ritual Chains*)(Princeton:Princeton University Press, 2004);R. Collins,"论宏观社会学的微观基础"("On the Microfoundations of Macrosociology"), American Journal of Sociology, 86(5)(1981), 984-1014。

结或分离当事各方。此类情感能量可在一个以情感(而非纯粹认知)协商为基础的市场中进行交换。这种社会交换以最大化情感能量为目标。成功的互动仪式渐渐累积,即能创造情感能量;而情感能量可变成某种可资我们利用的资源,变成某种主宰他人的方式,并获得更多社会资本的方式。情感——尤其是情感能量——因而成为正向作用仪式长链的源头,它进而可在其他方面善加利用,并不严格限于情感领域。在纯粹"社会"领域(朋友或家人)累积的情感能量可以转移、结转到另外范畴,譬如经济范畴。因此,柯林斯所说的情感能量实际上指的是认同所带来效应;在某一范畴所积累的认同被转移到其他范畴。他没有设问,某些互动仪式是否比另外一些更为重要? 或携带"更多"能量? 我认为,在互动仪式的长链上,爱情是认同的一个核心环节——对某些人而言或许是唯一核心环节。这也意味着,浪漫爱情对于认同令来说是首要的,在现代时期人们通过互动礼仪的长链,以认同的方式将社会价值感一步步归属于某人。因为,它是产生情感能量的最激烈最完整的一种方式,是爱情引导下自我提高的结果。以下请大家看两个例子:塔莉亚是一名学者,[1]42 岁的她育有两个孩子;她在美国西海岸一所很大的大学里工作。她向我讲述了她同一名跟她有婚外恋的男子分手的

---

[1] L. Fraser,"我们告别的方式"("Our Way of Saying Goodbye"),纽约时报(New York Times),May 30,2010,http://www.nytimes.com/2010/05/30/fashion/30love.html?emc=tnt&tntemail1=y,最后访问时间 October 12,2011。

故事,然后她补充道:

> 你知道这种事会让人受伤,我为这事感到极度痛苦;但通过这段故事,我觉得自己也学到了一些很重要的事情。

采访者:有哪些事情?

塔莉亚:他曾是……好吧,他是一名非常著名的学者。人人对他敬畏有加。在我遇见他之前,我感觉自己是那么渺小、那么微不足道的一个人,从来没有人注意到我。我一直觉得人群里数我最笨。但在他选中我后,在我们整个婚外恋的过程中,我感到自己成了十分特别的人,我实实在在感觉到变得更聪明了,而且我可以走上前去面对从前不敢交谈的人,我可以跟他们交谈并感觉到跟他们平起平坐。哪怕现在婚外情已经结束了,我觉得自己还是学到了一些对我自己的重要认识;因为,假如连他都认为我是特别的,那么我也感到我是特别的。我变得比较没有那么惧怕跟人交往了。

采访者:就因为曾经被他爱过?

塔莉亚:是的,就因为曾经被他爱过。

等一下,好吧,我不清楚他是否真的爱过我;有时候我感觉到被爱,有时候我不那么肯定,但我感觉到被渴求,我很确定他对我有巨大的渴求。所以说是的,就因为曾经被他渴求过。

在《纽约时报》于2010年出版的一篇自传体文章里,作者劳拉·弗雷泽(LAURA FRASER)详细记录了在同丈夫离异后,她在意大利邂逅一位男子的故事;故事的最后一部分如下。"在认识后的第四天,我们在那不勒斯火车站彼此告别。我记忆里印着他的面容,心里感觉到什么东西被夺走了,又好像在心里希望着什么。当时我很肯定我再也见不到他了,但我又很高兴他曾经努力让我感觉到*被渴求*。"① 这个案例中,被人渴求的感觉一扫"婚姻失败"带来的失婚之痛,因为爱情恰好是这类受到动摇的价值感和认同的重心。

爱情和欲望在这里是社会长链上的节点;在这一社会长链上,某种形式的情感能量可被转换成另一种形式。因为爱情体验为价值感的疑问提供了锚定点,现代时期的爱情具有产生和稳定*社会价值*的这种能力。正如霍耐特所说,爱情是同时通过心理学和社会学过程来建立"认同"的范式。② 现代时期人们建立自我价值的过程,从来不是真正私人的或公开的;这一过程既是心理学过程又是社会学过程,既是私人过程又是公开过程,既

---

① A. Honneth,《为认可而斗争:社会冲突的道德文法》(*The Struggle for Recognition: The Moral Grammar of Social Conflicts*)(Cambridge:Polity Press, 1995)。

② Marion,《情色现象》(*The Erotic Phenomenon*)。

是情感过程又是仪式化过程。显而易见,在现代肉欲/浪漫关系中,受到威胁的是自我,是自我的情感,内在性;更重要的是,以上这些以什么方式得到他人认同(或得不到认同)。

现代性中的认同与本体不安全感

然而,认同所扮演的角色也导致了本体不安全感。当得到认同的条件不确定又很脆弱之时,马里昂称之为"确信"的需求就以极为尖锐和急迫的形式呈现出来。确实,现代时期人们对"自尊"的文化性痴迷就是自我在寻求本体安全感和认同锚定点的过程中遭遇困难的表现。

从前现代时期到现代时期,求偶的变迁体现为从一套公开公认的含义和仪式——男性和女性属于一个共同的社交圈——变迁为私人互动,在私人互动中依据多条不断变化的标准来评估对方的自我,诸如外表吸引力,情感化学变化,品味"兼容度",心理特质等等。换言之,现代时期爱情不断推动着变化,这种种变化跟认同所需的评估工具的转型有关:也就是说,评估需要的根据是他们的教养程度(他们有多么细致文雅)和他们的个性化。社会阶层以至于"品质"所属的世界中,确立价值所需的标准是已知的、公开使用的、因此接受所有人评判的。等级、价值、品质都是公开地——也即客观地——得到确立和分享。因为社会价值感具备表演性——意思是,价值感必须在个性化品味之内并通过个体化品味进行协商,同时因价值感标准获得个性化——所以自我就会面临新的不确定性。个性化是不确定性的源头之一,因为评估他人的标准不复客观:也就是说,评估标准不再受到建立在一套共享的社会礼仪上的一些社会动因的审查。反之,评估标准成为私人的主观的品味变化的结果。

举个例子,"性感"和"心仪度"——尽管它们仍然遵从公众对美的形象的主流审美标准——完全从属于个性化的、因而相对难以预测的、动态的品味。"心仪度"作为择偶过程中至高无上的标准,使认同的动态过程变得极大复杂化。它引起的不确定性跟以下事实有关:在个性化过程中,心仪度暗示着男性女性中很少有人能预测他们能否吸引一个潜在的配偶和/或维持他/她的欲望。尽管针对心仪度存在着各种文化模型和原型,是否"被人心仪"取决于高度个性化的变化的品味和心理兼容性,因此到了最后基本难以预测。心仪度的这些标准在进一步提炼后(即具有更高程度的特异性后)变得益发不清晰,且益发主观了(根据那个作选择的人的特定心理性情而定制)。

在现代浪漫爱情关系中,认同既十分关键又十分复杂。因为价值感要通过表演性过程得以确立,也因为这一过程已变得高度个性化;随之产生了择偶标准的乘法效应,以及由此造成的不可预测性。这种情况进而造成本体不安全感和不确定性恰好同时将爱情作为其登场的最佳舞台,视之为体会认同(和需索认同)的主要场所之一。

举个例子,不妨参考以下个案:丹尼尔50岁,是一名非常成功的男子;我们在第三章中遇见过他。尽管他浑身大量散发着自信感觉,他还是认为:

> 爱情很美好,可也很艰难。但这种艰难并不是折磨带来的,而是爱情魔力带来的。另外,之所以艰难也因为爱情不存在确定性。你从头到尾无法确定。两性关系跟合同不一样。[难就难在]每一天当中,我对自己能否得到我想要的那种爱情丧失了信心。

采访者:是什么让你产生这种感觉?

丹尼尔:得不到正确的信号。显示我被爱的那些信号。例如,她发我一条短信,表达她对我的关切。这让我十分开心。接下来,我发给她一条短信,请她报告一下那天的近况。她说OK,然后当天晚上我收到以下这个电子邮件:"我有客人。明天再聊。睡个好觉。"那让我简直找不到北。然后我逐字逐句分析那段邮件,试图从中发现些什么。[……]这样的事情能让我哭出来,我没有办法做到无动于衷。

虽然这名男子很有魅力,而且专业上很成功,当他得不到伴侣恰如其分的认同时,他的自我感觉还是受到了威胁;正如他自己在上文中点出的,爱情是一种不间断的信号和符号流,是它支撑着自我价值感。爱情里,人们必须要定期上演认同和重复认同。换言之,不是一次性给予认同就万事大吉了;认同是一项复杂的象征性工作,必须重复通过仪式进行维持;当这种仪式未能得到妥善执行,自我就有可能受到威胁和吞噬。

有一本由心理学家写作的书,讲的是腼腆的单身人士;作者以心理学术语描写了以下一段经历,其中实际上很有社会学意味:

> 作为纽约市的一名心理学家,根据我的经验,约会是个能在各年龄段的单身男女身上触发腼腆的公约数。有很多客户告诉我,他们在寻找能共度一生的那个人的过程中,经常困扰于种种极为强烈的恐惧、拒绝和一无是处的感觉,以至于他们常常会抓住任何借口要留在家中。[……]大约在十年前,我开始注意到其中一个客户;这个客户报告说,他感到自己社交能力低下,在别人眼里微不足道,还时有恐惧感——尤其是在约会时和社交时。[1]

---

[1] B. Jacobson 和 S.J. Gordon,《腼腆的单身人士》(*The Shy Single: A Bold Guide to Dating for the Less-Than-Bold Dater*) (Emmaus, PA: Rodale, 2004),第 4-5 页。

正因为价值感无法预先获知,正因为价值感的产生是表演性的——即由浪漫爱情互动来赋予,并在浪漫爱情互动中产生——浪漫爱情互动可引发急切的焦虑感:自我的表演和据此带来的自我价值感受到质疑。以上客户感觉到在别人眼里微不足道,或用更通俗的词汇称作"害怕被拒绝",可谓是他们最首要的恐惧;霍耐特将之戏称为"社会隐身",处于这种状态的人在社交时有自卑感。霍耐特认为,各种微妙的、隐蔽的羞辱形式都可造成社会隐身感。面部、眼神、微笑等表情应答构成了社会可见性的基本机制,及社会认同的基本形式。①这种社会隐身感威胁到了处于浪漫爱情关系中的自我,因为能否有希望获得完整的社会存在,要取决于验证的信号。"在[求偶的]第一阶段,腼腆的单身人士因为害怕被拒绝和不确定性常常感到手足无措[……]。他们就是无法迈出第一步——去打招呼,去进行眼神接触,邀请某人出去喝一杯,或者开始亲密行为。"②人们广泛讨论的这种"害怕被拒绝",其实是一种社交恐惧;其成因在于,社会价值感几乎唯一并完全建立在他人给予的认同之上。腼腆的单身人士比其他人群更能突出体现一个人的存在受到社会定义的威胁。"腼腆的人往往沉迷于批评自己的过失——不管是真

---

① A. Honneth,"不可见性:论承认的认识论"("Unsichtbarkeit: zur Epistemologie von Anerkennung",见《不可见性:主体间性学说发展阶段》(*Unsichtbarkeit: Stationen einer Theorie der Intersubjektivität*, Frankfurt: Suhrkamp, 2003),第10-27页。

② Jacobson 和 Gordon,《腼腆的单身人士》(*The Shy Single*),第15页。

实的还是臆想的。这样的自我惩罚无意间弱化了自我,剥夺了自尊。"① 这种自我批评显然有别于上文讨论的19世纪人们所采取的自我贬低策略:它的存在不是为了展现品质;而品质本身是基于对自我价值的(大致)了解,基于人们应追求的理想。但是,它反映了我们所谓的"概念性的自我不确定",或称之为自我形象的不确定性,以及对建立这个自我形象相关标准的不确定性。概念性不确定的产生主要是因为以下现实,就是人格及品格理想标准已变得模糊,社会关系困扰于人们社会价值感的不确定性,及建立价值感所对照的标准的不确定性。上文中论述的自我贬低与概念性不确定是相对立的:那种自我贬低具有明确表述和表达仪式,它不是隐晦的;它不会威胁自我理想,甚至会把自我理想具体化;它需要对方的仪式性肯定,并据此建立纽带关系;最后它事先假设存在一种双方都明了的道德理想作为隐形参考。

"害怕被拒绝"是两性关系中挥之不去的阴影,因为它威胁着整座自我价值感大厦。请允许我给大家举几个例子。梵高在写给他兄弟西奥的信中,这样描写表妹凯拒绝他的爱情后他的方式:

> 人生在我眼中变得非常珍贵,我很高兴我正在爱着。我的

---

① Jacobson 和 Gordon,《腼腆的单身人士》(*The Shy Single*),第17页。

人生和我的爱情是一体的。但你回应说:"我给你的答案是'不行,绝对不行绝对不行'。对于这个答案我的反应是:老弟啊,这会儿我正把那句'不行,绝对不行绝对不行'当成一大块冰捂在心口上,等着它融化呢。"①

这个故事中,遭人拒绝显然没有被理解成对自己地位或价值感的威胁;那反而给男人另一个机会,来显示和证明他有能力融化那块拒绝的寒冰。以上故事可以跟下面这个故事比较一下:一名40岁的同性恋女子初建一段新关系,在采访中她这么说:

我们共度了一个美妙的周末;在那里我结识了她的朋友和家人;我们还有很美妙的做爱。那个周末之后她告诉我,也许你今晚可以过来,但只能呆两小时;不然的话不如等到明天再见面。我对她感到非常生气。你知道吗,这会儿,就我跟你说话这会儿,我被焦虑淹没着。我觉得手脚都快动不了了。她怎么能那样对待我呢?

这名女子被急切的焦虑感吞没了,因为她的爱人"只"肯见面两小时,在她心里被归结成"社交毁灭"的感觉。独立报两性栏目作家凯瑟琳·陶珊在她的自传体回忆录中详细叙述了她与

---

① V. Van Gogh,《书信全集》(*Complete Letters*)(New York: New York Graphic Society, 1959),第254页。

男友分手的过程。分手给她带来如此深刻的巨痛,以至于她加入了性和爱情瘾君子的匿名聚会。在聚会上她用如下方式介绍自己:

> 我的名字叫凯瑟琳,我是个爱情瘾君子[……]。直到今天,我还没弄清楚为何我依然无法从上一段关系中恢复过来。但我相信,那是因为我很想成为那一个能令他觉得满意的人。我相信在某个潜意识层面,**我想证明我足够好,好到某人会娶我**。所以我不顾一切,就想让我前男友留在身边。(加以强调)①

很显然,她的痛苦是围绕她的自我价值感的,它可以由爱情构成也可以被爱情毁灭。又或者,引用另一位当代人乔纳森·福兰泽的见证辞:

> [爱情中的]巨大风险当然就是拒绝。我们都能处理时不时不受人喜欢的情况,因为外面可能喜欢我们的人有一大堆呢。然而,等你暴露你的整个自我而不仅是令人愉悦的表面,然后遭人拒绝,那就会引起灾难性的痛苦。一般来说,各种可预见的痛苦,比如失去爱人的痛苦,分手的痛苦,

---

① C. Townsend,《破坏规矩》(*Breaking the Rules: Confessions of a Bad Girl*) (London: John Murray, 2008),第283页。

死亡的痛苦,会大力诱惑人们远离爱情,安全地停留在喜欢的世界里。①

在一个名为《魅力》的互联网博客上,一名女性详细叙述了她同男友分离的情景,说她的"心仿佛掉进了搅拌机","过了好几个月(假如不是好几年的话)才把他完全抛在脑后。"她的朋友帮助她度过艰难时期,告诉她她"非常了不起,喂她吃了很多巧克力,陪她看了数不清的烂片。"②这些朋友的反应是出于一种普遍存在的典型直觉判断,一段浪漫爱情关系的破裂会威胁到一个人基本价值感和本体安全感的基础。这些发现被研究所证实;两名社会学家的研究被《纽约时报》"现代爱情"专栏引用:"对女性而言,最要紧的是她们到底是否身处两性关系之中——不管这段关系有多糟糕。'这个是有点可悲,'[研究人员]西蒙女士承认。'尽管这个领域已出现这么多社会变化,女性的自我价值感依然这么大程度上跟有没有男友联系在一起。这真是不幸。'"③

---

① J. Franzen,《说喜欢的是懦夫,不惧受伤才是勇者》("*Liking Is for Cowards. Go for What Hurts*",纽约时报(New York Times),May 28,2011,http://www.nytimes.com/2011/05/29/opinion/29franzen.html?_r=1&pagewanted=all,最后访问时间 October 20,2011。

② http://www.glamour.com/sex-love-life/blogs/smitten/2009/02/the-onething-not-to-say-to-a.html,最后访问时间 October 12,2011。

③ P. Paul,"一个青年人的哀叹:爱伤伤人至深"("A Young Man's Lament: Love Hurts"),纽约时报(New York Times), July 22, 2010, http://www.nytimes.com/2010/07/25/fashion/25Studied.html?_r=1&emc=tnt&tntemail1=y,最后访问时间 October 12,2011。

最后这段话告诫我们,如果说女性的自我价值感依然跟拥有男友联系在一起,这并不是因为她们没有努力把这种不受欢迎的老旧残余思想放在脑后,而是因为女性依赖爱情来建立她们的自我价值感是件时髦的事。有关约会、性爱、恋爱的建议书籍往往获得超乎寻常的丰厚利润,是因为恋爱、约会及性爱的分量变得极重,人们要靠这些来建立社会价值感和自我价值感。

有些人会反驳:那当然了,人的自我一直以来都跟浪漫爱情事件难解难分,从前的恋爱事件也存在不确定性和得不到回应的情况。痛苦和受难无疑是世界爱情文学中最古老的主题。这个说法显然是正确的,然而对社会学家而言,我们最关心的是:自我如何受牵连、被赞美或被贬值的问题。我的论点是,在现代时期不仅浪漫爱情中自我受牵连的方式不同了,而且精神痛苦的经验本身也不同于过去。我认为,尽管痛苦是最古老的爱情主题之一,但从前人们体验痛苦时是在四种不同的和/或互相交叠的文化框架之中;如今这些框架已远离了我们的感性。前现代时期爱情痛苦的四种文化框架为:贵族、基督教、浪漫主义,及医学。

在西欧历史上,首度将痛苦置于爱情体验中心位置的、广为传播的文化模型也许是宫廷爱情。在普罗旺斯的行吟诗人的作品中,单相思所引发的痛苦能净化恋爱中人的灵魂。事实上,这样的受难正是行吟诗人的诗作的灵感来源。受到柏拉图哲学影响,宫廷爱情是高度理想化的,因此能将爱情及其带来的受难拔高为一种高尚的体验。不光如此,爱情及其带来的痛苦使得爱和被爱的双方都变得高尚;据此,爱情能"令人们变得更美好、更出色、更有可能实现他们的人类本质。"① 以下例子很清楚地说明了这一点:

> 我发现,尽管我明白爱情折磨意在摧毁我,可我仍然觉得它令我十分愉悦;我既不愿也不敢生活在没有 MIDONS(我的夫人)的人生中,也不愿另觅芳草;因为她是我的心上人,作为她忠实的爱人死去我感到与有荣焉;或者,假如她愿意我陪伴左右,那更是百倍的荣耀;因此我必须殷勤侍奉她,万万不敢怠慢。②

受难不会致使自我毁灭;正相反,它能弘大与提升自我。显而易见,痛苦是自我人格全部叙事内部天然浑成的一部分,歌颂着男性的英武、忠诚、力量以及向女性全身心奉献。受难因而成为贵族价值观的一种表达。

这种贵族式理想中的受难,与基督教价值观也存在交错:它

---

① I. Singer,《爱的本质:温雅和浪漫》(The Nature of Love: Courtly and Romantic)(Chicago:University of Chicago Press, 1984),第25页。
② 引用在 A. Clark,《欲望:欧洲的性历史》(Desire: A History of European Sexuality)(London:Routledge, 2008),第55页。

不认为爱情以互惠性为条件,还把受难视为灵魂的一种净化过程。基督教教义为受难体验提供了一种叙事框架,甚至将受难视为神学意义上获得拯救的标志。作为一种文化框架,基督教信仰帮助人们理解受难,把它变成正面的甚至必要的体验;这种体验能振奋灵魂,让人们到达一种类神的状态。在这一文化母体内,受难不会毁坏自我;它能帮助人们构建自我和升华自我。随着基督教的式微,浪漫爱情痛苦又成了自我价值感艺术表现的源头,尤其是在浪漫主义运动时期。同基督教一样,这一时期人们视痛苦为存在性不可避免的、必要的、高级的维度。①拜伦爵士,浪漫主义运动最具代表性的人物之一,盛赞爱情中出现的毁灭自我和毁灭他人。他曾写下这样的字句:"我的拥抱是致命的。[……]我爱过她,并摧毁了她。"②跟其他浪漫主义者一样,拜伦是一名感觉论者,他把受难视为更伟大的存在性的表现。"生活的伟大目标是感觉,"他写信给他未来的妻子说,"去感觉我们的存在吧,哪怕在痛苦中。"③由此可见,人们经历单方面爱情时并不会感受到自我毁灭,因为认同和自我价值感

---

① 法国人龚古尔兄弟曾经写道:"la passion des choses ne vient pas de la bonté ou de la beauté pure de ses choses, elle vient surtout de leur corruption. On aimera follement une femme, pour sa putinerie, pour la méchanceté de son esprit, pour la voyoucratie de sa tête, de son coeur, de ses sens […]. Au fond, ce qui fait l'appassionnement: c'est le faisandage des êtres et des choses."引用在 M. Praz,《浪漫的痛苦》(*The Romantic Agony*)(New York: Meridian Books, 1956),第 45 页。

② 引用在上述出处,第 74 页。

③ 引用在上述出处,第 72 页。

并非以爱情体验为基础,也因为人们相信自我通过诸般体验来表达其生命力,涵盖从相爱到心碎的各种体验。浪漫爱情痛苦的浪漫主义表达方式受到文化意义的框定,构建于忧郁症的组织经验上。忧郁症的典型特征是它能麻痹爱的感受,比如在宫廷爱情中那样,它能让体验忧郁症的人变得高尚。浪漫主义忧郁症大多数发生在男性身上,作为自我模型的有机部分;这种自我模型下,痛苦赋予受难男子以英雄主义光环,因为他有能力忍耐痛苦就证明了他的灵魂深度。在忧郁症中,受难不会影响或动摇自我的价值感,而是更好表达出形式上的精美和灵魂的深度。可能有人会更进一步,主张那些受痛苦影响的人能积累某种象征性/情感资本。此外,爱情和受难这些概念通常是——虽然并不完全是——男性的特权,这也许也表明这些概念的作用是把男子气概提升到生命力的高度,提升到体现英勇的高度。

然而女性,尤其是较高知识阶层的女性,对这种感觉并不感到陌生。作为拉尔夫·沃尔多·爱默生(RALPH WALDO EMERSON)的同时代人,19世纪上半叶有个名叫玛格丽特·福勒(MARGARET FULLER)的女子,她个性很强智商也很高;但按照我们的眼光,她的爱情生活很不幸福:她时常爱上不爱她或不能回报她热烈感情的人。克里斯蒂娜·奈赫琳总结了福勒如何理解自己的这些体验:

福勒相信痛苦是件有益的事情。她相信受难本身带有净化力,也相信自己有能力承受。有时她会想,她的性别是否特别适合于直面痛苦。她指出,在耶稣基督的生命中,男人们经常会在祂需要帮助的时候逃离,但"女子不会远离十字架的底座,超过离开耶稣显容的距离。"

热爱基督的女子们不愿"在黑暗中被放逐"。"她们要求从中学习。她们要求经由这段经历而变得更加深刻——就有如福勒经由她的悲剧经历变得更深刻。"①在上述几个例子中,结合了贵族式美化及宗教式的变形后,受难被渲染为一种能为自我带来意义甚至带来荣耀的体验。以上例子不仅仅是一些花絮式证据,它们直指一种文化模式;在这种文化范式下为爱受难同品行理想合为一体并周而复始;它对人自身的自我价值感不构成威胁。

医学话语是唯一一种未将爱情受难理想化并作为自我人格理想的一个方面的传统。在16世纪和17世纪,人们称为"相思病"的一种疾病被认为是身体的混乱失和;尽管这一疾病对灵魂有所影响,但并不涉及自我价值感。16世纪的罗伯特·伯顿(ROBERT BURTON)把爱情的受害者们看成是"奴隶,服苦

---

① C. Nehring,《爱情辩护词:为20世纪寻回爱情》(*A Vindication of Love: Reclaiming Romance for the Twenty-First Century*)(New York: HarperCollins, 2009),第232页。

役的人,疯子,傻子,小丑,忧郁症患者,完全身不由己,像甲虫一样盲目。"①为爱受难曾被视为身体失调的结果,因此跟器官疾病在同一层次上。相似地,一名出生于16世纪晚期的法国医生雅克·福兰德(JACQUES FERRAND)写道:

> 1604年5月,我在亚仁市(我的出生地)刚开始行医的时候,曾经诊断一名勒马达热奈本地人士、青年学者患有爱情疯狂症,因为大多数该有的症状他身上都有表现。[……]我观察到眼前这个年轻男子,一会儿之前还挺快活的,接着毫无理由就陷入悲哀;我观察到他的脸色苍白暗淡带有柠檬黄色,眼窝深陷;但他身体的其他部分状态都还不错。②

按当时理解,这种疾病是一种身体失调,甚至是一种短期心智失常;但这种失常不至于威胁一个人的自我价值感。在17世纪的英格兰,有一名叫做理查德·纳皮尔的医生兼占星师,经手和治愈了很多种疾患。历史学家迈克尔·麦克唐纳(MICHAEL MACDONALD)分析了纳皮尔的笔记,并将其中一些

---

① 引用在 M. MacDonald,《神秘的混乱:17世纪英国疯狂、焦虑和疗愈》(*Mystical Bedlam: Madness, Anxiety and Healing in Seventeenth-Century England*)(Cambridge: Cambridge University Press, 1983),第90页。

② J. Ferrand,《论相思病》(*A Treatise on Lovesickness*)(New York: Syracuse University Press, 1990 [1610]),第273页。感谢 Michal Altbauer 提醒我注意这篇文章。

疾病的性质作了如下描述：

> 接近40%的男性和女性在向纳皮尔描述他们的焦虑和困境时，提到了求偶过程和婚姻生活中的种种挫折。[……]这名占星师的客户中，爱情依附十分多见。其中那141个客户之所以出现感情混乱，是因为爱人之间争吵，爱情得不到回应，脚踩两条船等行为；这些人当中有三分之二为年轻女性。①

纳皮尔听到女性对婚姻的大多数抱怨主要集中在"根本做不到供养家庭、一般意义下的忠诚、清醒和善良"等方面。②很显然，当代也并不乏这种未能承担养家责任的男人，但现代时期抱怨男人的出发点更多集中在他们没有能力关爱女性的自我。而且，爱情引起的受难被描述为/体验为一种身体感受，这种体验不再指向有缺陷的心理状态。医学话语不再拔高受难本身，其目标是消除痛苦，就如同消除某种人体疾病一样。

现代浪漫爱情中的痛苦也是该被断离的，但它需要的是完全不同的自我模型：其断离须借助功利主义和享乐主义模型下的健康心理的名义；这些自我模型认为为爱受难标志着心理发育有缺陷，或标志着对人们社会价值感和自尊的根本性威胁。

---

① MacDonald，《神秘的混乱》(*Mystical Bedlam*)，第88—89页。
② 出处同上，第100页。

也就是说,在当代文化下,发育良好的品格应表现为有能力克服痛苦体验,甚而从一开头就有能力避免遭受痛苦。为爱受难已不再是品格形成的心理社会经济学的一部分,甚或算不上是威胁其存在的一部分。

尤为重要的是,为爱受难依然适用于现代是因为以下现实:爱情对象同自我价值和价值感杂乱无章地纠葛在一起,因而痛苦受难已成为一个有缺陷的自我的标志。由此带来的结果是,爱情对象变心时导致自我的破坏。自我的本体不安全感,及相互间主观认同的需求变得更为急迫,因为不同于以往,如今再也没有更深层的文化/精神框架使之得以循环更替、使之在品格形成中发挥作用。

认同对自主性

作为黑格尔评论者中最有趣的一位,亚历山大·科耶夫(ALEXANDER KOJèVE)在探索欲望中存在的种种悖论后提出:欲望可通过"个性化发展"和平均主义社会秩序下"相互认同的普遍化"① 同时得到满足。科耶夫当时思考的是阶层认同的普遍化,但这也可以便捷等同地套用到两性关系领域中;在两

---

① J. Butler,《欲望主体:20 世纪法国的黑格尔式反思》(*Subjects of Desire: Hegelian Reflections in Twentieth-Century France*) (New York: Columbia University Press, 1987),第 77 页。

性关系中,人们期望更高的性别平等能带来更高程度的个性化和相互认同。事实上,黑格尔学说的某一特定解释流派专门研究认同问题,它认为不断提高的自主性是不断提高认同的条件。奴隶若有更多自由,他/她可提出和接受的认同也就更多。

然而,假如说这一立场在政治领域还能成立的话,在情色关系领域事情复杂得多了;以上观点忽略了欲望内部划分的矛盾。我甚至认为,事实上正是个性化和自主性的发展使现代的情色欲望充斥着选择无力症。正如朱迪斯·巴特勒(JUDITH BUTLER)所说:"欲望因此建立在矛盾之上,成为产生内讧的激情。人的自主本质一边努力与世界同时延伸,一边发现自己在世界任何地方都有反映;自我意识隐含在自己身份内的那个欲望本质,乃是得到对方接纳的必要条件。"[1]围绕着受对方接纳一事存在多重矛盾,因为"我们必须在狂喜存在状态和自我决断的存在状态间作出选择"。[2]

爱上对方也好仰慕对方也好,人们总要冒着不被理睬的风险和得不到爱情的风险。因为担心他/她的欲望可能受挫,爱情体验于是变为一种(潜在的)高度反身性的体验。这种反身性产生于认同与自主性的冲突;自主性是另一套决定自我价值感的程式。我的观点是,认同受到个体人格的文化定义的局限,其中认同仪式表演者的自主性和对象的自主性必须同步得到

---

[1] J. Butler,《欲望主体:20 世纪法国的黑格尔式反思》,第 49 页。
[2] 出处同上。

肯定。

斯瓦茨（ORI SCHWARZ）在分析年轻人的浪漫爱情时给出以下几个案例；观察人们何时会选择（或选择不）给他们正在交往的对象拍照片："一名年近30的女子，目前未涉入任何两性关系，她描述自己是个'强迫型记录员'：'无论什么时候我开始[对某人]产生感觉了，这种记录的愿望就被唤醒了。'"但是，她"不愿意给任何人拍照，直到[她]对双方关系有信心，这样[她]不至于引起他的惊慌"；她"不想吓跑他，不想给他压力，不想让人看出爱得太深。"①

这段短短的陈述描写了爱情中极为常见的一种经验，就是监控情感表达（向对方赋予认同）的需求，其目的是不至于弱化她自己在双方关系中的地位。这是因为认同总是包含在一系列动态中，人们必须在动态过程中展现其自主性。自主性的确立须通过极为慎重地监控认同，甚至克制认同。浪漫爱情关系固然包含着对认同的需求，但为了获得表演性成功，必须对认同的需索和表达予以慎重监控，从而让认同不至于威胁到自我的自主性，包括给予认同一方的自主性及接受认同一方的自主性。斯瓦茨的研究中还有如下一个例子：

一名年近30的都会女同性恋者，她选择给对方拍照，但她

---

① O. Schwarz，"在镜头前协商罗曼史"（"Negotiating Romance in Front of the Lens", Visual Communication, 9[2] [2010]），第151-169页（第157页）。

"有点小担心,这种行为可能被误读成为我这方表现出兴趣过高/进入高级阶段/过度亲密等等。我不理会[以上这些担心],想拍照片就拍照片;但我得明明白白表示,这其中没有任何隐藏的意图,他没有理由担心什么。"①

这里,"担心"(看似荒谬地)源于害怕她的伴侣接受的爱情、关心、注意力会超过伴侣可以回报的。显示的关爱超出对方所需——这种可能性具有如此大的威胁力,以至于她不厌其烦地修正她的行为可能代表的符号意义,以保证她在双方关系中的地位,进而传达和确立她的自主性。远非包含于一种无限的互相性的过程,认同的运作是作为一种有限的善意,因为它受到自主性相互作用的必要性的约束,存在于某人本人的自主性的肯定和对对方自主性的承认。因此,两性关系之初的很多难题都来自于针对自主性和认同的协商:一方应展示和接受多大的自主性和认同,这代替了双方关系早期情感协商的重大举措。

认同和自主性之间的张力,因以下事实变得更加错综复杂:在大多数浪漫爱情关系中,认同并不是保持静态的。因为从制度上和叙事上,爱情都与婚姻密不可分,认同过程的叙事终点必

---

① O. Schwarz,"在镜头前协商罗曼史"("Negotiating Romance in Front of the Lens", Visual Communication, 9[2] [2010]),第151-169页(第157页)。

然是承诺,而承诺联结了情感和制度。①很多——如果不是大多数的话——浪漫爱情关系到了最后,要么走到山穷水尽,要么走到"承诺"。然而因为自主性的结构,承诺是无法索要的。举个例子,在一个关于两性关系困境的网站上有如下讨论:

> 我上谷歌搜索了一下这个问题[她男友仍然在婚恋交友网站发放他的情况介绍],这事让我有点担心了。他跟我从未进行过任何正式的"界定双方关系的交谈"(坦白说,我宁愿不插手,看着事情水到渠成),所以我忍不住想知道:他是否跟别的女子约会?在他眼里我只是一时兴起?我不想跟他提出这个问题,因为两人之间一直都是一帆风顺、风平浪静。②

如果跟一个男子谈论他的忠诚和承诺会被视为"风浪"和"难为人",那是因为在这个女子心里,自主性必须压倒对认同的需求。在一个缺乏仪式性的行为准则的年代,认同和自主性之间的这种张力可以解释谁先表白这种问题何以变得充满困难。

---

① R. Bellah, W. Sullivan, A. Swidler 和 S. Tipton,《心灵的习性:美国人生活中的个人主义和公共责任》(*Habits of the Heart: Individualism and Commitment in American Life*)(Berkeley: University of California Press, 1985)。

② http://www.enotalone.com/forum/showthread.php? t=152843, finneganswake, 最后访问时间 October 13, 2011。

"这些担惊受怕的或自我保护意识很强的浪漫爱情中人,试图说服他所爱的人先爱上他,在他冒着风险打开心扉之前。他的动机可能是恐惧,其根源常常是无价值感和自卑感。"① 一个人爱上别人后担惊受怕,是因为自主性和认同这两者是唱对台戏的。我还可给出另一个此类案例。我们可从中找出理由,为什么对认同的终极需索——承诺——受到了抑制;这个案例中的艾琳 38 岁,是纽约市的一名公关主管。

艾　琳:五年前我结识了安迪。刚结识他时,我还在跟另一个人交往,不过进行得不大顺利;而安迪看起来非常热切地想跟我交往。于是我开始跟他约会;但交往之初我不能说我对他很着迷。他把该做的事情都做了:他给我写传情的纸条,忽然带我去一些地方,为我买小礼物,为我做晚餐。一年之后,他得到一个升迁为销售总经理的机会,可是要搬家去欧洲,去伦敦。他请求我跟他一起去。我考虑了一下,很快决定接受。我所在公司的合同要求辞职前必须提前三个月通知,因此我无法立刻跟他一起走。两个月之后我才到达那里。当我到那里的时候,其实就在我到达的那一天,我就感觉

---

① Person,《爱情梦想与命中注定的邂逅》(*Dreams of Love and Fateful Encounters*),第 45 页。

出他已经冷下来了。莫名其妙地冷下来了。我不断问他问题,是否发生了什么事,为什么他爱得不如从前。但他吞吞吐吐的,说他不知道自己能否下决心承诺。过了三个月我就离开了,回到纽约城,满心彻底幻灭的感觉。

采访者:彻底幻灭。

艾　琳:可你知道吗?我依然爱他。他并没有对我做下什么可怕的事。他并没有那么可怕。他比我还歉疚。你懂我的意思吗?他只不过停止爱我了。而他之前并没有答应要娶我。他没有。但他停止爱我了。对此你有什么话好说?请你爱我,因为我很棒?当然,我不能那么说。那么说就太傻了。尽管我为他辞职了,放弃了我的廉租公寓,取出了我的积蓄,基本上可以说放弃了我的生活,但我并不愤怒,只是受伤。这是为什么我仍然爱着他。也许我心里有一部分爱他甚于他爱我。

采访者:这么说,你在没有婚姻的承诺的情况下,像刚才所说的那样放弃了你的生活。那样做容易吗?

艾　琳:也不是说我对此满不在乎。我当然在乎的。可我心里总有顾虑,总是怕让别人觉得我在施加压力。

采访者:你说的"施加压力"是什么意思?

艾　琳:就是看上去迫不及待啊。发最后通牒。举止表现出跟人结婚是头等大事。给男人施加压力对双方关系不好,对你的自我形象也不好。所以我没有给他压力。可说不定那是个错误。也许我理应更决断一点,向他需索更多一点。我不该没得到结婚的承诺就跟着他离开这里。但我当时太年轻,担心把男人吓跑。

采访者:为什么那会对你的自我形象不好呢?

艾　琳:嗯……如果施加压力,你就显得很迫不及待。不知怎么就觉得不是自己。你不愿意显得迫不及待。同时,有种观点认为,如果你施加压力,男人就会逃走。因为你迫不及待。

采访者:是否等于说,跟一个男人说你想要的一段认真的、承诺的关系是迫不及待?

艾　琳:完全正确。我当然喜欢能自由地说出"我爱你","我想要一辈子都跟你在一起",可如果我这么做就会觉得自己低他一头。你会希望保持酷酷的样子。

采访者:你能否说说为什么?

艾　琳:我不知道为什么。我认为男人——不是所有的,但有很多——就是不愿意结婚和承诺。他们觉得,做决定之前他们爱考虑多久就考虑多久。如果你过于想要他们,他们就会跟你拉开距离;反正

> 我认识的所有女孩都这么认为。你必须得慢慢来,要做得巧妙,不可给他压力。

这个故事很典型,里面有很多元素代表着男性和女性之间关系的某些特征。这名女子被男子来回摆布:也就是说,她被**说服**进入双方关系。说服她缔结这段关系的东西并不神秘——这段关系给予她大量的认同,这就意味着认同能领先于爱情并产生爱情。这种情况在女性身上尤为多见;因为相比男性而言,女性较少能从公开通道获得对她们价值感的肯定;于是她们的价值感与浪漫爱情认同之间存在特殊纽带。同时,即使这名女性没有明确提出请求,她"放弃"一切的事实(也许是正确地)被她男友理解成一种向他作出完全承诺的欲望。最后一点,她无法挺身而出正式向他提出相互承诺要求,这一事实说明自主性压倒了认同的需求;说明尽管她已用行动表明了自己的完全承诺,但仍然无法从她男友方面获得类似的保证。

与以上情况截然不同的是,在19世纪英国上层社会和中上层社会,年轻女孩要寻找配偶需要先经过正式"亮相":也就是说,为她组织一次舞会宣告她已进入适婚状态,并希望邂逅可能的人生伴侣。在这种文化和社会秩序下,承诺主张嵌在邂逅形式中:一名女子(或男子)无须掩盖或克制承诺的意向,因为承诺正是这名少女"亮相"活动的定义和存在理由。这种公开性——寻找未来夫婿——对女性本人的自我形象或自主性并不构成威胁。真实的浪漫爱情互动中不管包含多少的卖弄风情或嬉笑玩闹,都不会排除、暂停、延时或隐藏一个人承诺的意向,或结婚的意向。事实上,"不够严肃"会危及男性和女性在婚姻市场上的声誉,并构成情感上的弱势。形成鲜明对照的是,现代浪漫爱情关系却陷足于奇怪的悖论中,这种种悖论源于无论男女都必须假装表现出双方关系不以承诺作为先决条件。承诺的意向必须由这段关系来成就,而不是关系的先决条件。因此,现今的承诺问题变成与爱情关系脱节的一种先决条件,但同时双方关系必须要源源不断地供应认同。最后,艾琳——就是上面引用过的这位受访者——令我们认识到,迥异于19世纪时把恪守诺言看成承诺的道德大厦的中心组成部分,现如今要别人承诺已变成不合理要求,尽管很明显地这会让女性付出更高昂的个人代价。在《女性回归平和》(*GIRLS GONE MILD*)① 一书中,性爱关系方面的保守派批评家温迪·沙利特(WENDY SHALIT)也观察到女性不情愿向男性提出请求;但根据主流心理治疗学理论的精神,她将这种现象归结为女性缺乏自信,及对女性的过度情色化。同诸多保守派思想家一样,沙利特准确找到了一个问题重重的领域,却未能理解其形成原因。

困惑是一种心理学特征,但其病因学常常以社会学为基础。

---

① W. Shalit,《女性回归平和:年轻女性重拾自尊,并发现做好人并非坏事》(*Girls Gone Mild: Young Women Reclaim Self-Respect and Find It's Not Bad to be Good*)(New York: Random House, 2007)。

我认为之所以如此,常常是因为两个相互冲突的结构性原则同时存在。在艾琳的故事中,保持她自己某种形象的欲望战胜了她对自己利益的维护。这是因为她的自我形象不能走在浪漫爱情互动前面,而需要在浪漫爱情互动**过程中**花大量精力进行协商和确立。自我形象所仰赖的价值感必须通过主观互动才能建立。换言之,它必须在特定互动中进行协商,在其中展现一个人的自主性和尊重对方自主性的能力——即,**不**向对方进行索取。请注意,"施加压力"被视为一种威胁自主性的事情,接受压力的人**以及**施加压力的人全都这样认为。在这里,自主性是定义和构成价值感的文化主体,这反过来解释了为什么要求许诺被视为施加"压力"(对比如英国维多利亚时代的人而言,这种想法非常奇怪)。以上观点很难说得通,除非将许诺看成对某人的自由设限:也就是我有自由今天这么想明天那么想。给某人的自由设定这样一种限制被视为有违常理,请求承诺被解读为某人交出了自由。这种自由观进而与纯粹情感条件下的关系的定义有关:如果一段关系是作为一个人自由感受和自由赋予情感的结果,它不可能衍生自承诺的道德结构。因为人们认为情感的建构是独立于理性甚至独立于决断力的,因为人们认为情感是不断变化的,但从更根本的层面而言,因为人们认为情感源于一个人独特的主观性和自由意志,所以请求一个人将其情感向未来进行承诺是有违常理的;它被看作威胁到纯粹情感固有的自由。在承诺时于是就存在风险,有可能强迫他人作出一个并非基于纯粹情感和情绪状态的选择,这样就背离了一个人的自由。

我认为,某种程度上现代时期的男性内化并极为有力地实践了自主性话语,从而自主性影响已经达到了某种形式象征性暴力的地步,而且已经被自然化而不易察觉了。其结果是,自主性是(而且必须继续是)女性解放的重心。在采访中,一名25岁的女子阿曼达讲述了以下一番话:

> 我跟罗恩一起已有两年之久;在这两年中,我从未跟他说过"我爱你"。他也从未跟我说过"我爱你"。

采访者:你认为,为什么会那样呢?

阿曼达:我不想先说出口。

采访者:为什么?

阿曼达:因为,如果你说了但人家对你没有同样的感觉,你就成了两人中的弱者;或者,他们会因此不喜欢你;或者,他们会利用这点;或者,他们会因此疏远你。

采访者:你是否认为他想的跟你一样?他也不想说出口?

阿曼达:我不知道。也许吧。虽然你知道,我认为出于某些原因,男人有更大的自由说出口。我觉得男女双方都清楚,男人可以先说那句话,可女人没有那种自由。假如一个男人告诉女方他爱她,这个女人不会因此远离他;而一个男人(在相应情形下)会被吓到,会认为她想要婚戒和婚纱。

我们还可以从电视剧《欲望都市》中选出一个例子,该剧被当作现代非正常关系的圣经。凯丽说:"你怎么从来不说'我爱你'"?"因为我怕呀,"MR. BIG 说。"我怕我一开口说'我爱你',你就觉得我们该结婚了。"[①]

显然,男性主宰着认同和承诺的规则。男性主宰以一种自主性理念的形式表现出来,而女性历经了在公共领域的平权斗争后不免也承认了这种自主性理念。然而,当自主性理念移植到私密领域时,它扼杀了女性对认同的需要。因为自主性理念具有一种可谓是象征性暴力的特征,人们不可对抗现实的定义仅仅因它有损自己。我认为女性并非不想要自主性。她们之所以深陷于矛盾中,就是因为她们同时背负着关爱和自主性两个理念;更关键的是,因为她们常常担心她们自己的自主性*以及*男方的自主性。举个例子,一名 27 岁的研究生西拉在讲述她跟男友的故事时就涉及到这一点:

> 比如,我说我们不如回家吧;然后他会说,他想去

---

① C. Bushnell,《欲望都市》(*Sex and the City*) (New York: Warner Books, 1996),第 222 页。

莎米[一个朋友]家;然后我会开始哭泣,仅仅是哭而已;跟他在一起我从来不敢告诉他我对他的真实看法是什么;我多少有点害怕;可能我是害怕失去他;出于这个原因我什么也不说;可我会哭。

采访者:你哭得很多么?

西　拉:我哭得很多。

采访者:你能否说说为什么?

西　拉:这么多年来,我想我就是不敢告诉他我对他的真实看法是什么。

采访者:你能否给我举个例子,什么样的事是你不敢告诉他的?

西　拉:有可能是任何事情,所有事情,真的。例如,到了星期六我想在家宅着,就是两个人在一起呆着一起吃东西,但他就是想出去跟他朋友在一起。

采访者:你是趁他在旁边的时候哭,还是等他走了以后哭呢?

西　拉:趁他还在旁边时。

采访者:你的哭能否让他留下来?

西　拉:不能,真不幸呀。

采访者:你还有这方面的其他例子吗?

西　拉:坦白说,这样的例子太多了。大多数情形下,都是我想要什么东西而发生的情况却事与愿违,我的欲望被人视而不见了或者挫败了。不如再讲个例子,我非常喜欢宅在家里做些美食。而且我会花费很多精力,让食物看上去很美观。我期望他对此能说点什么,能注意到,但通常他不会。然后我会觉得受伤,就会哭。

这名受访者的苦恼经历来源于她深陷一种她无法言喻的矛盾中:她的眼泪直接表达了她对依赖和认同的需求。尽管如此,为了维持她和他的自主性(或至少自主的形象),她深陷情感困境却无法正式地明确表达她的诉求。从这个例子可看出,自主性的重要性战胜了认同的重要性,甚至使认同变得无从了解。自主性扼杀女性的情感的例子俯拾皆是。之前提到过的《独立报》的性专栏作家凯瑟琳·陶珊可谓是性解放的杰出榜样之一。但是,以下是她对她口中的"极为女性的立场"的描述:"就这样,我发现自己站在一种极为女性的立场上,假装我对这个世界上的什么都满不在乎,但心里暗暗地想要把自己一把推到他的腿上坐下,并大声要求道,'请爱我!'"[①]心理学家丽莎·雷诺茨(LISA RENE REYNOLDS)谈到互联网约会时用取笑口吻说道:"你认为,假如你说出自己想要结婚生子,别人看了你的简介资料就不愿回复你,所以你也就不愿冒险追求你真正想要的

---

① Townsend,《破坏规矩》(*Breaking the Rules*),第179页。

东西。"①再强调一次,我并不认为女性不向往自主性,或她们不该拥有自主性。恰恰相反,我认为男性可更加一致地、在他们一生更长的时期内遵循自主性律令;如此一来,他们能对女性情感依附的欲望实施情感主宰,迫使她们对依附的渴望保持沉默,迫使她们模仿男性的情感离断和对自主性的憧憬。由此可以推断,那些对异性恋家庭生活、孩子及男人的承诺不感兴趣的女性,会发现她们自己更容易达到与男性情感的平等。

当求偶展开过程中不复存在清晰的顺序和仪式,为维护人们自身及对方的自主性和情感自由,自我会努力从对方获得认同而不让自己处于需要认同的位置上。也就是说,自我的价值并非预先确立的,因而它成为主体间商议的对象。他未能展现充分自主性的可能性,不断威胁到一个人的价值。维护自主性和获得认同,这相互矛盾的两方面需求制造出了针对自我和心理的一种经济学观点:即认同必须始终与自主性形成平衡,认同不应供应过剩。在确立自己价值或赋予对方价值的努力过程中,自我依靠一种交换模型——不可获得性是表明价值的经济学信号,反之亦然;这种交换模型下,"爱"可能变成"爱得太多"。各种女性心理学建议正是以这一经济学逻辑为主要基础。举个例子,在《女人爱过头》这本书名很吸引人的畅销书中,心

---

① http://www.nydailynews.com/lifestyle/2010/02/16/2010-02-16_online_dating_grows_in_popularity_attracting_30_percent_of_web_users_poll.html#ixzz0fmImu6AT,最后访问时间 October 14,2011。

理学家罗宾·诺伍德(ROBIN NORWOOD)讲述了一些关于她的客户/患者的故事。他们当中有个罗宾称作吉儿的人,她遇见一个名叫兰迪的男人,而且觉得"跟他在一起十分愉快。[……]他让我为他做饭,而且非常享受被照顾的感觉。[……]我们相处得极为美妙。"诺伍德的故事里接下来发生了如下事情:

> 然而[……]很明显,吉儿几乎立刻被兰迪彻底迷住了。当他回到他在圣地亚哥的公寓时,电话铃响个不停。吉儿热情地告诉他,她一直担心他的长途驾驶,知道他安全抵达家中才松了一口气。当她感觉到电话中他显得有些摸不着头脑,她为自己的打扰道歉,并挂断了电话。但一种不安开始生长并噬咬着她的内心;之所以感到不安,是因为她认识到:再一次,她对生命中出现的这个男人的关爱远远超过了他对自己的。"兰迪曾有一次告诉我说,不要给他压力,不然他就直接消失。我非常害怕。这都怪我。**我应该既爱着他又给他独处空间**。我做不到,于是变得越来越恐慌。我越是感到恐慌,就越经常地追逐他。"①

作者拿吉儿作为例子时,显然认为吉儿的行为呈现病态,因

---

① R. Norwood,《女人爱过头》(*Women Who Love Too Much*)(New York: Pocket Books, 1985),第3页。

为健全的心理有能力在自主性和认同之间找到平衡,即有能力在这两种相互冲突的心理原则之间找到平衡。此外,健全的心理必须能按照经济学原则很好地作为:即它必须针对供应制造充足的需求,又针对需求给出充足的供应。这个故事表明,种种建议忠告的功能之一正是帮助读者监控认同的动态变化之下感情的供应和需求的流动。自我价值是在互动中进行协商的,因为自主性信号的功能等同价值信号,自我成为经济运算的场所,上例中那种对另一方产生认同("爱情")"过剩"会让自我贬值。如第三章所论述,认同受到情感经济学观点的制约,并在根据经济学观点进行组织;因此,认同的过量供应可能危及和扼杀对认同的需求。正是这种律令造成了爱情关系中所包含的种种不确定性。以上这种供需经济学观点,也体现在下面这位46岁离婚女性的自传体式故事中:

安　妮:你知道,我发现两性关系中最让人难以忍受的就是这些权力游戏——我该打电话给他?还是不该打电话给他?我该告诉他我很喜欢他,还是我该装得满不在乎?该欲擒故纵,还是该甜美有爱心?我觉得这简直能让我发疯。

采访者:跟我解释一下吧。刚才这话什么意思?

安　妮:我刚才这话什么意思?瞧,在大多数案例中——我是说,我谈论的不是一辈子只能遇见一次或两次的伟大爱情——在大多数案例中,你结识了某人,你多多少少有点喜欢他,但你不确定这种关系会带你走到哪里。当你发现,你并没那么喜欢他,那太棒了,因为你不会觉得自己落入他的掌握中,你不会感觉到焦虑。但如果你喜欢他已经超过刚开始的时候,那麻烦就来了。因为如果你喜欢他,那么你必须对"自己说什么"、"如何说"保持小心翼翼。要是显出你太过喜欢他,一般情况下男人都会逃走。要是你过于保守,他又会认为你很冷淡。

采访者:为什么你认为男人会逃走?在你身上发生过吗?

安 妮:哦,是的。

采访者:你能举个例子吗?

安 妮:嗯,我能给你举很多个例子。曾经我跟一个男人在一起,刚开始我有点矛盾,不太确定我是否想跟他一起。很大程度上是因为我觉得他有点冷冰冰的。两周之后,我说不想跟他进一步联系了。他恳求我再给他一次机会。所以我就给了。然后他开始变得热乎些了,而我开始真正喜欢他了。但每次我谈到将来,他就会退缩。他越是表现出矛盾,我越是向他施加压力。最终,他变得如此矛盾,以至于我们两人分手了。

还有一次,我激烈而狂热地爱上一名比我大15岁的男人。那男人表现出爱得很深的样子。他每天打电话给我。他想要提前安排周末活动。他建议我们一起度过各种假期。然后忽然有一天,在我打电话给他之后,他过了两天才回我电话。我告诉他,这种行为让我感到受伤。他变得不安,真的对我冷淡起来。他说,他不理解我那么大惊小怪是为了什么。

跟另外一个男人,我们曾在一起长达6个月时间。他常常手机关机,因为他是个音乐家。我对此提了点意见,问他是否能更经常保持开机,这样我就能联系到他了。他就开始滔滔不绝,说我如何如何想要限制他的自由。

采访者:当时你说了什么话?你还记得吗?

安 妮:我说了一些话,比如缔结两性关系就得限制一个人的自由,你不可能鱼和熊掌兼得。自从那次对话后,一切开始走下坡路了。

采访者:你能说说为什么吗?

安 妮:我这么说,是因为每次都发生同样的故事。一开始,男人们都非常喜欢我。然后出于这个那个原因,我感觉到不安全感。我需要知道,他们到底是否爱我,他们爱我到底有多深。我就是无法忽视这个问题。所以我提出问题,我提出要求,你甚至可以说我开始唠叨,我不知道[笑声]。基本上就是这么个动态过程了:两性关系中有什么东西总能引发我的焦虑。我会表达出来,我会想要得到再三保证,然后男人就开始远离。

采访者:为什么会这样,你有什么看法吗?

安　妮:我认为,男女双方在玩权力游戏。关于这一点我想了很多。我认为男女两性关系已经乱到核心里去了,因为男人对女人真的产生兴趣,貌似因为女人要跟他保持距离、或从他这里收回感情等等。如果一个女人表达出急切、焦虑、亲近的欲望,那么拉倒吧,这个男人根本就不会留下。看起来,男性需要向自己证明,他能够一次又一次地赢得她。

采访者:你能否谈谈,为什么或什么时候你会感觉焦虑?

安　妮:嗯……我认为从内心深处讲,焦虑来自于无价值的感觉,要请求对方表示我有一定价值。两性关系中的某些东西会触发焦虑。我感觉这个男人不再爱着我啦,或爱得不够啦。然后我会要求他向我再三肯定。一般来讲,他们不会。

毫无疑问,心理学传统智慧会指出这名女子有"不安全感",还会向一个饱受挫折的童年期寻找这种焦虑的成因。按照心理学理论,焦虑或这是创伤性事件的记忆痕迹,或者是自我基础将要崩溃瓦解的信号——因陷入超我和本我的矛盾需求而无法自拔。根据弗洛伊德理论及后人的心理学理论,焦虑是弥散的、自由飘浮的、不带有清晰客体的,所以焦虑是一种神经机能失调。然而,如果我们逐字逐句解读这名女子的叙述,我们发现她的焦虑感具有非常确切定义的客体,还具有完整的社会学特征:她需要认同,但让她纠结的是还有一种对立的需求,即维护她男友和她本人的自主性;因为假如无法做到后者,实际上会危及她在关系中的地位。当认同和自主性都成为社会互动中具有决定意义的典型特征,它们会把行动者朝相反的方向拉扯。因此在这个案例中,焦虑是认同的需求及认同需求可能对自主性造成威胁这一对张力造成的结果。在自我的经济学观点中,一方面自我必须是互动中的战略性赢家;另一方面,想要无私地奉献自己,交换中没有经济学的精打细算在起作用。"爱得太多"的女性从根本上犯了经济盘算错误,而经济盘算本应支配两性关系;她们同时还犯了自主性管理的错误,因为她让自主性需求屈从于关爱和认同需求。我认为,自主性和认同之间的矛盾是产生自我怀疑新形式的推手。

从自爱到自责

在简·奥斯汀的《理智与情感》(1818年)一书中,埃莉诺终于理解了威洛比——她姐姐玛丽安的不懈追求者——没有同她姐姐结婚的意向;后来她知道,当玛丽安以为他属于她的那段时间,他其实另有婚约。

> 在威洛比与玛丽安之间存在某种约定,对此她深信不疑;威洛比对此感到厌烦,似乎也同样明白无误;因为,也许玛丽安只是痴心妄想,她却不可以把自己这种行为归结为什么错误或误解。除了彻底转变感情之外,她找不到一个方法负起责任来。本来她的愤怒也许会更高,如果不是亲眼看到他的尴尬;这尴尬似乎说明他对自己不端行为感到难堪,并防止他像一开始那样没有设关卡对他作一番调查,就毫无原则地相信他,还把她姐姐的感情当成笑话。①

威洛比犯下了难以饶恕的道德错误。而且这错误的性质十分清楚:他误导玛丽安,让她以为他对她是有承诺的;尽管他没有明确表达承诺,却以他的所做所为表明他会这么做。他所在的社交圈和威洛比本人都明白:主动求爱几乎等同于承诺,而不遵守承诺会侵害此人的荣誉感。不能有始有终地恪守诺言,会对他人带来情感上和事实上的伤害,因为它影响到这名女子找到另一位追求者的预期。更有意思的是,威洛比一面做下不光彩的事,但另一面真的爱上了玛丽安。那么事情已经很清楚了,情感

---

① J. Austen,《理智与情感》(Sense and Sensibility)(Harmondsworth: Penguin Books, 1994 [1811]),第172页。

未必是婚姻决策的源头。事实上奥斯汀当时所写的,恰恰是反对那种不讲感情只讲精打细算的婚姻概念。此外,当威洛比公开拒绝跟玛丽安交谈,并由此承认两人之间的恋爱联系,她的伤痛不仅来自于他的变心,还来自于她在公开场合表现出不矜持不遵礼节,这是埃莉诺鼓吹的基本美德。玛丽安的爱情未得到威洛比回报,以及她在外人眼中未能遵循得体的行为规则,两件事情同样将她打入不幸的深渊。个人不幸为玛丽安提供了一个道德规范的木桩,玛丽安可以在它上面"悬挂"她的痛苦并据此作出解释。她的不足之处并非内在的,而是外在的——跟她的行为相关而无关她的本质,无关她的为人。不管失望多么令她心碎,她的自我意识却不会受到质疑。最后,她所处的社会环境给予威洛比如此强烈的道德谴责,因此她的痛苦也不完全是私人的;她的痛苦大家都看见并且分担了。在分担她背负的痛苦时,他们也将她纳入到一个清晰的道德和社会结构中。由此看来,她的痛苦具有哲学家苏珊·尼曼(SUSAN NEIMAN)所戏称的"明确的道德性"。①

在《诺桑觉寺》(1818年)一书中,伊莎贝拉·索普背弃她与詹姆斯·莫兰的婚约,只为着更好的经济前景去追求弗雷德里克·蒂尔尼上校。莫兰写信给他的妹妹凯瑟琳,他讲述这个悲情故事时表达的不是沮丧或愠怒,而是轻松:"感谢上帝!我及

---

① S. Neiman,《道德明晰:成熟理想主义者指南》(*Moral Clarity: A Guide for Grown-Up Idealists*) (London: Bodley Head Adults, 2009)。

时醒悟了!"而且他居然真心为伊莎贝拉的兄弟——约翰·索普——在得知他姐姐的行为之后的感受而深感抱歉。"可怜的索普进城了:我真不愿意看到他那样子;他那颗诚实的心里必定是百感交集吧。"①莫兰的反应中显然没有那些深深的痛心和烦恼。事实上,他清晰表达出来的唯一内心感受就是设身处地地为伊莎贝拉的兄弟考虑和同情。这种同情来自于他知道伊莎贝拉已侵犯了荣誉准则,而这种准则是他本人、她的兄弟、整个社会环境都知晓和公认的。破坏结婚承诺而另觅更好的经济前景是一种**公开**行为,需要对广大群体负责,是一种道德上荣誉准则的侵犯。莫兰之所以同情也是因为他了解,坚守这种准则对某人的地位和他的个人喜好具有同样的重要性。因为伊莎贝拉的行为玷辱了她本人及她兄弟的声名,莫兰能设身处地地想象出索普因他姐姐而受到**真实的**而非假想的伤害。在威洛比的案例中,狼藉的声名显然会追随在诺言破坏者的身后,但不会跟在被抛弃的人身后,比如玛丽安或莫兰。这些文字容许我们假设,甚至当索普成为他姐姐言而无信的受害者时,莫兰的道德清白感反而获得了强化和支撑。不妨引用麦金太尔讨论荷马时代的社会时写下的句子,关于"该做什么和如何判断"的问题并不

难以回答,除非在例外情况下。这些既定规则为男性指定

---

① J. Austen,《诺桑觉寺》(*Northanger Abbey*)(Chenango Forks, NY: Wild Jot Press, 2009 [1818]),第125页。

了他们在社会秩序中的位置,随之他们的身份也规定了他们应给予别人什么,别人应给予他们什么,他们若未能遵守规则应受到何种处理和看待,以及别人若未能遵守规则他们应该如何处理和看待。①

在这一秩序下,如果说浪漫爱情关系受挫会带来心理折磨,这种折磨总是与道德义愤和与社会举止不当的感觉混杂在一起;以上表明:过失和责任有着条理分明的指派,这种指派是在自我外部进行的。

巴尔扎克在《被遗弃的女人》(*LA FEMME ABANDONNÉE*)(1833年)一书中描绘了19世纪人们碰到遗弃事例时,如何以另一种有趣的方式指派过失。鲍赛昂侯爵夫人是一名已婚妇女,她养了一个情人,后来情人又抛弃了她。她的丈夫在获知这桩婚外恋后就跟她断绝了关系;但离婚是行不通的,于是她把自己流放到了法国外省的一个地方。关于19世纪法国中上阶层妇女遭到遗弃后会如何,人们也许能从这篇小说中找到最丰富最详尽的描述。但是跟我们讨论主题有关的是,这个故事在叙述她的耻辱时是以社会条件作为框架,而不是以她的自我意识为轴心。相反,这本小说着重说明的是,尽管受到社会排斥,这名女性仍然展现出完美高尚的品格:她之所以沦落到

---

① A. MacIntyre,《美德后时代:道德理论研究》(*After Virtue: A Study in Moral Theory*)(Notre Dame, IN: University of Notre Dame Press, 1984),第123页。

如此低下的社会地位,理应怪罪她所处环境的规范,不至于伤及她的价值感。18世纪和19世纪小说中的男女主人公们在遭到抛弃后也许会感到深深的痛苦,但这种痛苦总在一个能清晰指派孰是孰非的道德框架中。巴尔扎克笔下的鲍赛昂侯爵夫人在她"被遗弃"的逆境中最热切希望的是:"全世界的赦免,由衷的同情,和社会尊重,是我如此向往又遭到如此粗暴拒绝的。"①她十分努力想在她的社交圈众人眼中改邪归正。很明显,应该为这名女性的赤贫负责的,是她所处的社交圈的专制和令人窒息的规则。

在小仲马的《茶花女》(*LA DAME AUX CAMÉLIAS*)(1848年)一书中,玛格丽特是名被法国社会上流人士"金屋藏娇的女子",在迫于阿芒父亲的压力离开她的爱人阿芒时,她内心遭受了巨大痛苦。人们再一次看到,她和她的爱人是规则的受害者,她遭到他的抛弃理应怪罪这些规则。尽管玛格丽特只是一名被"金屋藏娇"的女子,但这篇小说明明白白地指出社会规则的冷酷,因为社会规则让阿芒无法爱她;问题不在于她的内在自我,相反如书中所呈现的,她的内在自我十分优秀而高贵。自始至终,她都展现出她本人是一名值得敬佩的女子;正是她情愿让爱人离开而自己受难的能力,向读者和小说主人公揭示了品性的

---

① H. de Balzac,《被遗弃的女人》(*La Femme Abandonée*),古登堡项目(Project Gutenberg), http://www.gutenberg.org/catalog/world/readfile? fk _ files, = 1630285&pageno=15。

深刻和风骨。男主人公面对无回应的、非互惠的或无望的爱情而忍受痛苦的能力,也点明了他们品性中的风骨和深刻;因为他们蒙受痛苦的根源在于这样一种现实——他们无力改变他们的社会命运、身份和地位。

在当代恋情中我们可观察到令人惊讶的大逆转,清楚反映在人们被抛弃后的遭遇。确实,当代的背叛故事或遗弃故事完全缺乏"黑白分明的道德感",而指出是非观念的道德结构出现明显转型,及随着道德结构转型而来的种种情感变迁。

互联网上有一些专门针对分手人士而制作的网站,我们从中搜集的部分案例可直接证实以上观点。其中一个医学/心理学网站,排名最高的帖子如下:

> 我最近刚刚同相处三年之久的男友分手了。我发现,一直以来他都在撒谎和偷盗。他甚至过分到偷走我妈男朋友的订婚戒指;我看到戒指后,他就把那个戒指交给我而且用它来求婚。当了解到戒指是偷来的,我陷入极度不安和伤心中,因为他对我和我的家人撒下如此大谎。[……]如果他获得他所需要的治疗,是不是值得我再回到这段关系中?我不想孤孤单单的,可我知道要是我马上跳入到另一段关系中会让事情更糟糕。①

---

① http://www.medhelp.org/posts/show/670415,最后访问时间 October 14, 2011。

这个故事背后表达出一种清晰无误的认识:偷盗、撒谎和欺骗都是道德上的错误行为。但这段描述同样清晰地让我们看到,双方关系中未能确定道德重要性,因为他的道德过失并未招致任何明确追究,或有人明确谴责他的不道德。这名女子把男友的道德行为不端视为医学问题这一事实证实了这一点;这种认识进而令她深感困惑,对他应该采取何种反应才妥当。她不仅没有对这个背叛她的人作出任何道德谴责,还把互联网作为主要方式向人们寻求道德指导,因为她本人不知道如何以道德重要性来衡量她的遭遇。

这种自我怀疑——及相伴而生的对互联网用户的匿名社区所提供建议的需求——根源在于自我在当代两性关系中的结构和位置;处于这么一个位置上,自我在分派道德砝码给对方行为时面临困难,更严峻的是,自我感觉到被牵扯到对方的过失中。

清晰表达以某一道德观点来衡量这个故事很困难,尤其在没有违犯法律规则(比如偷盗)的情形下这种困难显得更尖锐更清晰。事实上,就好像道德责任感的义务转过来落到受害者的身上。我们在上文中遇见过的那位口齿伶俐、很有魅力的27岁研究生西拉讲述了以下故事:

> 当我跟前男友分开的时候,我感觉自己有问题;今天我还是有这种感觉;只不过当时这种感觉要强烈得多;那时我觉得自己是个讨厌的人;我完全不

相信自己了。但过去一年来,我对自己做了不少工作,现在我为自己感到十分自豪。那是一个完整过程。

采访者:能否跟我解释一下,不相信你自己是什么意思?

西　拉:这是一段令人感到震惊的经历;当它发生时,我觉得我的世界肯定就此终结,我的人生就此终结了;我没有想过要自杀,但我觉得我的人生没盼头了;我感觉我活下去的唯一理由好像消失了。

采访者:这种感觉持续了多长时间?

西　拉:大约7个月吧;一直到我去印度旅行之前都是这种感觉;对,这个可怕的噩梦确实持续了大约7个月时间。

采访者:好可怕的噩梦哦。

西　拉:好可怕的噩梦啊。那种感觉,你好像一文不值,就期待着从他嘴里听到一句话才能重新找回良好的自我感觉,哪怕只是一瞬间。我觉得我就是需要听他说仍然爱我,听他说我不是个讨厌的人。那段时间,我千万遍地问他出什么事了;出什么事了,为什么会发生,这两个问题纠缠着我;我是那种一定要把事情搞清楚的人,我无法接受这个现实,就是我搞不清楚为什么事情就这样结束了。

在一本单身女子的回忆录《我不要一个人睡!》(*THE CURSE OF THE SINGLES TABLE*)一书中,作者苏珊娜·史洛斯伯格(SUZANNE SCHLOSBERG)回忆了她跟一个男人长达3年的关系。当他明显表现出无意跟她结婚、跟她一起生活、跟她生儿育女后,她决心同他分手。

> 很快,我发现自己渐渐滑入某种轻度自责中:[……]当然,他有过软弱的时刻,可谁又能说我是完美的呢?也许我们需要的无非是更多一点时间。也许我可以想想办法让关系好转。也许假如我不是那么苛求,那么不耐心,那么爱钻牛角尖。也许……也许一切都是我的错!①

以下这个从《纽约时报》"现代爱情"栏目找来的例子也许能最好地体现上面所说的这种自责,文中讲到搬家至旧金山并在本地重新安置的种种难处。作者是一名单身女子,她若有所思地写道:"我忍不住又绕回到同一个问题,不管我有多讨厌自己非要问出这个问题:假如我真的值得爱,难道现在不该有个男人站在我身边吗?"②类似这样的讨论,可以在《BJ单身日记》

---

① S. Schlosberg,《我不要一个人睡!》(*The Curse of the Singles Table: The True Story of 1001 Nights without Sex*)(New York: Warner Books, 2004),第55页。
② T. Russell,"孤枕难眠"("Alone When the Bedbugs Bite"),纽约时报(New York Times), November 21, 2010, http://www.nytimes.com/2010/11/21/fashion/21Modern.html?_r=1&emc=tnt&tntemail1=y,最后访问时间 October 14,2011。

(*BRIDGET JONES'S DIARY*)这本全球畅销书里找到非常经典的代表案例;书中30岁的单身女子布丽吉特主张:

> 当某人离开你时,除了思念他们,除了你们俩共同建立的小世界分崩离析,除了你看到的东西你做的事情都令你想起他们,最糟糕的是那个念头,就是他们试用了你,而到最后,你爱上的那个人在各部分总加起来的你身上打了个**拒收**的印章。①

如果我们把这些当代故事与简·奥斯汀的故事对照,其间的差异一目了然而且令人震惊:在奥斯汀时代,离开的那位感到自己理亏甚至感到愧疚。在现代故事中,被抛弃者的基本自我感受遭到了严重威胁。这些女性在男友离开和她们的自我及价值感之间划上等号,由此替代道德谴责。西拉的自我感受,便成为分手和遗弃这幕喜剧上演的主要场地。在她的体验中,男友离开她就说明她自身存在根本的、尽管是她很难理解的缺陷。这种体验表现为心理体验及个人体验,其实主要是一种社会体验;因为她的无价值感主要是跟她的理性总汇相关联,她用这些理性

---

① H. Fielding,《*BJ*单身日记》(*Bridget Jones's Diary*) (London: Thorndike Press, 1998), 第167-168页。

向自己解释他的离开,①进而主要跟如下事实相关联,即她未使用任何道德语言来理解或谴责这个男人的行为。

表面上看,这种缺乏道德语言的原因貌似明显,但实际上极具欺骗性:现代亲密关系建立在契约式自由之上,这种自由排除了一个人退出时要承担道德责任的可能性。然而这一解答无法满意地解释西拉或布丽吉特讲述的遭遇,因为她们故事的要点在于感到被抛弃是她们的责任,并因此感到自己无价值。这样的隐性因果链构建了这些故事,也需要得到澄清。这一因果链很清楚地例证了马克思和恩格斯所说的"虚假意识",其典型特征为主体无法了解和弄清他/她(社会)不幸的本质和起因,而当他/她尝试向它妥协,她/他会用别人的——在我们的例子中使用的是男性的——观点,并因此损害自己。(在我们的故事中,女子认为被抛弃应归罪于自己。)在上述叙事中,男性观点轻易地压倒了女性对解释的需求。同样,我们不妨假设这是意识形态在起作用。虚假意识本身不可能是解释,而是待解释的东西,即必须找到解释的东西。到底是什么机制使我们竟然采用别人的观点并维护别人的利益? 要了解虚假意识的威力和效率,我们必须揭露其机制,剖析其要素,认识它以哪些方式联系心理纬度和社会纬度。我认为要解释这种虚假意识——觉得该

---

① 比较 A. Honneth 和 A. Margalit,"认同"("Recognition"),亚里士多德学会,增补卷,75 (2001),111-139。

为被抛弃负责——可通过我们道德宇宙与男性权力相互交错的特点,即(也许在现代时期的普遍情况下)认同如何在浪漫爱情关系中建构;可通过自主理念如何干扰认同,在一个从根本上不平等的自主性分配结构中如何运作;可通过了解和解释的心理学模式如何框定自我和责任等概念。我有一个观点或许有悖人们的直觉:要解析道德谴责的结构如何以及为何改变如此之大,答案不在于浪漫爱情关系*缺乏*道德性;现代爱情是在自主性需求同认同之间的张力下形成,因此答案在于现代爱情的*道德属性*。

自责的道德结构

责备的道德结构转型,主要起因是认同与自主性之间的张力已消弭;总体而言,这种消弭是通过自我控制的心理治疗模型而不断加强对自主性的强调。在心理治疗文化中,只有主体能理解他/她的过往在决定他/她当前情况的作用时才能获得自主性。更进一步看,这对应着一种解析模型,一个人的失败必然是过往创伤事件或未解决事件的表现,甚至是渗透侵入,主体对那些事件的意识被唤起或主体受到那些意识控制。心理学建议中有很大一部分文字简单主张,如果有些爱人遗弃你、疏忽你、情感离断(或他们威胁要这么做),他们这样伤害你是因为这个内心焦虑的人曾有过充满创伤的童年经历,那时候她/他经历了

(真实的或臆想的)遗弃、疏忽或情感离断。由此可见,即使心理治疗无意让这些人为他们的过失负责,实践中当他们寻找人生失败的理由时,心理治疗会驱使他们去自己的个人历史中找理由,或从他们拒绝通过内省及自我了解来解决其问题的行为中找理由。心理治疗法认为,我们永远是自己命运的心甘情愿又盲目的同谋犯,它让人们觉得自我多少该为失败的命运负责,为拒绝任何形式和所有形式的依赖负责。对社会学家而言,我们是社会动物这一事实使我们无法避免依赖,因此依赖未必是一种病态表现;然而对心理学家而言,人们理应割除依赖性,而且心理学家认为人们选择"感情吝啬鬼"做伴侣反过来总是因为选择方的某种缺失。举个例子:

> 直到两年半前我才认清了现实,我不仅仅爱上了感情吝啬鬼先生(不愿意付出感情的男子),同时我还是个承诺恐惧症患者,一直不自觉地在破坏我自己所有的两性关系。于是我开始在这里以及行李提取处分享我的洞察;跟我一样的女性还真是为数不少,这一点仍然让我深受震动。①

或者:

---

① http://www.naughtygirl.typepad.com/,最后访问时间 October 14, 2011。

"几个世纪"过后,我终于停止怪罪这些男人,并开始为我**卑微的自我价值感承担责任**,为它曾经如何影响我对男人的选择而负责。①

在我们上文中曾出现过的艾琳,就是那个取出她的积蓄去投奔男友,却又发现他已冷却下来的女子,她按照类似思路在下文中解释是什么原因使她在分手之后仍然感觉到爱他。

采访者:你能解释一下么?

艾　琳:[长时间沉默]我知道这么做是不理性的;但我在内心深处觉得这一切是我的过错。我觉得必定是我做了什么事,使他从我身边逃走。

采访者:比方说什么事呢?

艾　琳:比方说,也许是我爱得太用力,对他的感情过于泛滥。我不清楚。你知道,大概是我糟糕的童年经历把我的人生搞得一团糟[笑声]。

这些女性受文化驱使被迫承担过失(说得好听点就是承担"责任"),为了她们跟不肯付出感情的男子建立两性关系这一事实,更悲壮的是她们甚至为"爱得太用力"而责怪自己。这里那

---

① http://www.helium.com/items/477586-ways-to-avoid-emotionallyunavailable-men,最后访问时间 October 14,2011。

种隐晦的心理学观点被激活,就是自我理应为错误抉择承担责任,为实际上需要认同和价值感的固有社会基础承担责任。这里我们再参考以下对奥尔加的访谈;她是一名31岁的广告从业者:

> 采访者:你可不可以讲讲你和男性的关系中发现哪些难点?
>
> 奥尔加:可以啊,我很容易就能讲出好多!问题在于我从来不知道该怎么做。若你心地太纯良,你不愿意自己显出孤注一掷的样子;若你很酷,那么你会告诉自己,我对他鼓励力度不够。但你知道,我的天生倾向是待人很好的,想跟那男人表明我要他;然而不知何故,我总感觉到那样会把他们从我身边赶走。

某些心理分析理论学说认为,理想的自我应该有能力结合自主性和感情依附;但心理治疗的通俗版本——这个版本建议"爱得太用力的女性"要爱得少一点,还允诺说"自我尊重"和"自我决断"具有很大威力——将自主性置于自我与人际关系中心点。心理治疗式的劝导试图应对现代性的重要难题——具备理由充分的自我价值感,呼吁男女双方——特别是女性们——要自爱,甚至更糟,要认识到女性过去被教导的爱的方式是不足的:即那种毫不掩饰展示关爱的方式。价值感基本上被看成是自我本身的问题,并不涉及到认同;依据这一定义,认同是无法通过自身形成的。因此,"自爱"从根本上弘扬了自主性,并且进一步让自我落入其承担爱情失败负担的圈套。这一道德和文化结构解析了责备结构的根本性转型及现代两性关系中责任和问责结构的转型。在回答如何应对求索过程中固有的焦虑和不确定性的问题时,许多通俗心理学建议与极为流行的《恋爱宝典》一书不谋而合:"照顾好你自己,洗个泡泡浴,用一些积极口号振奋自己的心灵,比如'我是美丽女生。我很充足。'"① 或者还可以看看互联网专栏:

> 诸般爱情迷恋或爱情沉溺都具有一个共同点,那就是[……]缺乏自我价值认识。一旦我们意识到我们会永远"安全",不管是独处时还是成双成对时,就**不存在向他人寻求验证的需求了**。我们可以夸奖自己,爱怜自己,珍惜自己,这样在跟那些互动对象和所关爱的人们分享时就是完整的人。情感饥饿永远不可能由他人喂饱。浪漫爱情幻觉中会梦到完美的人,当然这样的人在童话以外是不存在的。

---

① http://www.therulesbook.com/rule10.html,最后访问时间 October 13, 2010(目前网页无效)。

爱情实际上并不是我们能从自身以外获得的东西。①

诸如此类的建议——用自爱来替代爱情——否认自我价值最根本最本质的社会性质。这些建议要求男女双方创造的那些东西,是他们无法靠自身创造的。这种现代强迫症及"爱自己"的强制命令,尝试通过自主性来解决人们对认同的现实需求;然而认同只能通过一个人承认对他人的依赖来赋予。以上这几种心理学解析模型,最终鼓励的是自证其罪:

有些人希望理解为什么:为什么他们怀疑自己?为什么他们的自尊遭到侵蚀?为什么遭人抛弃会伤人如此之深?不被接纳会伤人如此之深?被朋友轻慢会伤人如此之深?这种脆弱性是如何形成的?是什么原因引起的?是什么让它持续的?

简单回答就是"遗弃尚未有解";若要真正理解上述的这些为什么和因为所以,我们必须刨根问底——一路回溯到人们对遗弃的原始恐惧上。[……]

作为成年人,我们感觉到某人的爱或接纳渐渐远离时,我们最原始的自我怀疑就迸发了。我们内心最深层的恐惧

---

① http://www.simplysolo.com/relationships/love_strategies.html,最后访问时间 October 14, 2011。

击倒了我们——某人有可能离开我们,且一去不复返了。这种恐惧进一步复杂化,因为它跟我们的自我价值感绑定在一起。当那人弃我们而去,我们感觉到自己无力令他/她产生留在我们身边的愿望。

我们感觉好似生活在自己最可怕的噩梦中——因为我们毫无价值所以被离弃了。因此,那些生活中的种种小插曲——被朋友轻慢,被老师不闻不问,被老板忽略,特别是被爱人拒绝等等——就有能力侵蚀自尊,并种下自我怀疑。

受损的自我价值感若是源于童年时代开始遭遗弃的累累伤口,修复的入手点是理解已经发生的事情的来龙去脉。但那不过是个开端;有很多工具(也是我那些书的主题)可以帮助人们重建自我感,并达到刀枪不入、他人无法减损的境界。①

以上这名心理学家正确认识到分手经历最中心的问题是自我价值感,但她很快将罪魁祸首定为受挫的自我发展;要他人赋予价值感的需求和价值感无法获得,全是因为它。确实,若把人们对他人的需要最终统统都归纳为自尊缺乏,这样就模糊了认同的必要性;当自主性和认同之间张力未能妥善管理时,责任全在自

---

① Susan Anderson,"我的自我怀疑来自哪里?"("Where Did My Self-Doubt Come From?"),http://susanandersonlcsw.wordpress.com/tag/self-esteem,最后访问时间 October 14,2011。

我。从责备他人到自责,这种迁移发展到了甚至连两性关系缺失也被反向解读为心理不成熟或从根本上有缺陷心理。在以色列的某个互联网网站上,一名单身女子写道:

> 在内心深处,我明白这事是我的错。问题是我至今不知道我到底做过些什么。有时我觉得也许是因为自己做得还不够多吧。有时候我又担心我做得太多了。不管哪种情况,我这儿肯定有什么东西错得很离谱了。不管哪里出了错,肯定是我出错了。至少周遭世界都这么暗示着我。当然并未大声说出来,也没有用明明白白的方式说出来。但等你到31岁的时候依然孤家寡人,你周围就会形成一种无声的共识,告诉你问题肯定出在你身上。你知道吗?我开始相信,或许这没错呢。
>
> 那么,让我们一开头先同意是我的错吧。我同意这个裁定。我低下头,宣称我已作好准备,我愿意改变我的方式——见鬼,但愿有人能告诉我,到底需要我改变什么和怎么改变。如果你真的要问,告诉你我已尝试过现代人已知的所有技巧。我曾在约会中太多次碰一鼻子灰,我曾在艳遇酒吧喝过太多杯威士忌酒,我曾在互联网上发表过太多的机智对话,我曾在各种新时代社交圈安慰过太多哭哭啼啼的人,而且至今还没完全脱离以上活动。所以求你了。我诚心邀请你给我提建议,因为我真的把所有主意都用

完了。

  是的,我满怀愠怒。我怒得有道理。长期以来,我凭着坚韧和高尚一直忍耐孤独。我一直保持乐观,怀着尊严和耐心高高扬起头。我证明了自己有能力自爱。有能力爱这个世界,有能力爱一切。我学会了如何才能拥有更多自由,如何才能矜持有度,然后如何变得更加奔放自由;可现在我失去方向了。我想要——不,我有权要求——爱情。让我和一个男人一起回家吧;我并不把这当成自我达到另一新高度,而是当成多年被遗忘冰封的一颗心应得的慰籍。老天有眼,赶紧赐予我爱情吧,因为我排队已经排太久了,这会儿到时间毫不含糊地说:该轮到我了。①

这种自责结构必定与自主性特权在两种性别中的不同分布有关。女性的自我价值感与爱情联系得最紧密;因为她们一直是心理学建议的主要对象,也因为听从心理学建议是她们对自我与两性关系的监控行为的延伸;她们最有可能受到那些建议结构的吸引,相信被离弃或仅仅是单身状态即意味着自我有缺陷,她们的失败是自己一手造成的。我认为,这种自责的强烈程度在男性和女性身上是不同的——或者可以说,心理治疗式语汇在文化上管理着认同和自主性之间的张力,这些语汇在男女两

---

① http://www.ynet.co.il/articles/0,7340,L-3320096,00.html (希伯来语) 最后访问时间 October 14,2011。

性的定位方面和关系方面打下不同烙印。

从怀疑走向确定性——这一直以来是男性掌控自身的必由之路;但上文所描述的自责,是女性的必经的修辞,指示女性的主观性受困于自主性和认同之间的张力,在建立自我价值时缺乏明确有力的社会抓手。这一点是我研究中最具冲击性的发现之一,它十分显著地反映为女性——反映在男性身上程度要轻很多——常常觉得自己理应为爱情生活中的困难和失败负责。在监控认同的过程中男性占据上风——他们发起认同过程,控制其流向——也显示出他认为自己对两性关系的成败的责任要少很多。举个例子,赛亚是一名52岁的事业成功的离婚人士,他曾经历过一连串的一夫一妻关系:

采访者:我想提个跟我们刚才的讨论话题略有不同的问题:过去也好现在也好,你是否怀疑过自己?每次发生罗曼史时你是否会自问:我是否有足够魅力?我是否足够优秀?诸如此类……你是否曾经有过这一类怀疑?

赛　亚:不,从来没有。

采访者:从来没有。

赛　亚:从来没有。

采访者:你的意思是……你一向觉得都是别人追你?

赛　亚:对。

采访者：你向来觉得自己很成功？

赛　亚：对。

采访者：我说的成功是女人缘方面。

赛　亚：对，没错。

采访者：而且你向来觉得女人想要你超过你想要她们？

赛　亚：是的。绝对是的。也许曾经有那么一两次，我碰到一些反面经验，我想要的女人不要我。我记得起那样的经历有过两回，不过那算不上主流经历。

采访者：换句话说，对你而言主流经历就是——你说了算。

赛　亚：至少在过去22年中是这样的。

采访者：好吧，假设说你想要某个人，根据你的经验，你得到她的概率很大。

赛　亚：不对，这个说法不准确。我不会那么表述的；但她们想要我总是多过我想要她们。我的意思是说，她们对我的渴望更多，女人们想要我的程度超过我要她们；我是想要某些女人，不过她们更想要我。有一次，采访我的是一名女性；当她提出要求采访我的时候，我对她动了心思，我注意到了她，她非常聪明。采访完之后我打电话给她，问她是否愿意跟我交往，"因为我真的很喜欢你。"她说她也愿意跟我交往，不过当时她已名花有主。这种事只发生过一回，但我没觉得那是一种拒绝。

我显然不能说上面这个访谈能代表所有男性的经历;但它确实描述出在两性领域取得控制权意味着什么,有部分男性和部分女性能做到这一点;但毫无疑问,能掌握控制权的男性多于女性。认同的过程不仅有男女之别,实际上还可以表现出男性和女性之间存在的根本性社会分野。对照黑格尔提出的主奴辩证关系——在这一关系中主人须通过一个有自主权的奴隶才能获得妥善认同——男性需要女性的认同,低于女性需要男性的认同。这是因为,即使在父权制度受到挑战的时代,男性和女性都需要其他男性的认同。

结　论

思考了笛卡尔怀疑论对现代性产生的后果之后,汉娜·阿伦特(HANNAH ARENDT)提出:"当然,现代时期人们所丧失的不是能力、真实性、信仰等等,也不是相伴而来的对感性和理性证据不可避免的接受,而是丧失了从前与这些事物相伴的确定性。"① 同理我们可以认定,在爱情痛苦的现代经验中,人们丧失的是本体安全感;这种安全感衍生自一个包含选择、承诺及仪式的道德生态环境中求偶过程的组织,衍生自深植于人们所处群体的社会结构的自我价值。爱情痛苦所伴随的本体不安全感

---

① H. Arendt,《人的境况》(*The Human Condition*)(New York: Doubleday Anchor Books, 1959),第252页。

呈现不均匀分布。因为自主的重要性压倒了认同的重要性，女性生活于超现代性中，表现模式为极度非笛卡尔式的自我怀疑，几乎没有或完全缺乏形成确定性所需的道德框架。也就是说，虽然男性的笛卡尔式自我怀疑最终引领他形成他在世界中的位置、知识及情感主张，然而那种由自主性和自爱的心理治疗式文化所塑造的自我怀疑会暗中破坏自我的本体基础。

第五章
爱情、理性、反讽*

---

* 本章中关于互联网的章节是以我和肖旭安娜·芬克尔曼(SHOSHAN-NAH-FINKELMAN)合写的文章为基础,文章名"古怪而无法脱身的一对儿:择偶中的情感和理性",理论与社会,38(4),(2009年),401-422。

"根据我的经验,诗歌要么一瞥之下就打动你,要么根本就打动不了你。转瞬即逝的启示和转瞬即逝的回应。如闪电一般。如被爱情击中一般。"

如被爱情击中一般。如今的年轻人还会被爱情击中么?或许这种机制到了今天已经显得过时、多余、古怪,就像蒸汽火车的机车?[……]被爱情击中一会儿意味着过时,一会儿意味着时尚,就他所知这种情况已经来回发生五六个回合了。

——J.M. 库切《耻》①

斯图尔特让我从他钱包里拿张五十元钞票;一张照片掉落出来,我看着照片问道:"斯图尔特,这人是谁啊?"他答道:"哦,那是吉利安。"第一任太太[……]。那张照片此时却出现在他钱包里,当时我们结婚已有两三年时间了。[……]

"斯图尔特,这事儿你有没有需要跟我坦白的?"我问他。

"没有啊,"他说。

"你确定?"我说。

"没有,"他说。"我是说,那人是吉利安。"他拿走照片,又放回他钱包里。

自然,我预约了一个婚姻咨询师。

我们的咨询大约持续了十八分钟。我解释说,我跟斯图尔

---

① J.M. Coetzee,《耻》(*Disgrace*) (Harmondsworth: Penguin Books, 1999),第13页。

特之间的根本问题在于,他不肯讨论我们之间的问题。斯图尔特说,"那是因为我们之间什么问题也没有。"我说,"你看出问题所在了吧?"

——朱利安·巴恩斯《爱情诸事》①

---

① J. Barnes,《爱情诸事》(*Love, etc.*)(New York:Alfred A. Knopf, 2011),第115页。

埃德蒙·伯克(EDMUND BURKE)就法国大革命针对社会风尚习俗的影响进行了反思和写作,以下是他对当时的人性状态的思考:

> 以前种种令人愉悦的幻想,令强权显得温柔,令服从显得自由,令生活的各种色彩显得和谐[……];如今幻想将要被这个新兴的征服一切的光明和理性帝国所驱散。所有粉饰太平的幕布将被粗暴地扯下。本是人心所向的,知性所批准的,掩藏我们虚弱卑微本性中的缺陷所必不可少的,将本性自我拔高为尊严所必需的各种高高在上的理念,都将被当成可笑的、荒谬的、陈旧的东西而破除。①

伯克当时所设想的是,哪些东西将变成现代性的变动与不满的主要来源;其实他设想的是信仰——当时以超越凡俗与权威形式存在——必然变成理性可解释的事物。在伯克心里,他所说的远不是当时状态下的一种进步,"光明和理性的帝国"向我们揭示的真相是人们不堪承受的。伯克说,我们的幻想随着强权的幻灭而消退;新出现的骨感现实会让人们感到极度脆弱,它向我们自身和他人揭露和展示当前的丑陋现实。以锐利的理性眼光审视社会关系,难免要撕下笼罩在各种含义上的温情面纱,而

---

① 引用在 M. Berman,《一切靠得住的东西都烟消云散了》(*All That is Solid Melts into Air*) (London: Verso, 1983),第109页。

传统的权力、服从和效忠所仰赖的正是这些含义。为了忍受真相,人类存在中需要一点点神话、幻想及谎言。换言之,理性对人类信仰中的谬误的那种不懈揭露和叩问,会让人类在寒冷中颤抖;因为只有美好的故事——而不是真相——能抚慰我们。伯克是对的:现代性中根本性问题恰好是,理性能否为我们的人生带来意义。

作为超越了启蒙运动的继承者和捍卫者,马克思与伯克的极端保守观点不谋而合;他在著名的《共产党宣言》中写道:"一切固定的东西都烟消云散了,一切神圣的东西都被亵渎了;人们终于不得不头脑冷静地看待他们真实的生活状态,他们与其他人的相互关系。"① 与伯克一样,马克思视现代性为一种猛然觉醒,从一种愉快但令人麻木的沉睡中觉醒;它是一种与赤裸的、无粉饰的、无趣的条件下社会关系的对峙。这一清醒意识可使我们更警觉,更不易受到教会和贵族统治者花哨虚无的允诺所带来的催眠效应;但同时也从我们的生活中倾空了魅力、神秘及神圣感。知识和理性的代价,是把我们一度尊崇和敬畏的东西赶下了圣坛。因此,伯克认为:文化幻想——而不是真相——令我们的生活与他人的生活产生有意义的联系,并追求更高的善。马克思既没有否认光明的新帝国,也不期盼回到从前那些已不复存在的仪式中,但我们发现在他心里存

---

① 引用在 M. Berman,《一切靠得住的东西都烟消云散了》(*All That is Solid Melts into Air*)(London:Verso,1983),第 95 页。

有伯克式的对人类前景的担忧;人类前景中失去了神圣事物,于是万物皆世俗。

马克思之所以深刻,并不是因为他全盘赞同现代性(进步,技术,理性,经济充裕性),而恰好是因为他对现代性抱有矛盾心理。现代性从一开始就加入了很多不安因素,人们必须同步承认:一方面理性释放着非凡的能量,另一方面理性的身体力行有可能带来巨大的风险。理性使世界变得更可预测更安全,但也使世界变得更空虚。同时,现代人们宣称他们摆脱了混沌心智与意识的精神鸦片;然而当理性把人们解放出来后,他们却又向往神圣感和信仰的能力。一方面理性用胜利的声音呼唤人们剖析神话和信仰,这在现代已司空见惯;另一方面纠葛于内心的是一种不无遗憾的渴望,渴望能有超凡脱俗的对象可供信仰,可用以影响我们的思维。现代性的根本定义在于其文化核心对事物进行合法化时的矛盾,在于人们对它本身可能释放的力量的忧惧感。马克斯·韦伯有一个非常著名的可谓是最切中这种矛盾心理要害的社会学语汇,他认为现代性的典型特征在于"祛魅"。祛魅的意思并不是简单地指这个世界不再充满天使和魔鬼、巫师和仙女,而是意味着整个"神秘事物"门类都遭到贬谪并失去意义。出于人类控制自然世界和社会环境的冲动,为解决人类问题、减轻痛苦、提高福利的目标而建立的各种现代科学体系、技术体系、市场体系,同样也消解了人们对自然的敬畏、产生信仰的能力、保持神秘感的能力。科学工作的使命在于解决和征服神秘事物,而不是着迷于它们的魅力。相似地,资本家的主要意愿是收益的最大化,他们经常不尊重并暗中破坏宗教或美学领域——后者会限制、无视,甚至全盘否定经济活动。正因为科学与经济学极大拓展了物质世界的边界,帮我们解决了物质匮乏问题,所以神灵们遗弃了我们。早先由信念、个人宣誓效忠、超能英雄们所统治的事物,变成由知识、控制器及计算方法所统治。

然而,走向理性化的进程并不能杜绝激情的展露;相反韦伯相信,理性化进程敦促人们不断尝试恢复那些受到狂热和激情主宰的经验秩序,尽管此类尝试仍是间接的、稀疏的。[1] 20 世纪对情感的狂热崇拜现象也许可由以上观点得到解释。按韦伯等人的理解,理性化与情感是势均力敌的对立面;我却认为,社会学分析面临的难题在于如何理解:理性和理性化与情感生活并非是相对立的,反而是相协同的一对文化逻辑。[2]理性本身是一股制度化的文化力量,从内部对情感生活进行了重构:也就是说,它已经改变了情感理解与协商时所依据的基本文化脚本。一方面浪漫爱情对人们的欲望与幻想具备某种独特而强势的情

---

[1] L.A. Scaff,《逃离铁笼:马克斯·韦伯关于文化,政治和现代性的思考》(*Fleeing the Iron Cage: Culture, Politics, and Modernity in the Thought of Max Weber*) (Berkeley: University of California Press, 1991)。

[2] E. Illouz and S. Finkelman,"古怪却影形不离的一对儿:伴侣选择中的情感与理性"("An Odd and Inseparable Couple: Emotion and Rationality in Partner Selection"), Theory and Society, 38(4) (2009), 401-422。

感和文化影响力;另一方面人们用以左右浪漫爱情的文化脚本和工具,已越来越多地对情色领域产生分歧甚至破坏作用。由此可见,在爱的情感中至少有两种文化结构在起作用:一种是基于色欲的自我放弃与情感融合的强大幻想;另一种是基于情感自我调节和最优选择的理性模型。这些理性的行为模型深刻转变了浪漫欲望的结构,破坏了以往人们体验激情和性爱所借助的文化资源。

迷魅的爱情

"迷魅"体验通过什么来定义?韦伯没能完全说清这个问题;但我们不妨先了解祛魅是通过什么来定义,从反面推导。迷魅体验必须经由强势的集体符号来达成,其中关键在于这些符号能带来神圣感。这一理论的基础是,信念和感受就自我全体性起到参与和调动作用;这些信念和感受不在第二序列认知系统中处理,因而无法通过理性获得解释。这些符号构成和覆盖了信众的经验现实。在迷魅体验中,人们无法明显区分主观性和客观性。因此,信念的对象和信念本身对信众而言都具备本体身份,于是不会受到质疑。"迷魅"爱情的初级形式可看成是一种文化原型,一种经验现象,同下列模型可谓不无相似之处:
1. *爱情对象是神圣的*。纪尧姆·德·洛利思(GUILLAUME DE LORRIS)(FL. 1230)是一名法国学者和诗人,他同时是

《玫瑰传奇》(ROMAN DE LA ROSE)这本书第一部分的作者;该作品为中世纪长诗体裁,用来教授爱的艺术。作者把他所热爱的女子当作类似神台上受崇拜的神祇的人来进行呈现。这种向某一神圣对象献身的修辞手法,最初出现于12世纪宫廷爱情故事里,但在晚至19世纪的作品中也能找到。巴尔扎克在给爱人艾弗琳娜·汉斯卡的信中所表达出的爱慕方式也许与现代人的情感方式并不吻合:"多么希望那剩下的半天时间里,我能跪倒在你的脚下,把头依偎在你的膝上。"①

2. **爱情是无法理喻或解释的**。丘比特之箭是一种最古老的爱情符号,用以代表爱情这种任意的、不可理喻的感情。纪尧姆·德·洛利思回想道,这支箭一旦穿透他的体与肉就再也无法拔出,就像他再也无法停止对这名女子的热爱。他无法不爱。爱情是一种自在的力量,胁迫人们依从。举个例子,我们来看一下亨伯特第一次见到洛丽塔的情景:"我发现自己没有足够力量表达出那道闪电,那种战栗,那种热忱的似曾相识感所造成的冲击力。"②爱情的降临是瞬间的、难以抗拒的,因为人们都把爱情理解为一种直接绕过意志的、由身

---

① U. Doyle (ed.),《伟大男女的爱情书简》(*Love Letters of Great Men and Women*) (Basingstoke: Pan Macmillan, 2010),第76页。
② V. Nabokov,《洛莉塔》(*Lolita*) (New York: Vintage, 1989 [1955]),第39页。

体产生的认同行为。

3. **这种体验覆盖了恋爱中人的经验性现实。**当时担任法国军队在意大利的部队司令员的拿破仑,在1796年写给妻子约瑟芬的信中倾诉道:"我没有一天不热爱着你;我没有一晚不拥抱着你;我清醒得像一杯茶,诅咒自己的骄傲和野心,是它们逼我离别了推动我生命的那个人。"①在此处,爱情是一种能侵入恋爱中人整个经验型现实的情感。

4. **在迷魅爱情中,爱情的主体和对象难以区分。**爱的对象与爱的主体无从分离,因为这种体验牵涉和调动了自我的整全性。贝多芬在1812年写信给他的爱人,十分简洁地道出了这一点:"我的天使,我的一切,我自我的自我。"②

5. **爱情对象是独特的、无法比拟的。**罗密欧一眼见到朱丽叶就宣布道:"直到现在之前,我的心可知道爱为何物?"③他这么说的意思是,她是他现在爱上、也是将来一直爱的唯一。独特性蕴含的意思是这个爱人无可替代。这同时也意味着他的/她的美德或缺点无法被测量或跟别人进行比较。

6. **恋爱的人罔顾他/她自己的利益,并把这一点作为爱另一人的标准。**事实上人们若想体验绝对和夸大是什么,痛苦是种

---

① Doyle (ed.),《伟大男女的爱情书简》(*Love Letters of Great Men and Women*),第51页。

② 出处同上,第57页。

③ W. Shakespeare,《罗密欧与朱丽叶》(*Romeo and Juliet*),第一幕,第五场。

必不可少的成分。按照菲利克斯——巴尔扎克《幽谷百合》(*LE LYS DANS LA VALLÉE*)(1935年)一书中的男主人公——的话说:"即便绝望的爱情也是一种幸福。"①

一见钟情的爱情模式是此类"迷魅"爱情原型经过轻微变异而得。可称为"一见钟情"体验的必是出乎意料地发生在某人生活中的事件;它是难以言表、毫无理性可言的;它发生在第一次邂逅时,因此依据的并非对另一方认知而积累的知识。相反,它源于一种全面的直觉的经验形式。它打乱一个人的日常生活,激起灵魂深处的骚动。描写这种心理状态的一些比喻经常能指示出这种势不可当压倒一切的力量(热,磁力,雷鸣,电力等)。这一版本的"迷魅"爱情,既是自发的又是无条件的,既是势不可当的又是永恒的,既是独一无二的又是自成一体的。这一理想类型的浪漫爱情,充分肯定了爱情对象是高度独特的,不可能由其他对象取代的,无可比拟的,拒绝(或不可能)让感情屈从于精打细算和理性认识的;自我向爱人作出彻底投降,以及可能(至少有潜在可能)为对方而做出自我毁灭与自我牺牲。②这种准宗教式爱情观存在着多种世俗文化下的变异;或许正出于这

---

① Doyle (ed.),《伟大男女的爱情书简》(*Love Letters of Great Men and Women*),第78页。

② 例如可参见 S. Zweig,《一个陌生女人的来信》(*Letter from an Unknown Woman*)(New York: The Viking Press, 1932)。

个原因,它在整个历史长河中久盛不衰。①尽管这种爱情观存在多个变异品种,但其基本组成部分——神圣性、独一无二性、经验力量、非理性、自我利益的放弃、自主性的匮乏等——一直存在于各种文学模式中,并随着文学作品和言情小说广为流传。

现代性标志着迷魅爱情的历史上出现深刻变化,其表现形式为用怀疑和不屑一顾的心态对待这种爱情观所带来的体验。坎迪斯·布什奈尔(CANDACE BUSHNELL)——大名鼎鼎的专栏作家,她的专栏是美国电视剧《欲望都市》的灵感来源——曾写过如下充满反讽意味的妙语,可谓是这种爱情状态的最佳写照之一:

> 上次你听到有人说"我爱你!",然后不可避免地补一句(也可能是不说出口的)"以朋友的身份",是多久前的事?上次你看到两人含情脉脉凝视对方的眼睛、脑子里不问自己这真的在发生吗,是多久前的事?上次你听到有人宣布:"我真正地疯狂地恋爱了"、脑子里没有想着等到周一早上

---

① 在中世纪,宗教言论通常与情爱言论混杂,在表达时常把爱人作为神祇一样的存在;它产生的影响就是进一步巩固了把爱情视为全身心体验的观点,在这种体验中爱情主体的目标就是与爱情对象融为一体,甚至被爱情对象所吸收成为其中一部分。19世纪的布尔乔亚小说中,将爱情呈现为人们家庭生活及(女性)社交生活的主要叙事关键。在某种明确的程度上,这一模式也呈现于现代影视文化中,爱情、性、罗曼史构成了角色们的行为与内心憧憬最普遍的目的,也是情节架构的关键节点。

再说,是多久前的事?①

布什奈尔在上文中表达的是一种彻底自觉的、极度讽刺的、祛魅后的爱情方式。《纽约时报》最杰出的评论家之一莫琳·陶德对这种现状表示惋惜,她写道:"浪漫爱情这一整个概念已经从文化上从情感上彻底消失了,消失了,消失了。"②我想,她的意思是那种"迷魅的"爱情和浪漫爱情体验已变得难以企及。这就是说,尽管爱情对大多数人而言依然是一种很有意义的体验,但它不会牵涉和调动全身心的自我。如此一来就引出了下列问题:为什么爱情丧失了令人产生"迷魅"体验——向理性和自我投降——的能力? 我认为,爱情之所以丧失了产生爱情信念的力量,乃是科学、技术和政治三个领域理性化的后果。

祛魅是现代时期一种基础性的文化、认知、制度过程;信念在知识体系中被组织,行为被系统的抽象的规则所决定,都需要通过以上这些过程;同时如韦伯说过的那样,时至今日信仰已难以为继。根据韦伯的观点,造成祛魅现象的最大的文化力量是

---

① C. Bushnell,《欲望都市》(*Sex and the City*) (New York: Warner Books, 1996),第2页。
② M. Dowd, "喜剧之悲剧" ("Tragedy of Comedy"), 纽约时报 (New York Times), August 3, 2010, http://www.nytimes.com/2010/08/04/opinion/04dowd.html,最后访问时间 October 17, 2011。

生活态度的理性化:生活态度日渐"方法化"、系统化、受到理性控制。①理性行为指的是行为受到有意识的管控,而不是受到随机的、习惯的、冲动的管控。至于这种自觉管控的文化根源,有可能是宗教的,科学的,政治的,或经济的。理性态度对迷魅造成了根本破坏;为了认识和接近某一对象,理性会使用独立于认知主体和对象之外的系统化规则,从而造成认知主体与对象间的割裂,并令那些通过顿悟模式、传统模式或直观模式而获得的知识失去其存在的合理性。理性态度从根本上破坏了所有信仰的根基(对理性本身的信仰也许除外)。理性对超越性也有破坏作用;它把行为定义成某种方法-目的关系。信仰遭到理性化,于是热烈情感与爱情信仰受到破坏。按照上述定义中的理性化,人们可以说,多股极为强势的文化力量——科学、政治契约论、选择的技术——重塑了爱情中的情感和体验,促成了爱情的理性化,并深刻改变了主体体验爱情的方式。我认为,这三股力量的融合汇集造成爱情体验中的爱情信仰的消亡,并导致感受、不确定性和反讽出现二元结构,从而严重改变了人们体验自我放弃及极乐状态的能力。

---

① M. Weber,"以科学为职业"("Science as a Vocation"),被引用于 H.H. Gerth 和 C.W. Mills(eds),引自《马克斯·韦伯:社会学论文集》(Max Weber: Essays in Sociology, Oxford: Oxford University Press, 1970 [1946]),第129-156页; M. Weber,《新教伦理与资本主义精神》(The Protestant Ethic and the Spirit of Capitalism)(London: Routledge, 2002 [1930])。

变爱情为科学

祛魅之成为文化过程,其首要推手就是人们在解析爱情时普遍采用各种科学模式;经由大学院校和大众媒体,种种科学模式得到广泛传播。纵观20世纪,前有精神分析学说和心理学,后有生物学、进化心理学和神经科学,纷纷在其科学基础架构的构筑中把"爱情"作为关键科学概念之一,分别冠上"潜意识"、"性冲动"、"荷尔蒙"、"物种生存"、"脑化学"等等名称。在科学解析模式的加持下,这些框架颠覆了往昔那种把爱情视为妙不可言的、独一无二的、近于神秘的体验及无私情感的爱情观。

正因为心理分析学和动态心理学将爱情置于自我组成的中心点,这些学说渐渐损害了爱情作为一种神秘力量的文化地位,而把爱情视为"心理创伤"、"恋母情结"或"强迫性重复"等心理学过程的结果。弗洛伊德式流行文化已深深渗透了大多数现代制度结构,并强势宣称:爱情是人们早期童年生活所经历的冲突的重演,无非是重复早年同其他一些主人公的剧情,人们选择爱情对象的真正原点及起因都来自早年生活中的人物。精神分析学认为,爱情的起因跟我们幼儿时期如何同父母形象的人物形成情感依附的方式有关,跟我们的心智如何面对和处理恋母情结有关。爱情就这样成为一种通用的心理结构表达,爱情对象被看成幼儿期剧情的延伸。为了在童年期生活和成年期爱情经历之间建立直接的叙事联系,心理学文化把爱情经历变成无关男女之事的系列事件的重演,由此破坏了爱情的不可言传和神秘感。爱情变成无休止的调查、自我认知和自我审视的对象。

自我成为不断进行的自我认识和对心理状态进行谨慎自我监控的对象;这导致爱情关系的理智化:对情感进行系统性标记分类,用自我意识和自我转化技巧对感情进行监督。把人类主体变成科学知识的对象和目标的过程中,心理学发明了一个关键概念叫做"人格"。人格是指一组稳定的属性,是某人在很长一段时间里表现的典型特征;一段成功的爱情,是两个人的心理学组成特质和属性具有良好兼容度的结果。接下来就是,若使用正确的心理学工具,爱情关系的兼容度可以被评估、测量和预言。如此这般,爱情成为(心理学)度量的对象;其目的是帮助建立和监督自主性和内心契合这一对理念。

自主性逐渐成为心理学所倡导的自我理念的核心,于是情投意合被认为是对自身自主性的威胁,取而代之的理念是两个成熟自主的自我之间的协商。一个人如果想把自己与对方合二为一,或让自己臣服于对方,会被人认为是他/她放弃自主,因而也是一种情感病态的信号。亲密关系模型的展开须在协商、沟通、互惠性的基础上,所以心理学科学研究认为亲密关系是两个自主意志通过自省后生成的理想关系,按照个人需求和心理学特质量身定制,因而让旧有的爱情与超越性——高于个体特定需求及意志的力量——之间的联系破产。爱情变成"亲密关系",而亲密关系意味着感情生活应服从行为规则;而行为规则的目的则是在爱情纽带关系中保持自主性并最大限度地割离出个人自主性。

心理学对爱情体验理性化的影响还有第三种作用方式:它认为为爱受难是一种难以接受、不合情理的症状,是因为心理状态尚不够成熟。"在19世纪,你与另一人共有一个身份后,痛苦绝对是正常情感反应的一部分,"①在当代心理学文化下,为爱受难不再是超出自我边界之上和之外的情感体验的信号;即受难不再凸现人们的无私奉献或崇高灵魂。这种爱情——基于自我牺牲,彼此融合,渴望毫无保留——逐渐被人视为情感发育不完整的症状。带有受难成分的爱情文化等式,与带有超越性及圆满体验的爱情文化等式不无相似之处;两者都招摇地展现自我迷失并据此肯定爱情。②政体的功利主义模型被移植到心理层面;而且在全新的心理治疗文化之下,自我牺牲和自我放弃被

---

① K. Lystra,《搜索心灵:美国19世纪的女性、男性、浪漫爱情》(*Searching the Heart: Women, Men, and Romantic Love in Nineteenth-Century America*) (Oxford: Oxford University Press, 1989),第50页。

② Wordsworth,在"自然景物的影响""Influence of Natural Objects"(1799)中如是描写:

By day or star-light, thus from my first dawn
Of childhood didst thou intertwine for me
The passions that build up our human soul;
Not with the mean and vulgar works of Man;
But with high objects, with enduring things,
With life and nature; purifying thus （转下页）

不合理地当成不健全心智的信号(或一个人想通过"受难"来获得一些不可告人的心理益处),所以十分令人怀疑;因为自主性和维护一个人自身利益的能力已成为心理健康的同义词。

以上这一心理健康模型大量渗透进入亲密关系领域;它要求爱情定义与健康福利定义相一致;这一定义从根本上拒绝痛苦受难,还号令人们要把自我利益最大化。这种心理健康模型把知识和自我利益的捍卫稳稳地放在一个具有成熟情感的自我的核心。好的爱情是符合自我利益的爱情。爱情的情感体验越来越多地包含和展示自我功利主义一面,人人须保证自己最大的愉悦感和福利。在这种爱情的新文化成见下,痛苦受难渐渐令人感觉陌生。这进一步意味着,若爱情是痛苦的来源,那么它必是一个"错误",是对双方人格兼容度的错误估计,是敦促人们进一步自我了解以修正他们的痛苦并导向一个更成熟选择的信号。互惠性和自我利益的保持,已悄然嵌入平常的爱情体验中;这一点可通过以下几个相互对照的例子看出。

在《仲夏夜之梦》(1600年)中,海伦娜不甘屈服于帕克的咒

(上接注②)
    The elements of feeling and of thought,
    And sanctifying by such discipline
    Both pain and fear, — until we recognise
    A grandeur in the beatings of the heart. (emphasis added)
参见 W. Wordsworth,"自然景物的影响"("Influence of Natural Objects")选自《诗集》(*Poems*)(London: Ginn, 1897),第70页。

语和法术,她对受到帕克控制而拒绝了她爱情的狄米特律斯说:

狄米特律斯
我引诱你了吗?我对你甜言蜜语了吗?
或反过来,我难道没有用最平易近人的真相
告诉你,我并没有,或者说我无法爱你?

海伦娜
即便那样,我还是爱你渐深。
我是你的西班牙猎犬;而且迪米特律斯啊,
你越鞭打我,我却越奉承你:
就把我当作你的西班牙猎犬驱使吧,冷落我,棒打我,
轻视我,丢失我;只要能让我留下,
尽管我那么配不上你,但让我追随你吧。
在你的爱情中,我还能乞求更低下的位置吗,——
却依然是我心里十分景仰的位置,——
比作猎犬供你驱遣还要更低下?①

以上海伦娜在向她所爱的人表白爱情时自然而然地使用的方式,在当今会被解读为一种自我贬低甚至病态的方式。相反,莎士比亚世界中的人们更有可能仁慈地看待这种方式,把它当

---

① W. Shakespeare,《仲夏夜之梦》第二幕,第一场(*A Midsummer-Night's Dream, Act 2, Scene 1*)。

成一种"疯狂爱情"的普通表现。朱莉·莱斯比纳斯(JULIE DE LESPINASSE),一名受到高度评价和欢迎的18世纪法国女性文人,她对那位反复无常又不忠实的吉伯特伯爵的爱情始终得不到回应。尽管伯爵娶的是另一名女子,朱莉依然立场坚定地表露她矢志不渝的热爱;她这种肯定爱情的方式不受交换机制和互惠性制约。她在一封写给吉伯特的信中宣布:

> 我在爱里陷得太深以至于不愿意抑制我自己;我宁可请求你的原谅,也不愿万无一失。在你面前,我不自爱;我讨厌谨言慎行,我甚至憎恨那些以利益代替礼节的所谓"朋友道义",还有小心翼翼的感情。该怎么说呢?我喜欢向感情冲动投降,我只依从感情冲动行事,如果他人待我也能如此我必欣喜若狂。①

以朱莉·莱斯比纳斯为代表的这种道德规范是一种受情感冲动操控的自我放弃,是不计成本或效益的。这完全不代表她不成熟或自尊心很弱,这种不计回报奋力去爱的能力可被解读成(也许当时就是那样解读)伟大品质的标志。

在第二章中,我们曾经讨论过另一个例子,安妮·艾略特不顾分离的证据仍发誓一生对温特沃思船长保持忠诚,这也同当

---

① B. Tierney 和 J.W. Scott,《西方社会:纪实历史》卷 II(*Western Societies: A Documentary History, Vol. II*)(New York: McGraw Hill, 2000),第185页。

代情感观背道而驰;因为她秉持的爱情观是:爱情是绝对的、无可比拟的、藐视自我利益指挥的。这里,一方对另一方的承诺是全副身心地付出自我,不管这对她的福利会产生什么结果。一旦付出爱情,她就有动力抛开更好的潜在对象,抛开她的自我利益;在现代社会中,自私自利被视为成熟心智的一种标志。若生活在当今,她会被逼着去看心理分析师,躺在沙发上,并分析她为什么那么顽固地决定牺牲她的一生,罔顾自己的利益,不求回报。最后,伊迪丝·华顿(EDITH WHARTON)在1908年写给爱人莫顿·弗勒顿的书信中,使用了一个非常明确的反功利论术语:

> 本来内心里存在着一个深谙风情的我,可我清醒的神智把这个游戏的每一步都显示在我眼前——尽管如此,在同一时刻有种蔑视的反应,让我把所有的筹码都扫到一旁,并大声喊出:——"全拿走吧——我不想赢——我想把所有一切全输给你!"①

海伦娜的故事,朱莉·莱斯比纳斯的故事,安妮·艾略特的故事,伊迪丝·华顿的故事……她们罔顾互惠性规矩的做法仿佛是对当代人常识的嘲讽。她们的事迹蔑视了当代广泛接受的一

---

① R.W.B. Lewis 和 N. Lewis(eds),《伊迪丝·华顿书信集》(*The Letters of Edith Wharton*)(New York: Charles Scribner's Sons, 1988),第152页。

种假设:爱情对象的选择不应损害一个人的福利,而且应通过情感表达的互惠性为自身福利作贡献。情感互惠性道德和心理学规范已普遍支配了我们的爱情模型及两性关系模型;心理健康福利的功利主义模式是这种现象的基础,并成为爱情理性化的主要文化源头之一。这种情感互惠性和功利主义模式最终建立在强大的理性纲领之下;爱情对象的选择必须要走出潜意识的虚妄和掌控;如果它是健全的,就必须交给理性把握,同时它是自我认识的对象;它能带来愉悦感和福利,最重要的是它能够并应该维护与肯定一个人的自我利益。

生物学对爱情理解的文化框架的影响,则略有不同。生物学家一般通过化学过程来解释爱情,这样做的效果更甚于心理学的作用,把爱情还原成一些因子,一些跟爱情本身感受全然无关的外界因素。神经科学研究表明,当人们承认感受到爱情时,毫无例外都能在他们大脑里发现某些化学物质的存在。[1]这些化学物质包括睾酮,雌激素,多巴胺,去甲肾上腺素,血清素,催产素和加压素等等。例如,当对另一个人产生迷恋时,据说大脑中多巴胺和去甲肾上腺素的数量会出现显著升高。更具体地说,当双方关系进入肉体阶段,睾酮和雌激素存在水平会升高。

---

[1] A. Bartels 和 S. Zeki,"浪漫爱情的神经学基础"("The Neural Basis of Romantic Love"),Neuroreport,11(17)(2000),3829-3834;H. Fisher,《我们为何相爱:浪漫爱情的本质与化学》(*Why We Love: The Nature and Chemistry of Romantic Love*)(New York: Henry Holt, 2004)。

在双方处于相互吸引阶段时,据称多巴胺、去甲肾上腺素和血清素存在水平更高。① 血清素对爱情感受的影响,其化学表达与强迫性精神障碍很相似,② 这可以解释为什么我们在恋爱的时候似乎没有能力顾及别人。当人们刚刚进入恋爱,他们大脑中的血清素水平远高于其他人。③ 催产素和加压素似乎更紧密地关联着具有强烈感情依附的那些长期纽带和关系。④ 在 2006 年二月号《国家地理》杂志中,罗伦·史雷特(LAUREN SLATER)撰写的封面文章"爱情:化学反应"把吸引和感情依附描述成可以通过不同化学成分进行触发。文章的寓意是,我们感受到的由恋爱状态所产生那种幸福愉悦感或欣喜若狂感,只不过是大脑

---

① A. Aron et al.,"奖励,动机与情感系统,与早期强烈浪漫爱情关联"("Reward, Motivation, and Emotion Systems Associated with Early-Stage Intense Romantic Love"),Journal of Neurophysiology,94(1)(2005),327-337。

② D. Marazziti,H.S. Akiskal,A. Rossi 和 G.B. Cassano,"恋爱改变人们的血小板血清素转运体"("Alteration of the Platelet Serotonin Transporter in Romantic Love"), Psychological Medicine,29(1999),741-745; D. Tennov,《爱情与意乱情迷:恋爱过程的体验》(Love and Limerence: The Experience of Being in Love)(New York: Stein and Day, 1979); A. Tesser 和 D.L. Paulhus,"试论爱情的因果模型"("Toward a Causal Model of Love"), Journal of Personality and Social Psychology, 34(1976),1095-1105。

③ Marazziti et al.,"恋爱改变人们的血小板血清素转运体"("Alteration of the Platelet Serotonin Transporter in Romantic Love")。

④ T. Curtis and Z. Wang,"配偶结合的神经化学研究"("The Neurochemistry of Pair Bonding"),《心理学当前走向》(Current Directions in Psychological Science), 12(2)(2003), 49-53; T. Insel 和 L. Young,"依附的神经生物学研究"("The Neurobiology of Attachment"), Natural Review of Neuroscience, 2(2)(2001),129-136; K. Kendrick,"催产素,生养与结合关系形成"("Oxytocin, Motherhood and Bonding"), Experimental Physiology,85(2000),111s-124s。

中发生的无意识的化学反应的结果。例如,社会生物学家海伦·费希尔(HELEN FISHER)通过研究也发现,生理特性决定了我们对强烈爱情的感觉平均可持续最多两年时间,在此之后激情和热烈程度就会减退。①把爱情还原成脑化学,其结果是爱情神秘主义和爱情神圣感遭到破除,并被一种生物学唯物主义新形式所取代。以凯瑟琳·陶珊为例,她反思了自己对被爱感受的需求。她写道:"按《今日心理学》杂志文章中的说法,'……苯基乙胺——当人们坠入爱河时大脑中出现的一种化学物质,跟幸福愉悦感的产生有关联——随着迷恋感受的出现而升高,它提升了幸福愉悦感和兴奋感。'听起来这就发生在我身上。而且听起来这种情况好像还发生在许多我认识的女性身上。我们全都是不正常的爱情瘾君子吗?"②很明显,一般爱情概念中心理学和生物学术语的混用会引起词不达意,把感情降低到纯粹的无意识化学反应,把爱情体验降低到生理学体验,而缺乏更高意义。

进化心理学家虽然角度有所不同,但也同样把爱情感受归因于一些有利于人类物种的外界因素。根据迪伦·伊文斯(DYLAN EVANS)的观点,③用进化论的术语来表述,爱情(或

---

① Fisher,《我们为何相爱》(*Why We Love*)。

② C. Townsend,《破坏规矩:一个坏女孩的自白》(*Breaking the Rules: Confessions of a Bad Girl*)(New York: John Murray, 2008),第241页。

③ D. Evans,《感情:情感的科学》(*Emotion: The Science of Sentiment*)(Oxford: Oxford University Press, 2001)。

负罪感,或妒嫉)之类的情感被认为有助于解决"承诺"问题。在已知人们必须彼此合作的前提下,他们如何向对方表明自己的承诺和/或保证对方的承诺呢?进化心理学家认为,这个问题的答案就是通过各种情感。浪漫爱情尤其有助于向人们注入繁衍的欲望,从而保证男性和女性不会在一时心血来潮后就遗弃对方。又一次看到,进化心理学学说转移了诠释的重点,其效果是打击了爱情所具有的独一无二的感受和超越性特点,令它沦为纯粹的功能上的必然性,是合作性在物种层面上的具体表现。在这里,爱情无非是自然和社会群体的盲目必然性,通过特定的故事和个体进行表达。

因本质而言,科学解析模型——心理学的,生物学的和进化论的——通常是抽象的,与感受及切身体验等门类没什么关系。这与前现代时期的宗教解析模型恰成鲜明对照;那时候人们认为炽热的爱情是精神财富的体现,或是理性短暂丧失的表现,人们会对主体感受到的体验产生共鸣。科学解析把爱情降低到了附带现象的境地,仅是一些主体看不见摸不着的先验原因产生的效应,既不神秘也不特别,只是由一些无意识的、几近机械的——心理的、化学的或生物学的——过程所激发。随着科学解析模型的盛行,认为爱情是独一无二的、神秘的、无可比拟的感受的爱情观难以为继。由此可知,爱情与自然一样经历了相同的祛魅过程:人们不再认为它是神秘的伟大力量所激发的东西,而是一种需要解释和控制的现象,是由心理学、进化论及生物学原理所决定的一种反应。①

经由各种媒体渠道,科学知识获得了广泛传播;这些媒体渠道必然经常会提供对现实的解析。这样一些解析框架,不仅替代了传统的浪漫爱情观念,而且会跟那些观念产生斗争,甚至最终破坏它们。科学倾向于将诸般特定体验纳入一些归纳和抽象分类,如是就丧失了体验的特定性。因为根据定义,科学框架的目标是解析和发现原因,这自然会打击任何基于独特感、无可比拟感和非理性的体验。爱情体验的科学解析框架,其综合效应存在二元性:*反省的和缩减的*。它明确要求行动者找到激发他们爱情的底层工作机制,如此一来爱情不免沦为一般心理学作用或化学作用的结果,它们在特定个体的实质的具体欲望之外和之下起作用。于是欲望被理解为一种无意识机制,一种盲目力量,是脱离产生欲望的具体个人的——显然其作用对象是可以互换的。从这个意义上我们可以说,浪漫爱情欲望的神话性内容被掏空了。

韦伯的文化悲观主义学说主要体现在他不相信科学理解的提升能帮助我们更深入理解生活的具体状况。他曾经撰文写道:

> 今天我们在花钱的时候,我打赌即便是我们大楼里从事政

---

① 也许人们应该辨别这一论点的细微之处,因为心理学仍然把爱情体验视为单数的,以某种方法试图从主体的个人历史来作出解释。

治经济学研究的那些同事们,几乎每个人对下面这个问题都会拿出不同答案来:人们用钱买某件东西时,有时需要较多金钱有时需要较少金钱,这种情况到底是怎么发生的?野蛮人知道,若要获得每日食物他需要做什么,也知道达到这个目的需要借助何种制度。所以理智化与理性化的不断提升,并不表明我们对生活状况有更多的理解或更普遍的理解。①

韦伯的某个评论者提出,非科学解析有可能优于科学解析,因为它们更全面,与我们亲身体验的整全性存在更多有机联系。②相反,那些针对我们体验的科学解析,从认知上和从情感上离间了我们与体验之间的关系。韦伯进一步提出,科学使我们更难以用智性来理解体验;因为意义的存在主义框架与抽象的、系统化的框架是难以兼容的。按照这一论断,科学解析破坏了浪漫爱情体验与神秘主义的、非理性爱情观之间的意义联系。把爱情当成先天存在的无意识的、化学的,及进化论的机制的结果,就是科学妨碍了人们把爱情当成一种神话的、超越性力量的能力。

---

① Weber,"以科学为职业"("Science as a Vocation"),第139页,被引用于 N. Gane,《马克斯·韦伯与后现代理论:理性对返魅》(*Max Weber and Postmodern Theory: Rationalization versus Re-enchantment*)(Basingstoke:Palgrave Macmillan,2004),第53页。

② Gane,《马克斯·韦伯与后现代理论》(*Max Weber and Postmodern Theory*),第53页。

政治解放之为理性化

上文中列举的多个例子表明,人们认为自我牺牲、自我放弃、不求回报的爱的能力等等,更多(尽管并非专有地)是属于女性的属性特征。女性主义为自我牺牲的主旨带来了重大变迁,人们将它理解为一种范围广大的文化劝导;它劝导将人权延伸到女性群体,并揭露支撑、掩盖、希望剥夺女性权利的社会机制和意识形态机制。爱情文化理性化的其他根源,还包括平权、两厢情愿、互惠性——社会契约论——等规范,这些规范渐渐主宰了我们所处体制的道德语汇,并改变了异性恋关系协商所依据的条款。在《真实性政治学》(POLITICS OF AUTHENTICITY)一书中,马歇尔·伯尔曼(MARSHALL BERMAN)指出:"只有在现代时期,男性(原文如此)开始醒悟到自我问题明显是个*政治*问题。"[①]令人觉得讽刺的是,伯尔曼所使用的性别人称是男性,然而这句子尤其适用且完美地适用于20世纪女性。确实,对女性主观性和两性关系而言,女性主义也许发挥了最显著的影响。第二次女性主义浪潮深刻转变了人们对爱情情感的

---

① M. Berman,《真实性政治学》(*The Politics of Authenticity*)(New York: Columbia University Press, 1998),第 xvi 页。

理解和实践。①更甚于其他政治和文化形态的影响,女性主义主张极大地影响了爱情的文化历史,因为它撕下了男子骑士精神和女性神秘感的面纱。正因为它具有如此决定性的影响,我想分析盘点一下女性主义运动对浪漫爱情关系的种种影响,并叩问女性主义思想模式对一个至今主要由男性主宰的社会可能产生何种文化冲击。在这一盘点过程中,我把女性主义当作一种文化世界观来看待:也就是说,以这种新方式来孕育自我并孕育自身与他人关系。这意味着我会暂时抑制和停止本人对女性主义显而易见的忠诚,这么做的目的是为了更好地理解:女性主义如何通过批判通过男女权利和责任平等愿景,动摇传统的性别角色和性别规范。因为连同临床心理学和消费主义文化一起,女性主义是塑造和改变男女之间关系的最强有力的文化原动力;人们可以而且理应把女性主义与另两种文化形态一样加以分析。

在《性辩证法》一书中,费尔斯通提出,浪漫爱情不仅掩盖了阶层隔阂和性别隔阂,更重要的是它还允许、保存、强化了这些隔阂。用费尔斯通的话说:"爱情,或更甚于生儿育女一事,乃是当今女性受压抑的轴心点。"②在人们眼里,浪漫爱情不仅

---

① 本章涉及的是异性恋爱情。除非另有说明,文中使用"爱情"一词都应理解为异性恋爱情。
② S. Firestone,《性辩证法:女性主义革命案例》(*The Dialectic of Sex: The Case for Feminist Revolution*) (New York: William Morrow and Company, 1970),第126页。

是一种复活了性别不平等的文化实践,并且是一种女性被迫接受("并"热爱")对男性的屈从的主要机制。权力概念是支持女性主义结构下性别和爱情的核心概念。女性主义世界观认为,权力虽不可见却实实在在组织着两性间关系,所以应该寻找其根源并将它从亲密关系当中驱逐出去。人们认为,"权力"可用以解释男性和女性互动中出现的大多数问题。文化框架设计了社会关系,进而重新组织和产生社会关系。当"权力对称"被视为组织和监管性关系和性别关系的文化脚本——与"种姓制度"或"贵族血统"之类文化脚本类同,我们可以说它能通过多种方式对社会纽带进行理性化。首先,它引导男性和女性反思是哪些规则组织着我们认为司空见惯、理所当然的性吸引过程(这样的常规套路是通过具有百年历史的男权主宰规范塑造的),并监督他们自身的情感、语言及行为。其次,为了逐渐形成对称,它引导女性评估和测量她们自身及她们伴侣对双方关系的贡献。其三,它以职场和政体中常见的公平价值观战胜了情色关系(潜在爱人们的专业身份必须压倒他们个体身份的欲望)。最后,它呼吁人们将情色关系纳入到中性的程式化的话语和行为中去,这能把双方关系从特定性和具体性中剥离出来。

权力的去常规化

运用对称原则的各个领域中,运用最引人注目的可谓是求偶和性行为领域了。按照对称性组织亲密关系,这一新原则表现得最明显的例子发生在性骚扰事件类别中;这方面的例子能很好地反映不涉及权力、情感对称的两性关系中的对等原则。请看戴夫·卡斯(DAVE CASS)和柯劳迪亚·沙奇(CLAUDIA SATCHE)的个案:前者是宾夕法尼亚大学的经济学教授,后者为一名研究生。他们双方交往时间长达5年;到了1994年,卡斯担任研究生院院长的任命被否决了,人们反对的理由是他与某学生的关系使他不适合担任这个职位。巴里·丹柯(BARRY DANK)写了一篇报告,对学校的行政任命表示不赞成;他解释道:

> 对照女性主义所认为的不对称亲密关系标准,以上两人的关系存在多个不当之处。女性主义标准认为,当关系中双方存在明显的权力差距的情况下,两个人产生亲密关系是不当的。按照这个框架,不对称关系代表着虐待、存在疑点的同意、甚至不可能性;而对称的关系则代表着平等和选择自由。戴夫和柯劳迪亚两人的关系从多方面存在着不对称;他俩年龄差距很大——戴夫比柯劳迪亚年长约25岁,同时他们在大学里的权力地位差距悬殊,戴夫是一名教授而柯劳迪亚是一名学生。①

---

① B.M. Dank,"性正确性的伦理及Cass案件"("The Ethics of Sexual Correctness and the Cass Case")引自《法庭文录》(*Book of Proceedings*, Seventh Annual Conference on Applied Ethics, 1996),第110-115页,http://www.csulb.edu/~asc/post9.html,最后访问时间October 18,2011。

平等和对称的文化/政治分类——在以上例子中同其他原则发生冲突,比如情感自由和隐私原则——构成了监管两性关系的新方式;人们希望通过它们保证权力对称性和平衡等新规范。

这为两人之间形成性结合的类别设计本身带来了全新方法。因为性结合必要求具体的互动从属于某人在社会结构中抽象地位的评估。我在本章开头引语中援引了 J.M.库切的小说名著《耻》(1999年)当中一段文字;这篇小说讲述的是鲁里教授的故事;他与他的一名学生产生了热烈的婚外恋情。因为出了这一桩闻,大学对他采取了惩戒措施,并迫他辞职。鲁里是不理解男女关系新规则的男性的具体代表。以下是他跟一名同事相互交换的一段对话:

> "你难道不认为,"斯沃茨说,"就其性质而言,学术生活是需要作出某些牺牲的? 为了整体的利益我们不得不否定某些自我满足?"
>
> "你心里是否想着应该禁止跨代的人产生亲密关系?"
>
> "不,不一定。但身为教师,我们手握权力。也许应该禁止把权力关系和性关系混为一谈。我感觉到,那才是这个案子当中的关键问题。或者,遇见这种情况得格外小心。"
>
> 弗劳迪尔·拉苏尔忽然插嘴。"[……]是的,他说他

是有错;但等到我们试图搞明白他具体错在哪里,忽然发现,他所承认的错误并不是自己虐待了一名年轻女性,只承认他没能抵挡住冲动;根本没提到他引起了什么痛苦,也没提到在整个事件当中他如何长期利用对方。"①

这段小插曲反映出语义的演变,从"没能抵挡住冲动"演变到"虐待"这个政治(和心理学)概念,从对更年轻的人的爱情演变到"跨代亲密关系",从男子气概定义为社会权威演变成禁止"把权力关系和性关系混为一谈",从"个人愉悦感"演变成怀疑其中隐藏的"长期利用对方"。个体的欲望,他/她的欲望演变为一种抽象的权力结构的承载者,又反过来为制度性干预作辩护。女性主义的推波助澜,同心理学语言一起,共同强化了规范和程式,以确保制度上和情感上的公正、平等、情感平等及对称性。

当职场战胜感情

各种性骚扰条例的目的是保护女性不受那些掌握制度性权力的男性的虐待。从社会学角度看,它想要达到的效果,是让职场的公平规则战胜个人私欲。举个例子,哈佛大学教育学研究生院(HGSE)的政策规定声明道:

---

① Coetzee,《耻》(*Disgrace*),第52-53页。

> HGSE 充分肯定密切合作的价值,肯定 HGSE 团体成员之间相互关心关系的价值。同时,在一个人对另一人负有直接的专业责任情况下,应进行特殊处理——比如,一名教职员工或教学岗位员工对他/她教学或指导的学生,一名主管对下属,行政人员或教职员工相互之间。在上述情况下,任何浪漫爱情关系都具备内在不对称性,因为凭借他/她在 HGSE 团体中的地位,这涉及到其中一人对其他人握有正式的权力。因存在权力不平衡,双方关系有可能出现利用。此类双方关系还有可能影响到团体中的其他成员,他们可能相信某在位人士受到不当影响,相信某人享有不公平的优势,或相信爱情关系令第三方在学术上或专业上处于不利地位。即使此类假设不尽真实,也将产生不良影响。①

在职场人士所处的一般性社区中,公平性必须高于个体情感;这意味着职场应压倒情色关系中的自主权。在以上例子中,职场显然优先于私人情感。

要实施公平性规则,必须使用一种中性语言;中性的目的是要肃清语言当中的性别偏向,更关键的是,要揭露并反击某些无声的不可见的假设;传统上,男性女性都根据这些假设产生并重

---

① 《HGSE 学生手册》(*HGSE Student Handbook*), 第 45 页, http://pdca.arts.tnua.edu.tw/reference/Harvard% A1Ghandbook.pdf, 最后访问时间 October 18, 2011。

复产生他们的身份认同和抱负。请参考以下宾夕法尼亚大学学生指南中关于性骚扰的例子,它适用于不同权力对比下的男性和女性,及具有类似权力状态的学生之间的情况:

关于性骚扰问题的综合问答

我是否可以称赞我的学生或同事?

可以,只要你的称赞不带性的潜台词。有一些称赞,比如"美腿"或"你穿上那件外套真是性感",有可能让你的同事或学生感觉不舒服或受到威胁。即使你所称赞的对象并不讨厌你的评论,但其他人有可能感到讨厌。

是否可以请求跟人约会呢?对方如果说"不",我是否不得纠缠?

你觉得工作上或班级里的某人吸引你,于是想跟他/她进行社交性聚会。这完全可以接受,只要你确定这种欲望和吸引是相互的。如果他/他拒绝跟你约会,你也许想问问这个人,是否可以换个时间再约会。但是请注意,要对这一类问题说不,有人会感觉不舒服,或者出于担心触怒你,或担心引来某种报复等等。请慎加分辨。如果这个人已经超过一次拒绝你,或当你在请求的时候表现出不舒服或躲躲闪闪,请勿施加压力。接受这个回答,果断走开。①

以上这些说明的目的,在于逐渐灌输感情的自我调节,从而杜绝引起另一方不舒服的可能性。各种情感自我调节,最终结果是围绕以上中性的互动模式建立舒适区,以感情中立的、不带性意味的、不涉及性别的语言为典型特征。这种被某些人贬为"政治正确的"语言,其实主要是一种置身事外的技巧:也就是说,它是一种语言和程式工具,瓦解那些支配着两性关系和情感的潜意识规则,目的是代之以无关周围情形的、普遍性的、程式性的互动规则。两性关系必须受到自愿性、对称性及互惠性的规则制约,这一点很好地体现在以下这个著名案例中;该案例叫做ANTIOCH条例,得名于这些条例起源的一所美国大学。1990年,这所大学的一个女性团体要求学校管理部门制定一份自愿性关系方面的规定,对学校所有学生具有约束作用。《新闻周刊》杂志用嘲讽的口气把这份性侵犯规定的目的作了个总结:

> 当遇到跟男子交合的情况,这一规定可赋予这些学生平等伴侣的权利。其目标是保证性行为百分之百获得双方认同,它是这样子起作用的:如果想发生性行为,仅仅向她提出要求是不够的,一名ANTIOCH女性中心代言人告诉一

---

① http://www.upenn.edu/affirm-action/shisnot.html,最后访问时间 October 18,2011。

群今年秋季刚入学的新生说。你必须每一步都获得她同意。"如果你想要脱掉她的衬衫,你必须要请求。如果你要触摸她的胸部,你必须要请求,等等。"①

上文所嘲讽的是,这些规则想要确保伴侣之间具有程式上的平等,并以充满**政治意愿**的规定来明确设计肉体接触过程。若从性爱立场来评判,这些规则似乎消灭了性交易中常常伴随的那种心照不宣的模糊性和自发性。但这些规则也为人们开辟了全新方式,用以构思和标榜政治意愿;很像法国大革命时期出现的新方式,公民们用它们来打造、标志和组成一种新型社会契约。②这一类做法政治意愿明确,必然与传统的爱情准则和符号形成对照;因为后者是不明确表述的,似乎更加自发和自然。然而,自发性不过是社会脚本所具备的力量和不可见性双重作用的效应。

新的等效原则

这种构思方式下产生亲密关系,导致了两性关系的新型评

---

① S. Crichton et al.,"性正确性:是否走得太远了?"("Sexual Correctness: Has it Gone Too Far?"),新闻周刊(Newsweek), October 25, 1993, http://www.soc.umn.edu/~samaha/cases/sexual%20correctness.htm,最后访问时间 October 18, 2011。

② L. Hunt,《法国大革命中的政治,文化与阶级》(*Politics, Culture, and Class in the French Revolution*)(Berkeley: University of California Press, 2004)。

估模式的产生。具体而言,以它所提供的新原则为基础,情感被重新概念化,成为诸多可评估的、可测量的、可比较的贡献因素。这引出了社会学家鲁克·波尔坦斯基(LUC BOLTANSKI)和劳伦·泰弗诺(LAURENT THEVENOT)所说的新"等效原则":即根据某一原则评估行为的新方式;这个原则隐含地组织着行为对象,把对象进行归类分组,对它们进行彼此区分,并为它们赋值,或对它们进行评级。① 公平性在浪漫爱情和家庭纽带内构造出一个新的等效原则:即以全新的方式引入一种度量形式,可通过它对贡献和情感进行评估和比较。这种等效原则围绕着两类评估对象。看起来最适用这种等效原则的领域,是操作性的繁杂事务和责任。公平性原则解决了家务杂事上是否可能平均分配这一问题;涉及到养育孩子,家居清洁,购物等等。例如,一个名为"分担家务"的网站有以下一段话:

> 在确定各项家务任务应由谁承担的时候,很重要的一点是从整体上考虑生活平衡;包括每人各自有多少小时在外工作、照看孩子、支付账单、为家人购物等等。[……] 等到了结算和记录谁做了哪些家事的时候,两口子可能觉得列清

---

① L. Boltanski 和 L. Thévenot,《辩护:价值经济学》(*On Justification: Economies of Worth*)(Princeton: Princeton University Press, 2006 [1991]),第 283 页。

单或电子表格很管用。①

显然,公平性规范为人们带来新的方式用以评估、衡量及比较夫妻情侣各自在日常生活中的行为。

最令人震动的一点体现在新的等效原则被引入到较为模糊无形的感情领域中。对家庭生活作出的贡献有时可转换成物质部分和可测量部分;但情感要量化的话,看起来难度高得多。尽管情感具有非物质性质,它们其实也是等效原则的适用对象。家庭交易和爱情交易的组织,是根据等效原则及一些认知上的坐标轴比如"情感可获得性"、"情感可表达性"、"情感投入"等等——谁投入了更多能量使双方关系保持活力,双方的情感需要是否得到充分表达和满足。等效原则要求我们比较数量,要求我们进行排序和优先排级,从而展开情感评估和评级的过程。例如,在一本名为《放下那个失败者,去找真命天子》(*LOSE THAT LOSER AND FIND THE RIGHT GUY*)的书中,作者主张:"必须牢记一点:这个真命天子在乎你就跟在乎他自己一样多。"②很明显,若要比较某人对自己的关爱以及对另一个人的关爱有多少,就必须动用一些认知工具来评估和测量"关爱"。下面还有另一个案例,40岁的莱拉是一名育有两个孩子的女

---

① http://www.revolutionhealth.com/healthy-living/relationships/lovemarriage/couples-marriage/sharing-housework-equally,最后访问时间 October 18,2011。

② J. Matthews,《放下那个失败者,去找真命天子》(*Lose That Loser and Find the Right Guy*)(Berkeley: Ulysses Press, 2005),第21页。

性;她解释了她如何下决心开始实施近期的离婚:

> 从很多方面来看,我丈夫都算得上一个理想丈夫;他有责任心、长相英俊、是个好父亲;但他给我的温暖,从来都赶不上我希望他做到的那个程度。这么多年来,我一直跟自己说,我不该尝试去比较我的温暖和他的温暖,我的爱和他的爱;但我终究还是做不到。我什么都有了,但仍然觉得他给我的比我想要的少得多;到最后我离开了。

情感对称性的隐含规范把她推向离婚之路。

诸如平等和公平之类政治理念、科学、技术等等驱散了爱情的神秘感;这使性爱关系变成一种自我反省的对象,可通过正式的可预见的程式进行细细审视和控制。秉持语言应保持中性并不带任何性别偏见的信念,性爱关系应走出权力的长期阴影,而双方自愿和互惠应成为亲密关系的重心;最后,应通过不带个人色彩的程式保证这种自愿性具有同一个效果,就是更多地将肉欲体验和浪漫爱情体验都纳入到系统性行为规则和抽象分类中。如我们在第一章所见,吉登斯把这些转型都包容在一个十分圆滑的词汇中,叫做"纯粹关系"——它是一种契约式关系,可以随个人意愿进入和退出。[1]但吉登斯没有涉及到方式问题;

---

[1] A. Giddens,《现代性与自我认同》(*Modernity and Self-Identity*) (Stanford: Stanford University Press, 1991),第70-108页;A. Giddens,《亲密关系的变迁》(*The Transformation of Intimacy*) (Cambridge: Polity Press, 1992),第49-64页。

我们需要理解纯粹关系通过什么方式反映亲密关系纽带的理性化及欲望内在本质的转变。

选择的技术

为爱情的理性化过程做出贡献的第三种文化力量,是选择技术的大幅提升;互联网是这一点的最好体现。这些技术与心理学知识——一种不以人工产物为中心的选择技术——和起源于市场理论的择偶模式产生交叉,并很大程度上依赖于以上两者。[①]人们往往会忽视,择偶已远非只是简单的理性化;因为伴随着择偶基于爱情的常见观点,出现择偶涉及理性标准的减少。相反地,我要提出一个有悖直觉的观点,爱情和理性两者共同构建了现代两性关系,而且爱情和理性两者都得到了理性化。

为了弄清楚现代择偶理性表现在什么方面,我先要提出如下问题:在前现代时期,择偶的理性表现在哪些方面?众所周知,一个前现代时期的人寻找爱侣的时候十分理性:一般情况下要考虑的标准很多,比如嫁妆的多寡,个人或家族的财富和声誉,教育背景和家族政治(尽管自 18 世纪以降,在许多欧洲国

---

① E. Illouz,《冷淡的亲密关系:情感资本主义的形成》(*Cold Intimacies: The Making of Emotional Capitalism*)(Cambridge: Polity Press, 2007)。

家,情感考虑显然发挥着越来越明确的作用)等等。①可这些讨论中常常忽略掉的是,根据我们观察人们的深思熟虑到此结束了。在选项有限时,除了一般性和基本品行和外貌要求外,双方对未来爱侣鲜少还有别的要求;多半情况下,他们会接受**第一个可获得的满意的够格的结婚对象,我把这种理性称为务实理性。**②对那些前现代时期包办婚姻的权威人物而言,作选择很少为自身打算。意大利复兴时期,身为当时上流社会精英的乔瓦尼·迪·帕格罗·莫雷利建议道:青年男子不要被欲望冲昏头脑,而要简单地去"接受一个能令你感到愉悦的女孩。"③关于未来伴侣的地位、名誉、品格和外貌的务实性考虑是最基本的,尽管这些考虑也会因为潜在伴侣数目很有限和道德环境而淡化。作出决定,须根据对这个人的严格评估,不是根据尽量广泛地收集他/她的某些信息比如品味、个性和生活方式等等。在选择婚姻伴侣时,不希望带入强烈或深刻的情感。人们希望的是,伴侣们能逐步建立起对彼此的一般性爱慕之情。在另一本同一时期

---

① L. Stone,《1500 年-1800 年期间英国的家庭、性及婚姻》(*The Family, Sex and Marriage in England, 1500-1800*)(New York: Harper and Row, 1977)。

② A. Macfarlane,《1300 年-1840 年间英国的婚姻和爱情:生育模式》(*Marriage and Love in England: Modes of Reproduction, 1300-1840*)(Oxford: Basil Blackwell, 1986),第 160-166 页。

③ G. di Pagolo Morelli(确切原创年代不详)在 M. Rogers 和 P. Tinagli (eds),《1350 年-1650 年间的意大利妇女:理想与现实》(*Women in Italy, 1350-1650: Ideals and Realities*)(Manchester: Manchester University Press, 2005),第 116-117 页。

意大利出品的建议手册中,作者罗多维柯·多尔切建议:当父亲们在寻找未来女婿时,应"替女儿设身处地"考虑。①他认识到,身为父亲的人无法理性地计算出他女儿觉得哪类人有魅力,跟哪类人能琴瑟和谐;相反,这个决定最终要求他相信自己的"第六感",并务实地做出他的女儿会感谢的决定。

此外,能搜集到的基本信息,也是根据大量的道听途说和其他人心目中的一般印象。15世纪初叶,一名意大利寡妇写信给家中的儿子,谈到她正在为他安排相亲事宜:"每人都谈到同样一点:不管谁娶了她都会感到高兴的,因为她必是个贤妻。至于她的长相,他们告诉我的跟我亲眼看到的一样。她有比例匀称的良好体态。[……]当我问到她会不会有点粗野,他们告诉我不会的。"②

按现代人观点看,让我们深感震动的是,前现代时期那些人们在决定取舍一名未来伴侣时所掌握的信息竟然如此之少。③15世纪有一首教育性质的诗歌名为"贤妻如何教导女儿",诗中教导说:"假如有男子追求某个女孩,她应轻蔑地赶他走,不管

---

① M. Rogers 和 P. Tinagli (eds),《1350-1650年间的意大利妇女》,第118页。
② A. Macinghi Strozzi(1465)引用出处同上,第117-118页。
③ 当然,在前现代时期有很多本地的婚配案例中,行动者依赖的是对未来爱侣的长期的深入的了解;但如文中所罗列的例子一样,以前的人们相比现代人通过网上交友结识素不相识的未来爱侣,他们获取的信息要简略扼要得多。

他是什么人。"① 外在要求条件常常是最低限度的。"只要他长得不像巴隆奇·得尔·瑟塔德西[一个非常丑的男人]那个样子,他妻子就该觉得他长相英俊,"罗多维柯·多尔切在上面提到的那本意大利建议手册中讲述到新娘父亲的任务时,这样写道。②吸引力在择偶过程中发挥了一定作用;但是,性魅力既然并不是一个清晰可辨的文化类别,因此相关的参数描述也一直非常模糊,而且按照我们现代的标准可谓是少之又少。相似地,即使品格是选择未来爱侣的一大重要考量,然而这一概念也留下了大片未定义的空白;与现代时期人们所展示的那种无微不至的心理要求完全不可同日而语。

文艺复兴时期,很多父母在为他们的子女们选择伴侣的过程中极大地受到社会的、经济的、政治的各种因素左右;当涉及个性问题,前现代时期的行动者寻求的是"有素质的"亲家,这个模糊的词汇指的是对品格和地位的某些基本要求。在考虑未来伴侣的经济状况和社会地位之后,15世纪和16世纪的英国贵族们寻求的是一名普遍意义上的"好"人同他们的儿女婚配,而不是寻求一个"完美的"匹配。历史学家芭芭拉·哈里斯(BARBARA J. HARRIS)给出过两个例子;她在研究文艺复兴

---

① F. Gies 和 J. Gies,《中世纪的婚姻与家庭》(*Marriage and the Family in the Middle Ages*)(New York: Harper and Row Publishers, 1989),第 242-243 页。

② L. Dolce (1547),在 Rogers 和 Tinagli(eds),《1350 年-1650 年间的意大利妇女》(*Women in Italy, 1350-1650*),第 118 页。

时期贵族女性的文章中写道:

> [威廉爵士]贺礼斯具体地申明了,他希望把他孙女嫁给"一个诚实的男人,具备良好的家族背景和良好声望",同时是一个"有物质基础的"人。[安东尼爵士]丹尼表达的希望是,他的女儿们能嫁给他监护下的未成年人,"他们是我友人们的继承人,拥有其父母的优秀素质和美德[……],我认为通过联姻他们的素质和美德可以跟我的融为一体。"

丹尼补充说,他"最关心的是,我的后裔和那些通过婚姻与他们结合的人们,能够得到正确的教导,热爱上帝、敬畏上帝,服从他们的君主,为他们的国家尽忠。"[①]

根据弗朗西斯和约瑟夫·吉斯(FRANCIS & JOSEPH GIES)的观点,英国的农民阶层对他们的孩子们也有类似的训诫,找正派人作伴侣,尽管在某些案例中他们的目标也许仅仅是能找到某个人就行。[②]单身男女的目标是作出一个让他们感到满意的选择,而不是找到完美的伴侣。对婚姻的情感期待是避免过

---

① B.J. Harris,《1450年–1550年间英国贵族女性:婚姻,家庭,财产与职业》(*English Aristocratic Women, 1450–1550: Marriage, Family, Property and Careers*, Oxford University Press, 2002),第55页。

② Gies和Gies,《中世纪的婚姻与家庭》(*Marriage and the Family in the Middle Ages*),第242–243页。

度痛苦,在最佳情况下,能形成持久的但相对低调的爱慕形式。

总而言之,在前现代时期,理性极少或完全不涉及正规的"专家"知识(也许迷魂药的制作除外);涉及的方面包括大致评估对方的经济资产;除了和蔼可亲的普遍特性外,人们很少考虑他们渴望对方有什么特性;搜索伴侣并不是系统性的,即使这种搜索是在一个人的直接接触范围之外进行;它是一种族群的搜索或家庭的搜索,而不是个体的搜索;最后一点,婚姻策略所捍卫的自我利益,更多是关于金钱方面的,而较少是关于情感方面的。情感和自我利益,很明显是属于不同类别的。前现代时期那些搜索配偶的行动者,跟当代的人们比起来似乎显得头脑简单;当代人们从青春期到成年期发展出一套无微不至的择偶标准,也发展出极为成熟的手段来达到他们的目标。这一类标准,不仅包含社会的和教育的标准,还有身体的、性的标准,也许最为突出的算是情感标准。[①]心理学、互联网技术、资本主义市场逻辑在择偶方面的应用,共同建立起一种文化个性,使人们大力精炼并成倍提升甄别和选择的品味及能力。尤其是心理学,极大地帮助人们将自己定义为一套一套心理学和情感属性,将亲

---

① 理应澄清一下,这一观察并非从道德角度看问题。如 Lawrence Stone 提出,从 17 世纪到 18 世纪初期的英国,貌似有一种新的"无道德"甚至"不道德"占领了求偶和婚姻事宜。"故事一个接一个,不管是关于婚姻的成功还是破坏,都证明了一种不正常的玩世不恭、唯利是图、对人际关系的无情利用和掠夺,这些都让现代人们感情受到冒犯。" L. Stone,《破碎的人生:1660 年-1857 年间英国分居与离婚研究》(Oxford: Oxford University Press, 1993),第 27-28 页。

密关系定义为属性和品味必须精密匹配谐和的两个个体之间的分享。这种超认知的、理性的择偶方式,与爱情可提供真正的、无中介的情感和性爱体验的文化期望是同步进行的。特别在网上婚恋交友方面,这种超认知的择偶方式已日益凸现。①

互联网婚恋交友网站受到广泛欢迎,并已成为盈利的企业。②网上交友代表着现代求偶中最突出的趋势。③互联网婚恋交友网站只有一个目标:以肉体吸引和情感兼容两大理念为基础,协助人们找寻浪漫史,甚至找到真爱。寻找人生伴侣不再是

---

① 关于另外一些现代择偶理性方式的案例,请参见:A. Ahuvia 和 M. Adelman,"婚姻市场中的正式中介方:类型研究与回顾"("Formal Intermediaries in the Marriage Market: A Typology and Review"), Journal of Marriage and Family, 54 (2)(1992), 452–463; R. Bulcroft, K. Bulcroft, K. Bradley 和 C. Simpson,"浪漫爱情关系中的风险管理与产生:后现代社会的悖论"("The Management and Production of Risk in Romantic Relationships: A Postmodern Paradox"), Journal of Family History, 25(1)(2000), 63–92; S. Woll 和 P. Young,"寻找真命天子/天女:视频约会时的自我展现"("Looking for Mr or Ms Right: Self-Presentation in Videodating"), Journal of Marriage and Family,51(2)(1989),483–488。

② 根据 comScore Networks 的数字技术研究人员的发现,2006 年 12 月最领先的网上交友网站为 Yahoo! Personals,共有 450 万次以上点击量;美国所有的网上交友网站每个月总共有 2000 万次美国访客的点击量。网上交友网站的套餐服务收费在 $9.95 和 $49.95 之间(http://www.onlinedatingtips.org/faq/online_dating_cost.html,最后访问时间 October 18,2011)。网上交友同时也是一项有利可图的业务。2006 年内,网上交友在网上有偿内容服务类别中名列第二,年度营收超过 10 亿美元(A. Wharton,"对交友游戏的评估"("The Dating Game Assessed"),Review Today (May/June 2006),http://www.revenuetoday.org,当前网页已无效)。尽管市场增长看似放缓,根据 Jupiter Research 的预测,在 2011 年前美国网上婚恋交友网站的营收将达到 9.32 亿美元(http://findarticles.com/p/articles/mi_m0EIN/is_2007_Feb_12/ai_n17218532/,最后访问时间 October 18,2011)。

③ 以下分析是重复 2004 年 Adorno 的第三个演讲内容。

要寻找一个"令你感到愉悦的人";取而代之的是寻找一个能满足你那些高度细化的、热烈的情感愿望的人,找到此人理应是品味共享的美好互动的结果。例如,有一个深受欢迎的婚恋交友网站名为MATCH.COM,它保证"促使爱情发生"。①这个网站用一些成功故事打广告,比如"他把我的世界从上到下由内及外全部颠覆了","我们最终走到了一起,并计划永远走下去",还有"我们幸福到荒谬的程度,简直描述不出来。"雅虎交友YAHOO! PERSONALS许诺说:"约会,忘忘,恋爱……一切都在这里发生。"②还有,EHARMONY呼吁单身人士"体验天造地设的匹配带来的幸福感。让EHARMONEY今天就助你开启寻找灵魂伴侣的旅程。"③然而,如我在《冷淡的亲密关系》(*COLD INTIMACIES*)一文中所记载的,经由多种文化机制,这些令人生畏的情感期望事实上促进了理性方法在择偶过程中的延伸④:

1. **理智化**。个人简介资料把搜索过程渲染成可以了解、反省、明白道来的一系列属性;当这些属性与另一人的属性描述吻合时,就产生了匹配(心理学属性剖析)。"理智化"是理性化的一个核心特征,还涉及我们经验中的隐含特征如何上升

---

① http://www.match.com,最后访问时间 October 18,2011。
② http://personals.yahoo.com/us/static/dating-advice _ romancepredictions - 07,最后访问时间 October 18,2011。
③ http://www.eHarmony.org,最后访问时间 October 18,2011。
④ Illouz,《冷淡的亲密关系》(*Cold Intimacies*)。

到意识层面、如何得到命名、如果进行反身思维。①

2. **邂逅流动的理性化管理**。相比真实生活中的约会,互联网约会通常牵涉到数量大得多的互动;这种巨大数量,迫使行动者发展出一些标准技巧以更方便更有效地管理不断涌现出来的你感兴趣的人的流动。用尼尔·斯梅尔瑟(NEIL SMELSER)的话来讲,电脑在此时称得上是一种"出类拔萃的理性化装置"。②

3. **视觉化**。对浪漫爱情纽带的理性化起到作用的最重要因素之一,不能不说是如下现实:当今的用户通过一个截屏就能看到全场潜在的未来伴侣们。然而在真实世界中,伴侣市场依然是虚拟的——只是有先决条件的、潜藏的、总是看不到的——而在网上,这个市场是真实的有文字可循的,而不是虚拟的;正因为互联网用户可以真正地把潜在伴侣池进行*视觉化*,所以在见到真人之前就可以先互相比较一番。互联网把可能的人选列队排行,就好像在"自助餐的餐桌"一样,互联网贩卖的是一种从经济学衍生而来的选择模式,因此干扰了那些较多依靠直觉或顿悟的知识模式。这种理性化涉及有意识的、规则约束下的比较和选择,朝着既定目标在不同

---

① Weber,"以科学为职业"("Science as a Vocation")。
② N.J. Smelser,"社会科学中的理性与矛盾:1997年总统演讲"("The Rational and the Ambivalent in the Social Sciences: 1997 Presidential Address", American Sociological Review, 63[1][1998]),第1-16页(第2页)。

备选途径之间作选择。这个正规的论证程式,还考虑到我们希望采取的不同行动路线,以方法论途径来达成我们的目标。①

4. **公度性**。在结合了心理学理念和市场理念后,互联网在约定俗成基础上出现了一种公度过程。温迪·埃斯普兰(WENDY ESPELAND)和米歇尔·斯蒂文斯(MITCHELL STEVENS)对它做出如下定义:"公度涉及到使用数字为事物建立相互联系。公度把定性区分转换为定量区分,互相之间的差距是根据某种公认度量标准的量级进行精确表达的。"② 心理学、互联网和资本市场的结合效应也带来了文化影响,凭借全新的评估技巧和评估的认知工具,使得潜在伴侣之间可公度,可测量,可相互比较。

5. **竞争力**。市场可视化的最显著效应在于引入了多种评级方法;在非互联网模式的择偶中,这些方式是隐晦的。在互联

---

① Weber,"以科学为职业"("Science as a Vocation")及《新教伦理与资本主义精神》(*The Protestant Ethic and the Spirit of Capitalism*);关于韦伯式的理性研究,参见:M. Albrow,《马克斯·韦伯的社会理论构建》(*Max Weber's Construction of Social Theory*)(Basingstoke:Macmillan,1990);W. Schluchter,《西方理性主义的崛起:马克斯·韦伯的发展历史观》(*The Rise of Western Rationalism: Max Weber's Developmental History*)(Berkeley:University of California Press,1981);以及 S. Whimster 和 S. Lash,《马克斯·韦伯,理性与现代性》(*Max Weber, Rationality and Modernity*)(London:Allen and Unwin,1987)。

② W. Espeland 和 M. Stevens,"公度性作为社会过程"("Commensuration as a Social Process",Annual Review of Sociology 24[1998],第 313-343 页(第 316 页)。

网时代之前,搜索伴侣很大程度上依赖于认知心理学家加里·克莱因(GARY KLEIN)称为"直觉"的东西:"你如何把经验加入到行动中,[或者]根据你生活中之前发生的事件获得一组预感,冲动,洞察,第六感,预期,及判断。"[①]直觉是一种潜意识形式的判断和评估,在对象给予我们的情感意义基础上。反过来,网上交友在约定俗成基础上搭建的是一种正式的、有意识的、系统化的理性论证形式,可用以评估他人;它的方法是,先为他们定义出一组属性,按多种不同尺度进行评估,再把他们同其他人进行比较。互联网让比较思维模式的发展成为可能;现实中,技术把诸多选择都摆在人们面前,并提供工具(比如"计分卡")用以测量各个潜在伴侣的相对优缺点。假如潜在伴侣可以按照一个特定的度量标准进行评估的话,他们就是可互换的,从原则上可加以提高的。也就是说,接受一个"够格的"选择变得越来越困难。

6. **效用最大化**。最后一点,按照消费文化的逻辑,技术支持甚至鼓励人们不断增加寻找另一方的要求,不断让品味越来越精致。就有如一般互联网约会指南手册里所说的:"你的经验越多,你的品味就变得越精致,而且你愿意考虑的人就

[①] G. Klein,《直觉的力量:如果应用你的第六感在工作中更好地决策》(*The Power of Intuition: How to Use Your Gut Feelings to Make Better Decisions at Work*)(New York: Currency, 2004),第293页。

越少。"①前现代时期择偶中的务实理性主义,让位给了无处不在的那种精打细算的、基于市场的、高度复杂世故的理性;后者是被效用最大化和效用精致化的欲望所催生的。布尔迪厄针对普遍化的经济精神的评论,也许相当适用于我们刚才谈到的过程:"精打细算精神在所有实践场所逐渐胜出,打败了家庭经济学逻辑;后者的基础就是对精打细算的压制,或者更准确地说,是对它的否定。"②互联网婚恋交友网站展现出来的确实是一种消费主义逻辑,持续不断地对品味进行收窄、定义及提炼,以及在诸多可能性之间进行比较。

互联网支持用户对数量极其巨大的人选进行探索,鼓励他们以前所未有的方式将择偶选择范围进行最大化,这是全然有别于前现代时期的择偶方式的;过去的择偶,是在一个较狭小的伴侣池中接受第一个够格的人选,还有尽早作选择。如今,结果最大化本身已经成为一个目标。③很多接受访谈的人们宣称,可获得

---

① E. Katz,《真不敢相信我居然买下了这本书:关于网络交友约会的公度性指南》(*I Can't Believe I'm Buying This Book: A Commonsense Guide to Internet Dating*)(Berkeley: Ten Speed Press, 2004),第103页。

② P. Bourdieu,《经济的社会结构》(*The Social Structures of the Economy*)(Cambridge: Polity Press, 2005),第6页。

③ 关于满足感及动机方面效用最大化所产生后果的案例,请参见 B. Schwartz,《选择的悖论:为何过犹不及》(*The Paradox of Choice: Why More is Less*)(New York: Ecco Press, 2004); S. Iyengar 和 M. Lepper,"当选择渐失动机:人们有可能对好东西胃口过大吗?"("When Choice is Demotivating: Can One Desire Too Much of a Good Thing?"), Journal of Personality and Social Psychology, 79 (2000), 995-1006。

的人选数量如此巨大,所以他们只好联系那些非常精准地对应了他们不同的期盼的人,包括身体外貌、性爱表现、心理和情感特性等。绝大多数接受访谈的人报告说,他们非常希望找到比搜索刚开始时设定的"更高成就的"人,这说明他们的品味和雄心有变化。

显而易见,网上婚恋交友采用心理特性描述及消费主义逻辑作为文化配方,表明了参与者如何用精心制定的理性策略以达到他们的浪漫爱情愿望。正如社会学家杰弗里·亚历山大(JEFFREY ALEXANDER)所论述的那样:"电脑逐渐渗透进入现代生活的每个毛孔,加剧了马克斯·韦伯所说的世界理性化。"[1]不同于任何其他技术,互联网已十分激进地把自我概念变成了"选择者"概念,而且浪漫爱情交往应该是从可能性中作出最佳选择的结果。这就是说,虚拟交往已被超认知化了,成为靠收集信息进行择偶这一理性方法的结果。

互联网已变得同市场一样有组织有条理;人们可以在互联网上比较人们的附带"价值",并选中"最划算的交易"。人所附带的价值包括他们的社会经济成就和教育成就,同时也可以是他们的相貌,心理特质,还有生活方式取向。互联网把各个求偶

---

[1] J. Alexander,《社会生活的意义:文化社会学》(*The Meanings of Social Life: A Cultural Sociology*)(Oxford:Oxford University Press, 2003)。还可参见 Smelser,"社会科学中的理性与矛盾"("The Rational and the Ambivalent in the Social Sciences")。

者置于一个开放市场中,同别人进行开放竞争,这样一来就形成了一个十分激进的概念:一个人可以并理应提高自己的恋爱条件,而且(潜在的或实际的)伴侣们显然是可互换的。市场语言堂而皇之地出现在互联网文字中——例如:"用纯粹的市场营销术语来形容,互联网约会的女性面对着令她目不暇接的众多购买决定。这是供需原则。"①或者:"互联网约会是一种数字游戏。[……]因此,向这些女性成功营销你自己意味着你能找到方法把自己同别的男性区分开来。"②

市场语言及技巧渗透进入人际关系领域,标志着时代已经迈进到**可互换技术**:即扩大各种技术的选择池,支持人们从一个伴侣向另一个伴侣快速移动,并设立标准用于对伴侣们进行相互比较、自己和别人进行比较。这样一种评估实践有违于某种爱情观点,即无法通过理性方式理解或了解他人;它甚至可以说构成了德里达定义的某种关系模型的范式:

> 我与对方的关系结构是一种"无关系的关系"。在这种关系中,对方保持着绝对的超越性。我无法触及对方;我无法从内部了解对方;诸如此类。它并不是障碍而是条件,适用

---

① H.B. Edgar 和 H.M. Edgar,《互联网交友:男性在线寻找、吸引、结识、约会的首选资源》(*Internet Dating: The Premier Men's Resource for Finding, Attracting, Meeting and Dating Women Online*)(Aliso Viejo, CA: Purple Bus Furnishing, 2003),第22页。

② 出处同上,第21—22页。

于爱情,友谊,也适用于战争;也是同对方建立关系的条件。①

以上这一种被爱者概念——超越的和无可比拟的——在选择理念和选择技术夹击下,越来越多地受到侵蚀。

这进一步表明爱情和理性两者同时被理性化,因为相比于现在的我们,前现代时期那些有理性的行动者在进行爱情和婚姻选择的时候,所具备的理性形式是相当初级的。各种选择技术的出现,标志着择偶过程中非理性模式的消亡;那种非理性模式主要以身体因素为基础,关于对方的知识或信息掌握得非常少情况下就调动情感,并且爱情伴侣被看成是独特的实体,不被看成按照高度认知化的标准作为单位进行测量并彼此进行比较。

这里我要告诫大家:在论述理性化对浪漫爱情关系的多重影响时,我们应记得有必要区分理性化的不同根源。例如,女性主义和科学语言存在一些相通之处,比如目的都是为了控制两性关系,比如都使得两性关系成为程式和规则的客体,比如都将两性关系纳入到源于法律和经济学的抽象原则及程式之下。然而,女性主义及爱情受到资本主义科学技术的理性化,这两件事

---

① J. Derrida,《解构主义简论:对话雅克·德里达》(*Deconstruction in a Nutshell: A Conversation with Jacques Derrida*), ed. J. Caputo (New York: Fordham University Press, 1997),第14页。

情对情感政治具有重要的然而不同的意义。女性主义创造出各种控制技巧以协助自我对权力差异进行监控,其最终目的是建立对话性的平等关系。与之形成对照的是,资本主义理性化再现了不平等性并为之辩护,其方法是应用一些技巧对他人进行评级并且对某人的需求和偏好进行具体化(也就是说,把它们固定在一个刚性网格中)。女性主义实践反对任何对身体和个体的工具化;相反,选择实践建立在市场词典和情感语法之上,它并不反对甚至鼓励工具化。然而从规范性角度出发必须要区分的东西,并不能全部从文化实践区分获得;因为科学语言、女性主义、互联网技术,全都参与促成了肉体结合与情感的离断,这种离断是通过科学知识体系、技术和契约化的程式主义等提供的正式规则。我认为,这三元的理性化过程深刻转变了浪漫欲望及爱情信念的本质。

性本能,反讽

从表面上看,上述分析看似带领我们直接到达柯里斯蒂娜·奈赫琳(CRISTINA NEHRING)等人提出的论点了;奈赫琳哀叹,对平等的新要求造成了激情丧失。奈赫琳简明扼要地诊断出现代爱人们在情感温度方面的偏移,并归因于平等、同一性等新标准。她写道:"也许爱情故事当中最大的困境,也是我们当今正在一本正经地、大张旗鼓地努力想达到的一点就是:平等。"①尽管之前的分析看起来跟奈赫琳的诊断并无二致,但实际上两者之间至少有两方面区别。第一个区别是,历史上不仅存在艾米莉·迪金森的例子——迪金森在写给一个神秘爱人的著名书信中称呼对方为她的"主人"(根据推测,她玩笑式地开出一张平等要求清单),而且还有众多令人景仰的人物的例子,比如伊丽莎白·芭蕾特和罗伯特·布朗宁、狄德罗和苏菲·沃兰德,哈里特·泰勒和约翰·斯图亚特·穆勒,萨特和波伏娃等——对他们而言,伴侣关系及平等是他们爱情的化学组成中非常有力的辅助剂。事实上,也许在更多的方式下,不平等比平等对爱情具有更大腐蚀性。平等即反情色,这一论点无疑忽视了诸多情况下不平等蕴含着侮辱、羞耻和粗暴,这些对情色根本没有什么帮助。然而,我不同意奈赫琳观点的主要原因是,她混淆了平等和爱情理性化中更具发散性的一个过程:即浪漫爱情生活已处于多种离断机制的调控下,比如科学知识,选择技术和程式化规则等,其目的是确保对称性、互惠性及自愿性。降低爱情关系温度的并不是平等,而是程式主义、科学反身性、契约主义、消费主义理性等等,它们干扰了传统上异性关系被情色化的方式。理性化跟含义体制相冲突;在历史上,男性女性对性欲望

---

① C. Nehring,《爱情辩护词:为 20 世纪寻回爱情》(*A Vindication of Love: Reclaiming Romance for the Twenty-First Century*) (New York: HarperCollins, 2009),第 79 页。

的体验和表达一直都是通过这类含义体制。这些体制正是我目前希望能解密的。从历史上看,性欲望是通过男女不平等来进行编码的;我们在21世纪早期面临的局面,正是传统性别互动仪式和性欲望的动态过程遭到颠覆的局面。在下文中,我将对这种传统情色欲望的动态进行分析。

情色之为多重差异

为什么带有强烈性别色彩的浪漫实践——比如"为女性开门",屈膝跪地公告他的爱情,送出大捧花束——"感觉上"比征求同意触摸一名女子的胸部更有情色感?因为这些具有强烈性别色彩的实践同时做到了以下几件事情:它们美化了男性所拥有的高于女性的权力;它们为男性统治裹上了感情和尊重的糖衣——也就是说,它们为权力蒙上面纱使之隐形;它们使得两性之间的关系仪式化——也就是说,它们以清晰可辨的含义模式进行组织;而且使某些人可以玩弄含义,因为尊重(开门)只有在它作为一种嘲弄式的尊重时才可能具有情色诱惑——即表演者是有权力的一方(获得奴隶的尊重并不具有情色诱惑感,得到一个有权力男人的尊重才有)。于是我们理解了为何女性主义实践对两性关系产生去情色化效果;因为女性主义实践主要目的是让权力显形,从而扫除隐含意义的蛛网;隐含意义是权力藏身和美化自己的所在。路易斯·杜蒙(LOUIS DUMONT),最杰出的现代性分析家之一,澄清了这种动态过程;他提出在权力与多重含义或美化含义之间存在固有的亲和力。他指出："要找到我们价值观的关键点很容易。我们有两大至高无上的理想,曰平等曰自由。"①杜蒙认为这两大价值观抹平了对社会关系的认识:

> 要强调的第一个特点是,人人平等观点蕴含人与人具备相似性。[……] 若把平等看作一种源于人类本质的事物,只是遭到万恶社会所否定,那么因为人与人之间不可以条件或财产作正当区分,或以类别作正当区分,因此人人都是相像的甚至完全相同的,同时都是平等的。

在回顾德·托克维尔(DE TOCQUEVILLE)的学说后,杜蒙又补充道:"在不平等当道的地方,有多少种社会分类,就有多少种不同的人性。"②杜蒙倡导例如在印度的不同社会群体和文化群体之间所展现的那种多重差异。按照他的观点,右手和左手不仅是互反的、对称的,其实本身也是有所差别的,因为它们与人体存在不同的关系。杜蒙所提出的论点是,平等导致定性差距的丧失。他拿右手和左手作比喻,两只手都是人体必需的,但手跟手之间却大不相同。根据非现代、非平等主义观点,每只手

---

① L. Dumont,《阶序人》(*Homo Hierarchicus*) (Chicago: University of Chicago Press, 1970 [1966]),第4页。
② 出处同上,第16页。

的价值——左手和右手——根源都是它与人体的关系,而人体具有更高的地位。

> 回避从属关系,或直呼其真名为回避超越性,是用一种扁平观点代替一种深刻观点,同时它也是"原子化"的根源;原子化经常被浪漫主义或怀旧主义现代性批评家所诟病。[……]在现代意识形态下,先前具有等级体系的世界已被扇形展开,变成一组扁平视图的世界。①

杜蒙所指的含义体制,是一个在有序的、全面的、等级化的道德和社会宇宙中生活的能力下产生超越性的体制。情色主义——它是在西方男性家长制文化中发展起来的——以类似于"右手/左手"关系的男女两性二元分界为基础;男性女性极端不同,各自扮演他们的具有多层次含义的身份。这种多重差异,从传统上把男性女性关系进行了情色化,最起码也是从这些身份强烈本质化之后就开始了。人们不妨进一步推测,权力之所以产生出如此丰富的含义,是因为它几乎永远需要蒙着面纱。出于这个理由,它有必要创造出复杂的含义,这些含义能同时实施和逃避它带来的暴力。逃避方法就是美化那些缠绕着权力的关

---

① L. Dumont,《个人主义论文集:从人类学视角研究现代意识形态》(*Essays on Individualism: Modern Ideology in Anthropological Perspective*)(Chicago: University of Chicago Press, 1986 [1983]),第249页。

系,比如说体现为男性规范的"骑士风度",还有传统的浪漫求偶过程。

情色之为间歇性

罗兰·巴特(ROLAND BARTHES)为情色提出了另一种非常有趣的定义:

> 身体最性感的部分难道不是衣服豁开一条窄缝的地方?在性变态情况下(这常常是最有文字愉悦感的部分)根本无所谓"性感区"[……]如心理分析法一向以来叙述的那样,间歇的才是情色的;在两件衣物(裤子和毛衣)之间、两条衣边(翻领衬衫,手套和衣袖)之间一闪而过断续出现的肌肤;最挑逗的就是这种一闪而过,或不如说:最挑逗的就是一种忽隐忽现的样子。①

情色动态过程就是一种显露和遮掩的变动过程;因为人们可以推测,这种间歇出现表演并预演着(肉欲的)匮乏和满足之间的转化。与之形成对照的是,性解放、"政治正确的"服装实践、肉体实践等等都倾向于破坏这种动态变化,因为这些东西让身体表面变平,让它们彼此等同,不管是在它们暴露时(性解放的政

---

① R. Barthes,《文本的乐趣》(*The Pleasure of the Text*)(London: Jonathan Cape, 1975 [1973]),第9-10页。

治,例如在天体营中)还是在遮蔽时(暴露身体变成性活动的具体化,于是从政治上成为不正当展现)。更有甚者,敞缝的服装更把矛头指向边界的不确定性:什么是性感,什么时候和什么地方这种情色主义是被允许的或者不被允许的? 这种间歇性把符号学意义上的模糊和歧义用具体形式呈现出来。需要再次说明的是,政治正确的谈吐和衣着标准程式杜绝了模糊性,通过明确定义哪些区域允许触及哪些不允许触及,达到谈吐和身体步调一致的目的。简单说来,我们的新规则是要杜绝模糊性。

专注与自我放弃

哲学家理查德·舒斯特曼(RICHARD SHUSTERMAN)做了一项非常有趣的分析后,他提出了一个观点:情色体验其实是美学体验的形式之一。跟康德的超然美学观点正好背道而驰,他提出情色体验具有审美性,正是因为它们需要并高度专注。

> 性享受可从两方面获得,既可以通过亚里士多德式的令人满足的、全神贯注的、毫不分心的活动而获得,也可以通过伴随着性爱而来的感官愉悦而获得;它有力展现出现象层面的主观享受体会,同时有意导向某个对象(一般是某人);这个对象构建了这一体验,决定了体验的特质,并为体验冠上极为重要的含义面向[……]。作为一种认知体

验,性行为让某人了解自己的身心,了解他/她的性伴侣的身心;典型情况下性行为同时表现出凝聚力和完整感的独特结合,表现出事情不懈地强有力地朝着圆满高峰发展的感觉。与庸常单调的体验相比,它明显高出一筹。性体验的影响范围十分广大,有些影响强烈程度无与伦比;性体验同时时而表现为主动专断的掌控,时而表现为浑然忘我的专注。①

情色体验的对立面是分析思维和理性思维;后者会把体验碎片化、隔膜化,会打破体验的流动性和即时性。性体验会彻底吸引自我的注意力。附和韦伯的观点,舒斯特曼对比了"自制的、受理性控制的形式愉悦感,与令人神魂颠倒的体验所带来的更有激情的愉悦感"。②韦伯必定会强烈认同,他说过:

> 恋爱者意识到他自身根植于真实生活的内核,任何理性行为永远无法触及这一内核。他知道他自己挣脱了理性秩序那只冰冷骨感的大手,其彻底程度就有如他挣脱了每日例行的庸常生活。这种体验根本无法言说,从这个意义

---

① R. Shusterman,"审美经验:从分析到性本能"("Aesthetic Experience: From Analysis to Eros"),引自 R. Shusterman 和 A. Tomlin(eds),《审美经验》(*Aesthetic Experience*)(London: Routledge, 2008),第 79-97 页(第 92-93 页)。
② 出处同上,第 89 页。

上看它等同于神秘主义体验。这不仅是因为恋爱者的体验具有极大深度,还因为那种魔幻现实的直观性。①

情色横跨了所有体验,因此无法缩减成为某些知识类别。这也意味着,情色领域发散出来的解析模式必然是非理性的。"不圆满的肉体交融知道它自身未能找到那条道路,那条能抵达彼此的神秘目的地的路:天意,从最高意义上理解这个词。"②天意大约是能够解释爱情的唯一办法,因为把它当成各种感情的理由都不需要解释。天意让这些感情无可避免地到来。因此,情色体验中找不出一个因素是属于该体验之外的。情色主义是某种含义体制,占主导地位的是体验的具体性,特殊性,判断的整全性,及不可缩减性。理性化所蕴集的含义与情色体验是相互抵触的,因为理性化就是把情色体验理智化,拉开经验和先于经验的知识之间的距离。所以理性化会破坏高度自我专注。

情色之为浪费

人们在试图理解现代爱情观的特别属性时,对以下这一事实深感惊诧:传统上浪漫爱情的体制化是在婚姻之外进行的,因

---

① 被引用于 Gane,《马克斯·韦伯与后现代理论》(*Max Weber and Postmodern Theory*),第143页。
② 出处同上。

此它所代表的价值观与婚姻制度价值观是相对立的,比如说婚姻制度中要保护自我利益和血统传承。婚姻的动机有可能来自家族联盟和经济利益,但人们认为爱情的动机是给人带来满足感的经验;这就威胁到了经济和社会秩序。乔治·巴塔耶(GEORGES BATAILLE)的效用观点代表着一种很有趣的出发点,我们不妨从这里出发接着思考。巴塔耶提出了如下假设,可供我们分析某些看似互不相干的大量现象,包括经济现象、性现象、审美现象等:他假设,生产率、自我保全、自我利益等对社会秩序并不是最重要的。他推测说,正好相反,没有生产价值的浪费挥霍、自我毁灭、非功利主义行为对社会秩序更重要。战争、仪式、奢侈品、游戏、纪念碑等等都是一些他称为"开支(DÉPENSE)"的例子;这个词有双重含义,花费和浪费。事实上,浪费挥霍正是这些活动的意义所在,正是产生神圣感所需的祭品。①

情色主义属于非功利主义行为范畴;在这里自我不仅得到放任,而且还有被浪费、受伤害的风险。相反,心理治疗和女性主义话语都试图提倡人们要形成某种心态,特别是女性心态,要做有用的人,要避免浪费;浪费的定义是指各种形式的依附,它与健全的、自主的、自我实现等自我设计全然不相符合。菲利

---

① G. Bataille,《被诅咒的共享:卷 II 卷 III:色情与主权的历史》(*The Accursed Share: Volumes II and III: The History of Eroticism and Sovereignty*)(New York: Zone Books, 1992 [1946-1949])。

普·瑞夫(PHILIP RIEFF)所说的那个认真清点"他自己的满意和不满意"并秉持"不产生利益的承诺是最应避免的罪恶"观点的"心理人"①,也便是那个避开那些包含着自我牺牲爱情模式的情色体验和爱情经验的人(或女人);因为这些体验的获得离不开自我放弃。按照马里昂的说法:

> 阻碍男女关系领域开放的障碍——它是某种情色障碍,而非认识论或本体性障碍——在于它自身带来的互惠性;互惠性之所以具备构成障碍的力量,是因为人们在没有证明或论证的情况下就假设,单单互惠性就能为自我意识所理解的"幸福爱情"的可能性提供条件。②

不过马里昂又补充说,互惠性是一项不可能实现的任务;因为在他看来,互惠性把人们带离爱情王国而带入到商业王国中,后者与爱情是不相容的。这种爱情观变得越来越站不住脚,因为自我放弃和自我牺牲——浪费——是片面的,是经美化的意识形态工具,其目的是从女性身上榨取情感的剩余价值。

---

① P. Rieff,《弗洛伊德:道德主义头脑》(*Freud: The Mind of the Moralist*)(Chicago: University of Chicago Press, 1979),被引用于 W.I. Susman,《文化即历史》(*Culture as History*)(New York: Pantheon Books, 1984),第278页。

② J.-L. Marion,《情色现象》(*The Erotic Phenomenon*)(Chicago: University of Chicago Press, 2007 [2003]), 第69-70页。

符号确定性

多层次身份和仪式化的行为创造了符号学确定性；颇为自相矛盾的是，符号学确定性又是创造令人愉悦的模糊含义的条件。这就是说，一般来讲权力关系是在稳定清晰的含义框架内组织的，因为种种权力结构趋向于对含义进行复制、固化和冻结。当稳定后的含义遭到玩弄和曲解，才会发生歧义。比如说，一名双性的男性（或女性）之所以被称为雌雄同体（而且这样子很有吸引力）是因为他/她身上别的一些男性或女性性征都很清晰稳定。双性同体者如果不利用众所周知的男性和女性性征的话，就无法进行文化编码。若男性和女性在符号学上不具备确定性，则双性同体也无法从符号学上产生。因此，是符号学确定性创造了歧义性，创造了玩弄及愉快的感觉。反之，权力关系对浪漫爱情关系的空心化，所产生的符号学影响就是：性别标志变得较不显著，并因此降低了产生模糊性的能力。而人们相信，模糊性往往是产生诱惑的要素。例如，凯瑟琳·陶珊哀叹，新式"敏感男人"的身上缺乏激情：

> 跟敏感男人在一起时，我搞不清他到底是想让我坐在他大腿上呢，还是坐在星巴克跟他讨论宇宙形态。若我就想听听感情之事，我可以打电话给女友啊。在一次全新的爱情事件中，我想要的是滚烫的性，不是滚烫的茶！

> 尊重当然是件好事;但在卧房里,平等主义未必等同于性爱。在《巴黎最后的探戈》那部电影中,当马龙·白兰度手中握着黄油时,我不信他脑子里想到的是政治正确性。
>
> 前几代的男人把性爱看作一种征服——放荡的,猥亵的,有趣的,肮脏的征服。[①]

陶珊(不知不觉地)在这段文字中反驳了奈赫琳的观点,并提出:平等从情色主义中抹去的,既有规范强烈的性别身份,也有性别身份的游戏性。她哀叹说,"诱惑"文化实践失去了固有的游戏性和模糊性;诱惑文化实践是半潜意识实践,以挑动别人的内心欲望为目的而玩弄一个人的身体和语言。罗伯特·格林(ROBERT GREENE)为完美诱惑者作典型特征分析时指出,非常重要的一点是要保持爱情互动的不完整本质,这包括提升模糊性,发出真假难辨的信号,掌握含沙射影的艺术,混淆欲望和现实,混杂快感和痛苦,激起欲望和困惑,让性爱元素变低调却又不摆脱,拒绝依从任何标准,让满足姗姗来迟,抑制彻底的满足感,等等。[②]

[①] C. Townsend,"为何有些男人觉得'火辣'的性场景让我发冷?"("Why Some Men's 'Hot' Sex Scenes Leave Me Cold"),独立报(Independent),January 7,2010,http://catherinetownsend. independentminds. livejournal. com/17943. html,最后访问时间 October 19,2012。

[②] R. Greene,《诱惑的艺术》(*The Art of Seduction*)(New York: Viking Press, 2004)。

模糊性是保持某个说话者的意图不确定性的一种基本方法。从这个角度看,模糊性促成了自由,促成了心口不一,允许人们拥有一种身份的同时假设自己是另一种身份。如沙迪·巴奇(SHADI BARTSCH)和托马斯·巴切热(THOMAS BARTSCHERER)所言(他们选用了"自相矛盾"一词,而不是"模糊性"):"自相矛盾是情色现象的天然组成部分。"[①]诱惑通常采用模糊不清的规则,这让西方文化中典型的诱惑者成为某种道德自由的典范,因为自相矛盾和模糊性是保持某个说话者的意图不确定性的一种基本方法。它们同时让权力和自由成为可能:即促成心口不一的能力,促成一句话具备多重隐含意义的能力。诱惑者使用模棱两可的言辞,因为他们觉得无需向真诚及对称性等规范负责。反之,人们所谓的"政治正确"实践要求透明无歧义的形式——从而保障最大的契约式自由和平等,于是也驱散了传统中诱惑所附带的修辞光环和情感光环。

爱情理性化动摇了含义体制,而含义体制是情色和爱情的基础:它们包括模糊性、间歇性、隐晦的语言、游戏性、超越性等等。传统的诱惑和情色建立在片面了解对方的基础上,建立在自觉意识的基础上,建立在制造模糊性的能力基础上。杰弗

[①] S. Bartsch 和 T. Bartscherer,"沉默的爱情书写了什么:导言"("What Silent Love Hath Writ: An Introduction"),引自 S. Bartsch 和 T. Bartscherer(eds),《论情色》(*Erotikon: Essays on Eros, Ancient and Modern*)(Chicago: University of Chicago Press, 2005),第 1-15 页(第 7 页)。

里·亚历山大总结了康德的美学思想并提出:"一段体验之所以有美感,是因为它不必借助理性思考或道德理解才能确定,但又不至于绝对脱离理性思考和道德理解;这种审美体验之后,免于先验确定这一点进而允许了更大的理念和道德发展。"①

中性语言、对称的权力关系、程式公正性、明确自愿性这四重关注,干扰和颠覆了原欲文化核心中的含蓄和模糊规则;这里所理解的原欲文化不是普遍的不变量,但从历史上是性欲望的某种具体组织方式:因为大体上说,女性气质的定义就是各种依赖性的展示,权力差别是女性和男性欲望及肉欲的中心点(奈赫琳在这一点上是完全正确的)。这也就是说,意在权力对称呈现的制度化程式,正在质疑一项历史悠久的文化传统,该文化传统中男性权力和女性无权状况能引起性欲,这种权力差别能产生质感极为丰富的诸多含义。请允许我提出以下假说:如果说"政治正确的"语言引来了嘲笑、不适感和文化不振,那是因为它破坏和暴露了意识形态的胶水,它将男性女性的性别身份和权力差别胶合在一起,并显得充满情色感和令人感到愉悦——因为是自发的,非条件反射的——但绝不危及性别结构和等级。这就是说,人们之所以不愿接受政治正确的语言,是因为它排斥了情感幻想和愉悦感,后面这两者恰好是传统性别关

---

① J. Alexander,"标志性意识:从唯物角度感受意义"("Iconic Consciousness: The Material Feeling of Meaning", Environment and Planning D: Society and Space, 26[2008]),第782-794页(第789页)。

系的基础；然而政治正确的语言未能从根本上撼动或改变性别不平等的结构，而性别不平等啃噬着两性关系的情感核心（让女性照看孩子，换来换去都是兼职工作，承担两性关系的所有情感工作等等）。换言之，若要平等，就需要重新定义情色和浪漫爱情欲望；但这项工作尚未完成。

不确定性，反讽，或平等不适感

激情和情色的丧失，是同平等衍生而来的两种文化感受相关联的，即不确定性和反讽。按威廉·詹姆斯（WILLIAM JAMES）的观点，情感有助于"消除未来带来的不确定性"，① 那么很显然，理性化过程破坏了人们获得确定性的能力，结果造成不确定性和反讽主导了浪漫爱情关系的文化气候。

情感契约主义——一种建立在自由意志，平等和对称性基础上的关系——自相矛盾地引出符号学的不确定性：即人们会抱有一种先入之见，总觉得自己的行为已经做得够好，于是在某个具体的互动中就很难掌握正确的行为规则。如莫琳·陶德（MAUREEN DOWD）文章中所写的那样：

我的同性恋朋友貌似对现代的约会礼仪充满困惑。其中有

---

① W. James，《相信的意愿：及其他关于大众哲学和人类永生的论文》（*The Will to Believe: and Other Essays in Popular Philosophy, and Human Immortality*）（New York：Courier Dover Publications，1956［1897］），第77页。

一人说:"你们小组决定研究方向的时候,不妨把我们这群人当成晴雨表:当人们渴望的性别平等真正到来时,情况到底会怎样。你知道吗?其实情况糟透了。我会在那边想个不停:假如我拿起那张账单的动作太快,我是不是就把自己定位成那个支配型的、好斗的父亲类型?假如我乖乖坐在这里,我是不是发出这样的信息:来照顾我呀,噢还有,来带我走呀?"①

这里的不确定性跟模糊性是对立的,它是一套公认的含义所形成的含义体制。模糊性令人感到愉悦,它由两个已知的含义库混合而成;相反,不确定性令人感到痛苦,它来源于人们无法得知该由哪套规则来组织互动。模糊性是情色游戏的性质之一,其意图是基于共享的或隐晦的含义来达到不言自明或弦外之音的效果。模糊性带有游戏性并且令人感到愉悦,因为它用一种高明的手法玩弄社会规则。相反,不确定性会抑制性欲望并产生焦虑,因为它让人们关注互动规则并对照规则不断向自己提问,这样一来就更难感受到互动本身激发出来的情感了。一名留居伦敦的40岁男子这样形容说:

在当今这个时代,我的所有男性朋友对女性都感到十分困

---

① M. Dowd,《男人是必不可少的吗?当两性碰撞时》(*Are Men Necessary? When Sexes Collide*) (Harmondsworth: Penguin Books, 2006),第40页。

感。他们不知道,他们到底是进攻好呢,还是作绅士好;作男性阳刚状好呢,还是作敏感多思状好;我们完全失去了方向,不知道她们希望我们怎样。我相信我可以说,我认识的所有男人都不敢跟女性打交道,因为事实是他们不知道规则是怎样的。

不仅如此,关于平等的各种规范同符号学明文规定性别身份所带来的愉悦感是相互抵触的。例如,有一位名为克莱尔的37岁女画家,出生和成长于欧洲,她在访谈中说道:

> 跟以色列男人见面,对我来讲绝非易事;因为你知道这事儿很奇怪的,尽管他们有男子气,但他们不肯为了让你开心而去做那些阳刚的欧洲男子乐于做的事情。

采访者:比如哪些事呢?
克莱尔:比如,在你面前跪地,帮你开门,买花给你。即使我明白,享受那些事情其实我会感到自己很愚蠢,但我不得不说,这些事还是令我感到很享受的;不过我知道我不该为这些事感到享受。
访谈者:不该为这些事感到享受?为什么不该?
克莱尔:嗯,你懂的,因为这些是政治不正确的事。
采访者:这很有意思。你意思是说,你会禁止自己去感受某种愉悦感?

克莱尔:哦是的,你知道,我很大一部分工作[绘画/雕塑]都离不开女性和女性的处境;所以是的,我内心有一部分会享受这些事——事实上,不仅如此,我会期望有人做这些事;但我内心也有一部分会谴责另一部分,几乎会发号施令[大笑]叫自己不要感到享受。似乎我拥有两个自我,一个是传统女性自我,一个是现代女性自我;你明白我的意思么?

采访者:这两个自我是否彼此冲突的?

克莱尔:[沉默良久]你是可以这么说,我不单单是感到非常困惑而已。我真的不知道我可以向男人要什么,理应向男人要什么:要是我跟他说,你为什么不买花给我,或者你为什么不写情诗给我,那感觉就好像我背叛了自己作为女性主义者的身份;我不可以有这些要求,因为在我们这个时代,像我这样一个解放女性不需要这些东西,或者说不再要求这些了。其实这里面真正涉及的问题是,你认为自己有权要求什么。因此,我内心的一部分想要某些东西,但另一部分说我不该这么想。所以我时常不明白我真正想要什么,或我该要什么,甚至不明白我到底是什么感受。

两种文化结构的重叠产生张力,让一个人对欲望的内容产生不确定感,在真正让他/她感到愉悦的东西同评估愉悦感的规范这两者之间举棋不定。这种重叠让女性很难定夺,她在跟人互动时该受到哪种规则支配。哲学家罗伯特·皮平(ROBERT PIPPIN)建议:"性本能当中有些东西是无法轻易纳入到基督教式人道主义或自由平等式的人道主义中去的。"① 用更为社会学的术语来说:平等会产生社会焦虑,因为它让互动规则生出不确定性;它削弱了历史上由多层次身份和仪式化规则所产生的自发性。

不确定性进而生成了反讽;反讽是讨论爱情最主要的修辞手法。在西方文化中,首个表现反讽的祛魅的爱情状态的出处,可见于《唐吉坷德》(1605-1615年)一书。该小说在读者本身的能力内部引入违和感,让他们对游侠骑士的爱情体验产生不相信感。随着现代时期来临,对爱情的不相信感加重了;更多时候,现代人的浪漫爱情是处于类似马克思所描述的"渐渐清醒过来"状态,而不是前现代时期爱人们所描述的那种炽热和疯狂;爱情越来越多地成为反讽的对象。现代爱情已经成为反讽手法最得心应手的场所。爱情的理性化过程位于浪漫感情这一新反讽结构的中心,它标志着爱情的文化定义从"迷魅"转向祛

---

① R. Pippin,"晕眩:回复 Tom Gunning"("Vertigo: A Response to Tom Gunning"),引自 Bartsch 和 Bartscherer(eds),《论情色》(*Erotikon*),第278-281页(第280页)。

魅。雷蒙·威廉斯(RAYMOND WILLIAMS)发明了一种极为巧妙的表达方式;他说,感情结构决定了感情的社会面貌和结构面貌,以及对社会结构的感受。它们是"多种社会体验的溶解状态。"①浪漫感情的反讽结构,令人不仅难以接受激情的理念,也很难对所爱的人进行充满激情的、自我牺牲的承诺;但这种承诺在过去几个世纪以来,乃是西方爱情理念的招牌特征。

反讽是种假装不懂的文学技巧,然而能产生什么效果,要取决于听者的知识(不然反讽的含义可能被人照字面理解,可它的真实意思跟字面是相反的)。当人们面临某种状况却拒绝接受其背后的信念时,就会采用反讽手法。现代浪漫意识就具有反讽修辞结构,因为它沉浸于祛魅的知识中,而祛魅后的知识是不赞成人们彻底相信和承诺的。爱情最核心的一个信念,具体而言是其自说自话地要求永恒和毫无保留,这是反讽无法真正接受的。以下这些反讽例子选自凯瑟琳·陶珊的文章,她同时写出了人们渴望爱情永恒(渴望她的前男友能做一些戏剧性事件来挽留她)以及相信爱情永恒的不可能性:

> 我怎么把这种幻想当真了呢?我一直在说,假如《漂亮女人》出续集的话,我打赌,这个故事肯定会这么讲:当理

---

① "感觉的构建"("Structure of Feeling"),引自 M. Payne 和 J.R. Barbera (eds),《文化与批判理论辞典》(*Dictionary of Cultural and Critical Theory*)(Oxford: Blackwell Publishing, 1997),第670页。

查·基尔厌倦并迅速甩掉她之后,朱利亚·罗伯茨只好流落街头。

可他们偏偏知道怎样让你回心转意,因为我们都在电影里见识过了:摆一个很隆重的姿态。①

此类反省式文化——伙同对应的电影故事套路,伙同对应的文化神话对我们的掌控——借自我讥讽隐匿了陶珊内心想要留下来的哀婉愿望。确实,德国浪漫主义哲学家施莱格尔(SCHLEGEL)认为,人们对爱情有限性的认识是反讽的中心点:"真正的反讽是对爱情的反讽。反讽起源于人们感受到有限性,感受到自身的局限;这跟所有真爱所固有的无限性概念是背道而驰的。"②这个说法是站得住脚的,因为施莱格尔和齐克果一样,认为爱情的精髓存在于其自身情感的无限性当中,"爱情与淫欲的全部区分,在于爱情带着永恒性的印章。"③我们可以反过来说,爱情理性化所产生的效果是建立了一种爱情有限性文化——强调爱情在心理上、生物学上、进化论上、政治上及经济上的种种局限。各种各样的理性化进程暴露出爱情的相对性,

---

① C. Townsend,"浪漫与激情""(Romance and Passion"), September 28, 2008, http://sleeping-around.blogspot.com/2008/09/romance-passion.html,最近访问时间 October 19,2011(目前网页已不再有效)。

② Schlegel,被引用于 A. Hannay,《齐克果传记》(*Kierkegaard: A Biography*) (Cambridge: Cambridge University Press, 2001),第 145 页。

③ S. Kierkegaard,《非此即彼》(*Either/Or*),卷 II(New York: Doubleday, 1959 [1843]),第 21 页。

这必然导致新的浪漫爱情感受力以反讽为中心点。选择技术的光大,认识到伴侣之间是可公度的可互换的,使得人们意识到边界的外扩;科学的专家系统的应用,使得人们降低了对永恒性的要求。这样一来,反讽把矛头直接指向信念的可能性本身。如大卫·霍尔柏林(DAVID HALPERIN)的文章中所写:

> 有些体验[……]与反讽是水火不容的。为了具备这些体验,就必须清除任何反讽的苗头。反过来看,反讽的来临即标志着体验的终结,或体验的消退。反讽的对立面是强烈情感。在感情激动时,在情绪汹涌时,我们很难注意到周边情势,很少有多余的注意力去顾及不止一组含义。在以上这类状态下,我们变成拘泥字面意思的人:我们只能体验一种事物。需要消除反讽,或者说在反讽下无法幸存的三大主要体验是:不加思索的痛苦或悲伤,宗教传输,及性爱激情。①②

如果霍尔柏林的观点是正确的,那么反讽跟激情、强烈情绪体验、身体体验等是无法兼容的。反讽已成为我们时代的主导文

---

① D. Halperin,"爱情的讽刺:对柏拉图式性本能的六条评论"("Love's Irony: Six Remarks on Platonic Eros"),引自 Bartsch 和 Bartscherer(eds),《论情色》(*Erotikon*),第48—58页(第49页)。

② Plato,《对话集》(*The Symposium*), eds M.C. Howatson 和 C.C. Sheffield (Cambridge: Cambridge University Press, 2008)。

化体验,原因就是本章所阐述的理性化的三重展开过程,它冲击了迷魅爱情所凭借的情感结构。

结　论

柏拉图在他的著作《对话集》中有一句著名论述,他说:热爱是通向知识和智慧的途径,因此它与理性完全兼容。柏拉图有一个关于爱的阶梯的比喻,其基本假设是:爱某个单一美好主体,就是爱美和善的理念本身;由此推出,理性和爱是可以互相交错的。上文所述的理性化的三重展开过程,要求对柏拉图的爱和理性兼容的观点进行重新论述;因为理性,或更准确地说是理性化之后的理性,已然破坏了浪漫渴望和情色欲望长期以来的构建和体验方式——多层次的模糊的含义结构,支持真实的男性和女性角色的表演,在暴露和隐藏之间摆动,炫耀式展示浪费。

作为一种心智和身体的异常活动,爱情已经丧失了其文化情感色彩和激情;爱情受到范围广泛的一众文化进程的制约,如程式主义和理性化进程等。由此可见,为爱受难也已丧失了它原有的情感色彩和辛酸感。批评家维安·戈尼克(VIVIAN GORNICK)在《言情小说的终结》(*THE END OF THE NOVEL OF LOVE*)一文中写道:

当爱玛·包法利放任自己与丈夫之外的男人在一起时,当安娜·卡列尼娜从她丈夫身边逃离时,当纽伯德·阿切尔[原文如此]为了是否追随爱伦·奥兰斯卡离开纽约而备受煎熬时,这些人真可谓是为爱情甘冒一切风险。布尔乔亚对名望的看重,能把这些人变成社会贱民。忍受流放生活,坚强是必需的。冒这么大风险之后,痛苦可能带来力量,让人头脑清楚见解独到。今天,没有人会惩罚我们,没有名流世界会放逐我们。布尔乔亚社会本身已经完结了。①

这名评论家建议,爱情痛苦已丧失了其文化力量和情感色彩,不再能提供有存在感的清楚头脑,因为它未能清晰表述社会和个体的冲突,它不再与经济行为的累积相对立,也不再命令自我去牺牲或放弃常规的自我控制机制;反过来,它仅指向自我及其效用。在第二章和第三章中,我阐述了浪漫爱情意志的解构;在第四章、第五章和第六章中,我指出了浪漫爱情欲望的解构,它陷足于自我怀疑、反讽及过度情色化文化而无法自拔,在上述情形下情感和性爱的传统条件都已沦陷。

---

① V. Gornick,《言情小说的终结》(*The End of the Novel of Love*)(Boston: Beacon Press, 1997),第158页。

第六章
从浪漫幻想到失望

没有一种爱情是原创的。
——罗兰·巴特,《恋人絮语》①

听得见的旋律是悦耳的,可那些听不见的旋律更悦耳。
——约翰·济慈,《希腊古瓮颂》②

---

① R. Barthes,《恋人絮语》(*A Lover's Discourse*)(Harmondsworth: Penguin, 1990 [1977]),第137页。
② J. Keats, "希腊古瓮颂"("Ode on a Grecian Urn")(1820),引自《约翰·济慈诗歌全集》(*John Keats: The Complete Poems*)(Harmondsworth: Penguin, 1988),第344页。

想象的运用对现代意识的崛起起到的中心作用,并不亚于理性的作用;我还提出,它对现代情感生活的形成也起到中心作用。①阿多诺(Adorno)对韦伯的祛魅论点作了个有趣的转折,他提出:想象力是布尔乔亚社会的中心点,因为它代表着一种生产和消费力量,是资本主义审美文化的组成部分。在《德国社会学界的实证主义争论》(*The Positivist Dispute in German Sociology*)一书中,阿多诺论述道,通过文化技术部署,布尔乔亚现代性驯服了不受监管的联想式思维形式;在18世纪,想象已是当时关于美学讨论的重心,当然当时的讨论也仅限于美学范畴。自18世纪晚期开始,想象在美学范畴成为制度化实践;后来在大众文化范畴亦然。根据以上观点,受监管的、制度化的、商品化的想象运用乃是现代布尔乔亚消费社会的核心层面。这一所谓的后现代主体的典型特征表现为欲望的成倍增长,其成因就是想象的制度化。不仅如此,上述制度化从总体上改变了欲望的本质,特别是浪漫欲望的本质。它对各种文化幻想作了更清晰的编码,在这些文化幻想中爱情分别作为一个故事、一宗事件、一种情感进行想象,虚构的憧憬乃成为它永恒不变的条件。作为一种情感和文化认知,爱情越来越多地承载了虚构的憧憬对象:即借由想象展开且存于想象中的对象。但阿多诺也推断说,在变

---

① J. Schulte-Sasse,"想象与现代性:驯服人类头脑"("Imagination and Modernity: Or the Taming of the Human Mind"),Cultural Critique,5(1986),23-48。

成消费圈的从属物之后,想象在美学范畴之外的名声也江河日下了。"幻想变得声名狼藉,或被贬谪到某一特殊领域,被划出劳动分工之外,这都是布尔乔亚精神退化的经典现象。"①浪漫爱情和幻想已成为文化怀疑的对象,因为"幻想只有经过具体化并设定成现实的抽象对立面时才是可以容忍的。"②正因为很难甚至不可能把虚构和爱情体验中的真实性分离开来,想象在爱情中一向是且将来仍然是声名狼藉的。集体幻想拖累了浪漫体验,这一假设就是我希望本章能够验证的。更准确地说,我要试图理解爱的情感同大规模制造的幻想的爱情脚本之间的关系,以及这种脚本设定对浪漫欲望本质有何影响。

想象,爱情

什么是想象?有种常见观点认为,想象是心智的一种正常活动。杰弗里·亚历山大把想象描述为:"是表述过程本身固有的东西。它抓取生活中一段不完备的经验,通过联想、浓缩、美学创造等等进行塑造,形成某种特定形状。"③根据上述观点,

---

① J. Schulte-Sasse,"想象与现代性:驯服人类头脑"("Imagination and Modernity: Or the Taming of the Human Mind"), Cultural Critique, 5(1986), 第26—27页。

② 出处同上,第27页。

③ J. Alexander,《文化创伤与集体认同》(*Cultural Trauma and Collective Identity*)(Berkeley: University of California Press, 2004),第9页。

想象不是心智随心所欲活动的结果,而要通过思想和体验的组织,或通过对世界的预期才能构成其内容。亚历山大的定义所强调的是,想象活动并不是发明一些文化场景,而是尽多使用那些已预先确立的文化场景。此外,想象远非脱离真实生活的东西,它跟感官知觉或"真实"体验保持着紧密联系,而且常常是后者的替代物。霍布斯(Hobbes)将想象描述为"腐朽了的感觉",它是某些原真感知的模糊复制件。在《想象心理学》一书中,让·保罗·萨特就以上主题展开论述①。他注意到,想象经常被视为一种比普通感知更强有力的能力,但其实它不过是感知的苍白回声。闭上眼想象一下某个你所爱的人的脸庞,萨特说;不管唤出的是何种意象,都难免显得"单薄","枯燥","平板","呆滞"。②上述这种想象出来的对象,缺乏伊莱娜·斯卡里(Elaine Scarry)所说的感知到的对象所具备的鲜活和生命力;或者说,通过感觉感知到的对象才具备这种鲜活和生命力。③按照以上观点,想象是替代对实物"真实"体验的一种能力,通过它获得的感觉同真实生活中的感觉很近似。因此,想象并不是对现实的否认,恰好相反,它试图经由感觉、感情和情绪模拟现实,

---

① J.-P. Sartre,《想象心理学》(*The Psychology of Imagination*)(London: Routledge, 1995 [1940])。

② 引用在 E. Scarry,"论生命力:白日梦与权威指令下想象的差异"("On Vivacity: The Difference between Daydreaming and Imagining-Under-Authorial-Instruction", Representations, 52 [1995]),第 1-26 页(第 1 页)。

③ 出处同上。

把原本缺席的东西呈现出来。

然而,流传最广的一种针对想象的观点是,想象是一种奇特的创造物,它对心智的紧密把握远远超过普通的感觉感知,并把我们与现实分离。莎士比亚在《仲夏夜之梦》(1600年)中有一段著名的文字,恰好印证了以上看法:

> 正如想象可以具象化
> 未知事物的外形,诗人的妙笔
> 能赋予事物千姿百态,并赋予空气般的虚无
> 一个本地住所和名字。①

在这段文字中,想象是一种虚构不在眼前之事物的能力,通过发明创造的举动赋予无形之物"千姿百态",从而对我们真实生活的体验进行放大和强化。这种想象观点在爱情范畴尤为突出;爱情的对象和想象都具有旺盛的生机与活力。平日体验和大量哲学和文学写作都证实,一旦爱上别人,人们想象中的心上人同现实存在中的心上人一样强大;同时还证实,人们在恋爱时会对渴求的对象很大程度上作一些捏造。也许,再也没有比爱情更能清楚地让人观察到想象的基本角色:即作为一种替代真实对象的能力和创造的能力。正因为爱情能通过想象创造其对象,

---

① W. Shakespeare,《仲夏夜之梦》(*A Midsummer Night's Dream*)(1600),第五幕,第一场。

由想象所激发的情感的真实性问题一直是整个西方文化中挥之不去的问题。这也是为什么爱情体验和情感的真实性问题在20世纪备受关注和探究的原因,它与更久远之前探究爱情情感源头的疑问遥相呼应。从海德格尔到鲍德里亚(Baudrillard),当中经过阿多诺、霍克海姆(Horkheimer),人们认为现代性之下体验及其表现之间的裂痕日益加大,而且现代性之下体验的表现包容了体验。

常被引证的文献中可见到对爱情想象的认知状态的关注;再次,在《仲夏夜之梦》里面也能找到。尽管剧中充满喜庆特色,仙女和神话生物,正如演员们常常把这部剧作称为《梦剧》,这是一部关于人类内心及奇思异想的黑暗喜剧。这种黑暗来源于想象概念针对理性和爱情对立性进行清晰表述的具体方式。波顿对提泰妮娅说:"时下理性和爱情难得结伴而行了",这种历史悠久的对立正好成为剧本的结构。如果肤浅地阅读这种对立,人们会认为《梦剧》重演了传统套路:爱情成为既危险又可笑的情感,因为爱情选择不见得是理性的;理性的主场在心智里,而人们推测爱情建立在感觉上且由感觉触发。但莎士比亚给出了反对(也是极端现代的)观点。在一段独白中,海伦娜宣称自己与赫米娅一样"美好",却一直受到全面诋毁,没人愿意把她当作爱情对象。

雅典全城上下都认为我跟她一样美好

但那有什么用?狄米特律斯不那么认为;

他所知有限并非全知:

当他犯错时,就乞怜地望向赫米娅的眼睛,

所以我爱重他的品质:

低下卑鄙的事物是谈不上品质的,

爱情能调转形式和尊严

爱情不用眼睛看,而用心智看

因此长翅膀的丘比特在画中被蒙上眼睛

爱的心智同样没有任何判断能力

翅膀和蒙眼表示匆忙和轻率

因此人人都说爱情像个孩童

因为在选择时他经常被蒙骗

好比调皮男孩在游戏时发伪誓

所以男孩的爱情也随处发伪誓

因为在狄米特律斯看向赫米娅的眼睛之前,

他呼喊过誓言说他只属于我一个人;

当他的誓言招来赫米娅的热度

他就溶化了,阵阵誓言都融化了。①

莎士比亚的《梦剧》给人们熟悉的爱情非理性的老套主题

---

① W. Shakespeare,《仲夏夜之梦》(*A Midsummer Night's Dream*)(1600),第一幕,第一场。

加上了一个很有趣的转折:他认为,爱情之所以是非理性的,那是因为爱情就坐落在心智中,而不在感觉中。"爱情不用眼睛来看,而是用心智来看":因为爱情坐落在心智中,它较少经受依据理性标准进行的讨论;要是坐落在眼睛里,则不同了。这里所指的心智,是一组主观产生的复杂联想,不经受外部世界的检验。相反,眼睛是自我和周围现实的中介:目视的对象是,似乎是,客观存在的;由此可见,眼睛信赖的世界是在主体身外的。海伦娜恳求说爱情该跟着感官(眼睛)走,而不能由心智作主,因为心智正好把评估/爱恋另一人的过程从对象在客观世界中的价值中割裂出来。上文说到的心智,不仅是想象运用的场所,并且是想象的根源。爱情怎么成了某种形式的疯狂行为呢?就是因为它跟现实没有任何连接。

沿用16世纪的医学话语,《仲夏夜之梦》提示:浪漫想象之所以是疯狂行为的一种表现形式,是因为它缺乏抓手,无论是身体的还是精神的。在弗洛伊德看来,浪漫想象尽管不理性,但仍然具备一个抓手——对父母一方的早期印象,理解早期创伤的需要和渴望——然而在莎士比亚剧中,爱情的非理性是十分激进的,因为想象使爱情变成一种任性无常的感情,无需经受任何解释的检验,也不算组成性事件,甚至连精神分析的变种也不算。在《仲夏夜之梦》中,爱情作为一种让人们百思不得其解的体验,它既不是合理的也不是荒谬的。在弗洛伊德学说出现前,它甚至无法在任何潜意识逻辑中找到对应解释。该剧的关键在于,在理智健全和疯狂的爱情之间不存在真正区分,因为"理智健全的"爱情与帕克①的受害者身上那种癫狂的情感并无根本上的差别。这里,浪漫想象是疯狂的别名,它把爱情变成一种荒谬的、自发生长的感情,与爱人者的身份毫无关系。跟后来的爱情与想象观点一样,这种爱情观强调了爱情与质疑想象两者既有相似之处也有不同之处。莎士比亚的剧作预见到想象能激发人们质疑情感的本质,但作品中没有一句话提及18世纪以来哲学家和作家们头脑中盘旋不去的话题,即文化技术和虚构作品在想象塑造时发挥了什么作用,未提及虚构情感的预见性特征,更重要的是,甚至未提及从想象中的对象向日常现实转移会产生什么问题。

研究想象的现代体系主动招揽和鼓励一种低调的白日梦形式,大多数情况下是通过平面媒体和视觉媒体的空前大量制作,它们为美好生活的强大叙述提供了视觉展示。很大程度上,现代性在于用诸多新方法来想象社会政治纽带的能力。②这些出现在新想象中的联结纽带,不仅包括政治关系纽带,也许更重要地,还包括个人幸福的乌托邦。乌托邦式想象在个人生活范畴得到激发,其先决条件是主体天生具有个人思想、感情和憧憬;特别是家庭生活和情感范畴被当作想象的对象和地点。爱情和情感满足变成乌托邦式幻想的对象。想象与幸福理念的民主化

---

① 《仲夏夜之梦》中的一个精灵。
② C. Taylor,《现代社会想象》(*Modern Social Imaginaries*)(Durham, NC: Duke University Press, 2004)。

和广义化同步发展——幸福理念被理解为一种物质和情感状态。消费主义文化——铿锵有力地清晰表述个体自我实现的情感投射——围绕着他/她的情感和白日梦来组织个人的现代情感主体,并将人们对自由的行使定位在个体性的实现和幻想。它为欲望和幻想这个门类找到了合法性,使之成为行动和意愿的基础,使消费和商品成为实现欲望或仅仅体验欲望的制度支持。"人生设计"是一种制度化的投射,通过想象对某人的个人生活进行未来设想。现代性制度化了主体的期望值以及在想象文化实践中想象他/她人生机会的能力。情感被转变为想象对象,在这个意义上人生设计不仅是一种想象出来的文化实践,有时候还可包括细致入微的情感设计。想象因而将憧憬和对爱情永久条件的预期性投射以及失望等转化为对渴望能力本身的威胁。

文化和技术滋养了自发生长的浪漫想象;从17世纪开始,无数的西欧道德家和哲学家反复思考着文化和技术扮演的这一角色。随着印刷书籍的传播、浪漫小说流派和公式的汇编成典/编码化,以及个人领域的逐渐定型,爱情和想象之间这种错综复杂的关系变得尤为引人注目。各种技术解放了想象活动,同时以明确的叙述公式组织想象并汇集成典;爱的情感与技术日渐难以拆分。①

---

① 以《唐吉珂德》(*Don Quixote*)(1605-1615)为例,它描述了一场滑稽拙劣的骑士浪漫史,以一种夸张的多情奉献的修饰方法扭曲了读者的心理活动。这篇小说试图嘲笑曾经风靡欧洲图书市场的浪漫文学作品,及其他对人们立志做情人和骑士的影响,最终指向此类想象的制度基础与系统而非无序的特征。

小说具备引出身份和想象的能力——小说里充斥着大量的爱情、婚姻、社会移动性等主题——这使得浪漫想象成为公众关注的话题。人们越来越多地相信,想象会影响社会稳定和情感稳定。在整个18世纪期间,随着女性读者群体不断扩大,小说面临着造成道德危害的谴责;这表现为人们几乎不加掩饰地担忧小说会改变女性情感和社会期望的本质。①由于女性受众占主导地位以及女性小说作家的大量涌现,小说这种文学体裁出现女性化;这进一步刺激了那种担心小说鼓励不真实的危险情感的观点。②

某些文学体裁的影响力越来越多地反映在它们自身,许多19世纪小说包含着对小说中社会破坏性角色的批判,对其可能造成的危险情绪和社会意愿的批判,简而言之对其可能造成的预期情感的批判。普希金有一本探讨人生和艺术关系的名著《叶甫盖尼·奥涅金》(1833年);一名淳朴的乡村女孩达吉雅娜不顾一切地爱上了奥涅金,但奥涅金是个世故浪荡的城市人;叙事者模仿奥涅金的冷酷,以反讽的语气表述着他的观察:

---

① 以 Thomas Jefferson 为例,他在1818年提出,"当这种毒害侵蚀心智,它会摧毁心智的基调并影响到人们有益的阅读能力。[……]结果会造成膨胀的想象,病态的判断,并对生活中的一切真实活动产生厌恶感。"被引用于 H. Ross,《1789年-1860年间美国的言情小说》(*The Sentimental Novel in America, 1789-1860*)(Durham, NC: Duke University Press, 1940),第4页。

② 某个批评家谴责他所看到的浪漫小说为人们自由使用,认为"它们的唯一倾向就是激发浪漫主义观念,它使人们的头脑空无一物,人们的内心情感丧失。"引用出处同上,第5页。

之前她喜欢读小说；

对她而言小说取代一切；

她逐渐沉迷于各种虚构作品

理查逊的书卢梭的书。

她的父亲是个老好先生

是个旧时代的遗老

不相信书有什么害处。①

时机到了——她[达吉雅娜]坠入爱河。

就这样，种子一碰到土壤，即在热烈的春天里急速生长。

长久以来她耽于想象，被孤独和渴望包围，企求那致命的美食；

长久以来她心怀伤感

束缚着她年轻的胸怀；

她的灵魂等啊等——为某个人。②

达吉雅娜的爱情形式显然是事先制造一个想象，然后等着有个路过的对象来满足；她等来的却是貌似风流多情的奥涅金。乔治·艾略特(George Eliot)在《亚当·比德》(*Adam Bede*)(1859年)一书中这样描写赫蒂·索蕾尔："赫蒂从来没看过一本小

---

① A. Pushkin,《叶甫盖尼·奥涅金》(*Eugene Onegin*)(Princeton：Princeton University Press, 1964 [1833])，第139页。

② 出处同上，第152页。

说;那她怎样才能知道她期望的人是什么样子的呢?"① 无独有偶,简·奥斯汀在《诺桑觉寺》(1818年)一书中,在描写凯瑟琳·莫兰这一角色时模仿了哥特言情小说笔法,这女孩满脑子稀奇古怪的念头,全都是她读过的小说所激发的。以上几位作家和其他作家们描写和讽刺了小说通过预期来生造爱情的力量,即生造出某些通过探索虚构世界来建立感情的方法。

有一部作品最完整地捕捉到了当代人对想象的忧虑,以及想象、小说、爱情及社会意愿之间的复杂关系,这本书就是《包法利夫人》(1856年);该书极为传神地描写了意识中充满各种想象爱情场景的一个典型现代人的悲惨下场,以及她想象中的爱情遭遇现实之后的宿命。少女时代的爱玛·包法利偷偷地阅读了许多小说,这些小说塑造了她对爱情的各种设想以及对奢华生活的梦想。

> 它们[小说]充满了风流韵事、情人、情妇,被迫害的女子在寂寞的乡村大宅里昏厥,每一段驿路上都有送信的马夫被杀,每一页上都有马匹被驱策到累死,暗黑的森林,悸动的心,山盟海誓,哭泣,泪水和亲吻,月下泛舟,林中夜莺,还有雄狮般英勇、羔羊般温顺、正直无双的绅士们随时准备挥洒

---

① 被引用于 S. Mitchell,"情感与磨难:1860 年代妇女的娱乐读物"("Sentiment and Suffering: Women's Recreational Reading in the 1860s"), Victorian Studies, 21[1][1977]),第29–45页(第32页)。

男儿泪。在她十五岁时,有长达六个月时间里,爱玛的手上沾满了这些从图书馆借来的书上面的尘埃。之后,与瓦尔特·司各特爵士一起生活的那段时间里,她又对有历史感的事物热衷起来,她梦见木柜子、宫廷守卫、流浪的行吟诗人等。她希望自己能居住在那种古老的宅邸中,像那些穿着低腰长裙的城堡女主人一样,站在三叶草花纹支架的哥特式窗户边,成天把手肘支在石条窗台上,手托着下巴,眼中望着一个穿白羽毛服饰的骑手跨在黑马背上,穿过乡村的旷野远远地向她们飞驰而来。①

福楼拜在上文中关于想象的描写其实很有现代意味:它是高度结构化的,是一种具有清晰的、生动的、重复的意象的白日梦行为;它产生了,达吉雅娜、赫蒂·索蕾尔和凯瑟琳·莫兰都体验过的那种弥漫的憧憬。这种憧憬的建构是通过语言——其形式是叙述的情节和顺序——及通过心理意象——月光,田园风光,热烈拥抱等等。事实上,是什么让现代爱情具有独特性呢?是预支情感的程度:也就是说,它包含着诸般预演纯熟的情感和文化场景,这些场景塑造了对情感的憧憬,也塑造了情感所带来的美好生活的憧憬。(前现代时期,可与之相提并论的,可能是某个人在临死前的沉思、思考地狱天国等另外世界时所感受到的

---

① G. Flaubert,《包法利夫人》(*Madame Bovary*)(New York: Bantam, 1989 [1856]),第31-32页。

恐惧或希望之类的预支情感。)因此,当爱玛·包法利第一次出轨的时候,她的体验是按照那些填满她想象的文学体裁中的模式:

> 她一再告诉自己说:"我有情人了！我有情人了！"[……]她闯入了某个神奇王国,其中一切都是激情、忘形、狂喜;她被无边无际的蓝色空间所环绕,强烈的感情在她眼前掀起一波又一波高峰,而日常生活仿佛远远地隐入这些高峰之间的暗影里去了。
>
> 她忆起从前读过的小说里的女主人公们;那些有外遇的女子成群结队,开始在她的记忆中歌唱起来,姐妹般的声音迷住了她。恍惚中,她自己也成了那想象世界的一部分,就好似她正在把她青年时期的漫长梦想变为现实,因为她自己也归类到曾经如此羡慕的多情女人群体中了。[……]现在她在欢庆胜利;长久压抑的爱情,带着欢乐的泡泡喷薄而出。**她义无反顾地品尝着它,不带丝毫悔意、焦虑或痛心**。①

以上想象是通过预支情感形成的;身为有夫之妇,这种预支情感会让爱玛对她的生活感到失望,同时会鼓励她爱上李昂和罗道

---

① G. Flaubert,《包法利夫人》(*Madame Bovary*)(New York: Bantam, 1989[1856]),第140-141页。

尔夫。《包法利夫人》一书是最早质疑想象和日常家庭生活的任务和责任关系的小说之一。唐吉坷德的幻想和白日梦远胜爱玛,但他的浪漫幻想并不挑战他身为父亲或丈夫的责任,也不危及家庭空间或家庭单位。另一点与唐吉坷德形成对照的是,爱玛首先是一名善良平庸的乡村医生的妻子,而她的白日梦——占据她内心生活的主要位置——交织着一个要在情感上和社会地位上出人头地的计划:"日常生活的单调乏味令她向往奢华,她丈夫的宠爱驱使她有了出轨欲望"。①这里的想象,既是个人的/情感的,又是社会的/经济的。它正是开垦未来的引擎;它使得当前的选择建立在某人对未来的意象之上,又反过来塑造着未来。大众文化中想象的制度化存在一个特别有趣的转型,其典型特征是技术和文化流派越来越多地参与想象的塑造;这些技术和文化流派催生了欲望、憧憬、预支情感等,催生了对将至情感的情感,并决定应如何感受和上演以上情感的认知脚本。

想象影响和塑造了当下,正是通过让当前的可然性——指当前可能如何,或理应如何——在认知上变得更加凸显。《包法利夫人》一书的叙事者非常清晰地向我们表述,这种浪漫想象有两重效果:它让爱情成为一种预支情感——也就是说,一是之前感受过梦想过的情感果真发生了;二是这种预支情感反过来塑造了对当下的评价,因为它使得真实感情和虚构感情发生

---

① G. Flaubert,《包法利夫人》(*Madame Bovary*)(New York:Bantam,1989[1856]),第94页。

重迭并可互相替代。

> 爱玛写道,在她的心灵之目里她看到另一名男子,这个幻影是由她最激情的记忆、最喜爱的书籍,及最强烈的欲望所组成;到了最后,他变得如此真实如此触手可及,以至于连她自己也感到实在神奇;然而他又深藏在丰富的美德背后,以至于她无法清晰地想象他。①

爱玛的想象让李昂变成一个介于现实和虚构之间的人物,她把自己的情感现实转化为虚构文化定型和脚本的预演。

爱玛无法区分她的爱情和她的爱情意象。后现代的人们会叹息说,她的爱情无非只是重复空洞符号,这些符号在当年尚处于萌芽期的文化产业中不断重复。与霍布斯和萨特的主张相反,对她而言,她的想象远比她的日常生活来得更鲜活更真实。事实上,她的日常生活反而似乎是以想象为底片制作的一份极为苍白、勉强能看清的拷贝;看起来此书先于鲍德里亚提出了他所惧怕的事情:现实已沦为现实本身的模拟物。在现代时期,想象活动影响到它与现实的关系;想象让现实变得骨感,使现实成为内心生活场景的一个单薄苍白的映像。

---

① 被引用于 R. Girard,《欺骗,欲望与小说:文学结构中的自我与他人》(*Deceit, Desire, and the Novel: Self and other in literary structure*, Johns Hopkins Press),第 63-64 页。

由此可见,想象问题直指欲望的组织:人们*如何*生出欲望,文化凸现的认知*如何*塑造欲望,此类受文化感应的欲望进而如何创造各种以普通面貌出现的困苦,比如长期不满、失望、遥遥无期的憧憬等等。想象的体验预支带来两方面的问题:认识论问题(我体验的事物是事物本身?还是它的某种表现?)及伦理问题(它会如何影响我过美好生活的能力?)。想象的技术对情感的影响问题更形急迫,因为20世纪的标志就是想象技术以令人惊异的速度加快发展。电影业把过去由小说发起的事情做得更完善了——也就是说,与人物们共鸣的技巧,探索未知的视觉场景和行为,以及用美化的片段对日常生活意象进行组织——这进一步拓展了想象塑造人们热望的技巧范围。与人类历史上任何其他文化相比,消费主义文化在兜售想象和白日梦的运用时更为积极,甚至带有进攻性。确实,在爱玛·包法利的故事中,我们观察到有一点比较不合习惯:她的想象像发动机一样,推动她不断跟勒赫赊账举债;勒赫是个颇有心计的商人,卖给她很多衣料和小玩意儿。爱玛的想象正是以浪漫欲望作为中介,从发生于19世纪法国的早期消费主义文化中直接汲取养分。

如本章开头所援引的阿多诺的论点,布尔乔亚商业文化一方面约束想象,另一方激励想象。柯林·坎贝尔(Colin Campbell)及其他一些社会学家认为,消费的驱动是通过梦想和幻想实现的,而后者把个人和他/她是谁这个问题联系起来。坎贝尔在他的著作《浪漫主义伦理和现代消费主义精神》(*The Romantic*

Eithic and the Spirit of Modern Consumerism)一书中提出:消费主义文化把"浪漫主义自我"放到了舞台中央,这个自我充满感情和对真实性的憧憬,从而激励出各种情绪、想象和白日梦。① 在他关于预期的消费者体验讨论中,坎贝尔主张"消费的根本性活动[……]不在于对产品的实际选择、购买或使用,而在于从想象中寻求愉悦感,这种愉悦感是产品的意象所给予的。"② 消费者同浪漫主义自我有史以来就是形影不离的。

坎贝尔并没有详细说明这种较为低调的白日梦到底是通过什么调动起来的;但我们认为,白日梦的强大认知机制来源于四个相互交错的源头。第一个源头是商品;商品是复杂而丰富的意义制定过程的终点,这一过程通过广告投放、品牌打造及其他媒体出路而实现。这个过程把商品和身份形成、美好生活关联起来。也就是说,在消费主义文化中,很难区分人们的幻想到底是针对一件商品的幻想呢(比方说一辆跑车)还是与这个对象产生长期关联的幻想(比方说与美女做爱)。物质的和情感的幻想是捆绑一体的,两者彼此激发和加强。白日梦的第二个源头具有双重性:它包含平面和视觉媒体的意象所传播的故事和意象;这些故事和意象是关于美好的人经过奋斗,通常能成功收获感情幸福。这些人物角色上演着清晰的叙事脚本和生动的视

---

① C. Campbell,《浪漫主义伦理与现代消费主义精神》(*The Romantic Ethic and the Spirit of Modern Consumerism*) (Oxford: Basil Blackwell, 1989)。

② 出处同上,第89页。

觉形象,他们的爱情情感便是围绕着它们来组织;也就是说,它被预期称为叙事脚本和一系列视觉小品。最后,自1990年代以来,互联网已成为调动想象的场所,促进人们通过五花八门的网站进行想象式自我投射,支持实际体验的想象式模拟。全部四种媒体——商品、叙事情节、意象、互联网网站——以各不相同的方式作出贡献,把现代个体定位成一个欲望主体,憧憬多样体验,梦想着各种对象或生活形态,以想象的虚拟的模式进行着体验。现代主体越来越多地以这种模式理解他/她的欲望和情绪,通过商品、媒体意象、故事及技术,而以上这些媒体进一步影响到欲望的结构,影响到如何欲望和欲望什么,欲望对人们的心理状态产生的作用。幻想变成一种同时体验愉悦感和情感的方式;这类愉悦感和情感经由消费市场和大众文化得到体制化。

我认为,想象从社会学角度的定义为:想象是一种有组织的制度化的文化实践。首先,它具有一种社会组织:比如,男性和女性的想象可经由不同方式进行激发,并可能包含不同对象(比方说,女性想象爱情,男性想象社会成功)。其次,它是制度化的——它受到具体的文化流派和技术的刺激和流通,无论这些技术是平面形式还是视觉形式——并且属于特定的制度化的社会领域,比如爱情,家庭生活,和性爱。第三,其文化内容具有系统性,并具有明确的认知形式——它围绕着耳熟能详的叙事套路和司空见惯的视觉表现。第四,它具有社会效应:例如,与丈夫产生嫌隙,或在体验日常生活的时候觉得乏味。最后,它嵌人在情感实践中——预支情感和虚构情感以某些特定方式与真实生活中的情绪进行绑定。由此可见,想象是一种社会和文化实践,它构成了我们所谓的主观性的很重要的一部分——欲望和意愿。它塑造了情感生活,并影响着人们对日常生活的感知。

虚构的情感

为了理解经由想象所激发的情感和认知过程,我们在思考时必须把虚构作品对社会化的巨大作用当成出发点。从文化社会学角度来研究爱情,则应格外关注想象,因为爱情与虚构作品及虚构性密不可分,而且制度化的虚构作品(出现在电视上,漫画书中,电影中,儿童文学中)已成为社会化的正中心。这种虚构性塑造了自我,塑造了自我设计的方式,塑造了故事人生,塑造了统筹编制人生设计的情感构思。其中一个十分重要但研究不足的文化社会学主题,就是情绪状态通过哪些方式灌注到概念中,还有情绪反过来以哪些方式吸收概念的、叙事的及虚构的内容。这个过程包含在我称为虚构的情感想象中。

严格地说,"虚构的想象"指的是阅读虚构材料或与虚构材料互动时所产生的想象,而且这种想象会反过来生发情感。在阅读虚构作品时,比乔亚·博卢阿(Bijoy Boruah)定义此时的想象为一种"无须证实的思维——是一种无视参照真相的真相,仅仅是乐于有的思维。"①无须证实的信念是指我们明知道不存在但依然相信的行为和人物。然而,博卢阿继续说道,这些"无须证实的信念"——想象——会煽起真实的情感。博卢阿认为,虚构的想象能触发行为,通过情感的一个特定子集,他称之为"虚构的情感"。当然,虚构情感连接着"真实生活"的情感——它们模拟真实生活情感——但两者并不等同,因为虚构情感的触发是通过我们明知不真实甚至不可能的事物("读到《安娜·卡列尼娜》一书结尾时我哭了,即使我知道她这个人从来没存在过";"电影散场的时候我觉得很开心,因为在最后主人公们终于大团圆了")。虚构情感可能具备与真实情感相同的认知内容,但它们是通过与审美形式的互动而产生的,也是自我参照的:这就是说,他们指向自我,而且并非与另一方持续动态互动的其中一部分。从这个意义上看,它们比真实生活中的情感更难以商榷;或许出于这个原因,它们本身的存在是自足的。这些虚构情感进一步构成想象的文化活动的基本组件。通过媒体内容曝露而搅起的情感,是人们所想象和预期的情感。

爱情的种种表征可浓缩成几个关键故事和意象。爱情是作为强烈感情登场的,这不仅对行动者的行为赋予意义,同时从内心激励他们。也就是说,在很多方面,它是一段情节的最高叙事

---

① B.H. Boruah,《虚构作品与情感:关于审美与心灵哲学的研究》(*Fiction and Emotion: A Study in Aesthetics and the Philosophy of Mind*)(Oxford: Oxford University Press, 1988),第3页。

动机。爱情以一种极乐状态出现,可荡平内在和外在的障碍。故事人物们一见钟情,他们的美貌通常能把观众和爱人们联成一心。爱情的表达有清晰的公认的仪式;男子心生爱慕,很快就向女性王国屈服了。人们与他们的感受是联成一体的,且按照感情行事。爱情通常能让人觉得做爱很完美,场景很美好。

虚构的情感——当我们与故事和人物产生共鸣时产生的虚构情感——逐渐形成了预支情感的认知模板。通过想象脚本所形成的情感必满足两大条件:生动性和叙事身份。

生动性

现代想象最显著的特征之一,或许可说是它具有很高程度的清晰性或生动性。肯德尔·瓦尔顿(Kendall Walton)认为,生动性就是虚构内容能引发情感的原因。① 生动性可定义为某些表征通过关联、对比、调用清晰对象等激发内心活动的能力。意象能创造出生动的心理内容,因意象能让人们对某一预支的体验实现视觉化并赋予它情感意义。有人认为,在生成情感方面,意象比语言内容更为成功;它引导我们猜测,很多时候大众媒体上很多故事中的视觉化人物角色成了他们情感的刺激物。② 此

---

① K.L. Walton,"惧怕虚构小说"("Fearing Fictions"), Journal of Philosophy,75 (1978),5-27。

② E.A. Holmes 和 A. Mathew,"心理意象与情绪:一种特殊关系?"("Mental Imagery and Emotion: A Special Relationship?"),《情绪》(*Emotion*), 5(4)(2005),489-497。

外,生动性通过现实主义得到了加强(人们通常认为现实主义本身与视觉性有关联)。确实,在当代视觉文化中,现实主义一直是种占主导地位的文化风格。最后,当虚构情感预演的是有广泛共鸣的意象时,一般会显得格外生动。人们形成爱情概念所用的心理意象是清晰的反复的。这是因为从文化中可得到的爱情意象具有一种非凡的突出文化特点:它们存在于庞杂多样的文化领域(广告,电影,下里巴人式畅销作品;阳春白雪式文学作品;电视;歌曲;互联网;自助式书籍;女性杂志;宗教故事;儿童文学;歌剧;等等);爱情故事和爱情意象把爱表现为一种有益于幸福的情绪,是最希望获得的情绪状态;爱情和青春、美貌相关联,是我们的文化最受赞美的社会特征;人们认为最合规范的制度习俗(婚姻)的核心是爱情;在世俗文化中,爱情同时定义着存在的意义和目标。最后,爱情跟潜在带有情色意味的情势、姿态或言辞有关联,因此它们可带来一种特别的情绪和心理亢奋,这种状态反过来增强了意象的生动性。简而言之,这些不同的条件——文化传播,文化共鸣,文化和理性,文化意义性,现实主义,身体亢奋——解释了为何爱情心理意象易于在某人的认知世界里刻下格外深刻的印记。安娜·布鲁斯劳在写信给《纽约时报》"现代爱情"专栏时写道:"我的家庭中男性明显缺席;多年以来,我姑妈收藏的录像带里面的男人是我认识的唯一一群男人,那些乱哄哄恋爱史和磕磕碰碰、来之不易的结局是我对两性关系仅有的观察。[……]在这种调教下,我习惯于拒绝好男人,而热烈地亲吻某个人只发生在我生活的城市陷入熊熊大火的背景下。"①

叙事身份

现代人的情感是虚构的,因为人们在设计憧憬时广泛使用了叙事、意象及模拟技术。某种意义上我们都已经变成了爱玛·包法利,我们的情感深深根植于虚构叙事之中:这些情感在故事中作为故事本身一部分进行发展。如果"我们都能够在生活中亲身实践叙事内容,而且[……]我们能按照我们亲身实践的叙事理解我们的生活",②那么可以说我们情感的叙事形式,特别是浪漫情感的叙事形式,是通过媒体和消费主义文化中的那些故事所提供和流通的。情感和虚构作品(嵌入在各类技术中)无可挽回地纠结成一体:也就是说,它们作为叙事式人生设计得到实践。是什么原因使得这些情感作为叙事展开呢?是因为它们在故事中展开,是这些故事调动起强势的身份认同机制。

基思·奥特利(Keith Oatley)提出了身份认同的两种定义:

---

① A. Breslaw,"选角召集令:路人甲,男" "Casting Call: Bit Player, Male," 纽约时报(New York Times), March 13, 2011, http://www.nytimes.com/2011/03/13/fashion/13ModernLove.html?emc = tnt&tntemail1 = y,最后访问时间 October 20, 2011。

② A. MacIntyre,《美德后时代:道德理论研究》(*After Virtue: A Study in Moral Theory*)(Notre Dame, IN: University of Notre Dame Press, 1984),第212页。

含义之一是识别,含义之二是效仿。在弗洛伊德的身份认同概念中,人们获悉某种行动并识别出(含义之一)这种行动在他/她自身中也存在对应的理由或欲望。然后从这个欲望出发进行某种无意识推演,他/她也被拉向同一类行动或态度,效仿它(含义之二),并逐渐跟这种身份的榜样人物变得相似。①

按照奥特利的观点,身份认同是他所说的模拟的关键点;所谓模拟,指的是我们会模拟小说主人公的感受,就跟电脑上运行模拟程序差不多。移情、身份认同和模拟蕴含着四个基本过程:采纳主人公的目标("情节就是在故事世界中实现这些计划",比如说,融入情节意味着试图想出某种具体方法把意图和目标连接起来);想象有个世界,把他/她想象的世界生动地呈现出来;通过言语行为,叙事者让读者觉得叙事可信度更高;故事中的不同元素综合成为某个"整全性"。按照奥特利的理论,正是通过身份认同和模拟所蕴含的四重过程,我们感受到情感。换言之,想象之生成情感,是通过有文化脚本的叙事;这种叙事调动起读者的身份认同机制,对人物角色、情节、人物的意图等产生承认,并产生随后的情绪化模拟。这一机制与视觉生动性结合之后,在

---

① K. Oatley,"文学反应的情感分类学及小说叙事的身份认同理论"("A Taxonomy of the Emotions of Literary Response and a Theory of Identification in Fictional Narrative"), Poetics, 23 (1994),第53-74页(第64页)。

我们的心理图式中铭刻下一些叙事片断,这样它们就更有可能成为我们想象和预期方式的其中一部分了。在媒体文化中并通过媒体文化,我们会遭遇很多我们自己的情绪;从这个意义上我们不妨说,我们的情感社会化有一部分是虚构的:我们是通过我们多次反复遭遇的文化场景和故事来展开和预料感受的。也就是说,我们开始预料情感表达所凭借的规则,预料某些情感对人生叙事的重要程度,预料表达这些情感所需的词汇和修辞。

虚构情感的出现是通过身份认同机制——对人物角色,以及对故事情节的承认——在模板或图式激活下评估新形势,追忆人生大事件,并对人生事件作出预期。由此看来,虚构情感构成人生设计,而想象式预期为这些虚构情感提供模板。这种脚本化的预期塑造了用以组织将来人生事件的投射式叙事,塑造了附生于这种叙事的情感,塑造了叙事所期望的目标。因此,人生设计是嵌入在虚构情感中的。

接受采访的人当中有一名37岁的女译员,她带着一丝幽默谈到以下内容:

> 贝蒂娜:我跟男人相识,一般在两三次见面之后,有时候甚至比这个更早,难以置信地,我开始想象婚礼、婚纱、邀请卡等等俗套;有时候甚至才遇见他几分钟就开始这样想象。
>
> 采访者:那种感觉令你愉快吗?

贝蒂娜：嗯,可以说是也可以说不是。可以说是,因为幻想总是很棒的,无论是关于什么的幻想;我热爱幻想。我觉得,有时候我甚至并没想着要得到,也会不由自主地去幻想它;我应该更谨慎一点,要对整件事情把握得更好一点;可我的幻想,我脑中那些煽情的俗套的东西,总能把我带到我并不想去的地方。

采访者：哪些"煽情的俗套的东西"？

贝蒂娜：比方说,有非常美妙的爱情在等着我啊;我可以看到面前整个脚本,什么夜间促膝谈心啊,两人手牵手啊,喝杯香槟啊,一块儿旅行去到各种神奇的地方啊;就是生活非常棒,性爱非常棒,你懂的,像电影里那样。

这名女子说的是,她无法停止把一个男人对她的吸引当成故事进行体验;这个故事在她的想象中展开,仿佛它存在一种自说自话的力量,仿佛这种强烈情感是外加在她头上的。是什么点燃了这种想象及其所伴生的情感呢？是充分编码的意象和叙事脚本在心里的预演。

相似地,也有人会把一次邂逅跟以前的男友联系起来,跟她心里破镜重圆的希望联系起来;凯瑟琳·陶珊描写了她跟别人见面前的心理活动,让我们既看到了她内心心理意象的生动性,也看到意象把现实转化为失望体验的能力。

我之所以迷上英国男人,要怪罪休·葛兰特在电影《四个婚礼和一个葬礼》中的演出。我了解到,不管他们看上去多么谦逊自律,他们会伴你一路同行到最后大声宣告他们的爱情,很可能是在雨中。

归根结底,这里是莎士比亚的故土;虽然我在这里认识的大多数男人都觉得,那种"宫廷爱情"跟科特·柯本有点关系。

另一种常见的幻想就是门徐徐关上的时刻,有种念头总冒出来,在一段平凡不过地铁旅行中,我的眼睛会对上那些长得很像科特·柯本的人。

大多数在地铁上先开口跟我对话的男人都是管我讨要多余的零钱,这点不重要。我一直希望,在某个地方,在充满汗臭的人群中挤来挤去的时候,我遇见一个男人,他毫不吝啬地把他的座位让给一名拄拐杖的老人。(假如他吝啬了,那这个人立马儿就完了。)

我的前男友一直在感情表达方面有困难,所以当他邀请我到拉斯维加斯跟他碰面时,出于某个理由,我想着要在一个古怪的疯狂的环境下共度时光,那样的环境会有力地拉近我们之间的距离。

假如我们的周末发生的是狗血的浪漫喜剧,比如像

《情迷拉斯维加斯》(*What Happens In Vegas*)里面那样,我们在老虎机上中大奖,醉醺醺地举行婚礼等等,我们共同经历的那些奇奇怪怪的冒险故事也许能让他意识到他爱我有多深。也许这还会成为我们将来某天讲述给孙子孙女们听的疯狂故事。不管怎样,电视剧《老友记》里面的罗斯和瑞切尔就是醉醺醺地举行婚礼,最终是皆大欢喜的结局啊。

当我赶到机场,维珍航空很贴心地给我升舱,让我觉得那是个好兆头。整个飞行期间我都在喝着香槟酒,幻想着我的婚纱看上去应该像莎朗·斯通在电影《赌城风云》里穿的那件,就是她穿着婚纱到处吹牛的那一件。

也许浪漫电影中永远不变的最大神话就是"真心流露的一刻",在那个神奇的瞬间,原本阴差阳错的一对伴侣忽然意识到他们其实是天生一对,哪怕那个时间点之前两人的关系一团糟。经常出现的局面有,这人或那人在别人婚礼上跑出来搅局,或者在机场阻挠他们登机。

现实中的拉斯维加斯平庸多了。我的前男友和我度过了那个愉快的周末,但我们没有中大奖。我们在那里谈论的事情跟我们在伦敦谈论的一样,甚至喝完了迷你吧的酒水后,我们两人关系存在的问题依然没有消失。①

---

① September 23, 2008, http://sleeping-around.blogspot.com/2008/09/culture-of-love.html,最后访问时间 October 20, 2011(该网页目前已无效)。

上文中的预期叙事结构很显然是搞笑喜剧体裁,喜剧中的反感和冲突是真情的心理先导和叙事先导。陶珊记述的是一个特定叙事公式——浪漫喜剧——如何提高人们的期望,觉得种种"问题"会在灵光一闪中被克服。这些叙事脚本中的自我投射解释了为什么叙事脚本具有产生期望和预期、并激发白日梦和想象的能力。这进而呼应了一种常见观点:电影和影视文化并不用现实主义手法描写日常关系,它们向人们注入很高的期望,它们倾向于省略对问题的忠实描写,它们所提供的叙事公式总是爱情战胜所有不利因素;因此电影和影视文化最终难免带给人失望。诚然,如莱因哈特·考斯莱克(Reinhart Koselleck)所说:现代性的特征是现实和愿望之间的距离不断加大,①距离又反过来造成失望,并使失望成为现代生活的痼疾。这样看来,现代想象的定规即"抬高的期望"和失望。想象改变并抬高了女性男性渴望伴侣所具备属性和/或共同生活前景的期望门槛。所以说,想象对应着失望体验,它有一个臭名昭著的贴身女佣叫做失望,尤其在爱情范畴想象成为苦厄的一个主要来源。

---

① 如 Reinhart Koselleck 所说:"我的论点是,在现代时期体验与期望之间的差异日益加大;更准确地说,现代性首先应理解为区别于旧时代的一个新时代,因为期望与所有以往体验的距离前所未有的疏离。"被引用于 J. Habermas,《现代性的哲学论述》(*The Philosophical Discourse of Modernity*)(Cambridge, MA: MIT Press, 1990 [1985]),第12页。

失望之为文化实践

社会生物学家,我们时代的邦戈勒斯们,会把幻想和失望之间的关联解释为服务更宏大进化目的之生物学机制难以避免的结果。在第五章中我们看到,当人们陷入爱情时,大脑会释放出多种化学物质,这些化学物质能产生极乐感,并很可能让人对另一方产生幻想。[①]这些化学物质在人体中只能存在很有限的一段时间(最多可达两年),浪漫幻想和极乐感很快转变成平静的依附感或某些人的失望体验。还有一种也许更常见的观点认为:爱情,甚于其他感情,必须坚持不懈地在一个制度化的、常规框架下应对另一方的存在,并把强烈感情转化为持续感情,把新奇感转化为亲切感;因此在爱情体验中"失望"也就成了如影随形的固有部分。

我认为,对伴侣感到失望,对生活感到失望,缺乏激情等等,都不仅仅是某种个人心理体验,或仅仅是荷尔蒙决定论的表现,同时也是占主导的情感修辞。马歇尔·伯曼认为前现代时期和现代时期的自我人格存在如下差异:"如果有人一出生他的整个未来生活就已全部安排停当,他来到世上只是为了充填一个预先设定的位置,那么这个人比较不容易感到失望,相比于一个

[①] 更具体地说,将某个具体爱侣进行理想化的那种热烈的浪漫爱情是与血清素、多巴胺、去甲肾上腺素等分不开的。

在我们自身体系下生活的人[……];在我们自身体系中野心的极限并不受社会定义的限制。"其原因是,尽管"一个组织严谨的社会可能剥夺个人机会,或不让他发挥特殊才能,但能给他一种**情感安全感**,这是我们几乎不可能靠彼此给到的。"① 假如换种方式来表述现代两性关系中情感安全感的缺乏,我们可以说人们总是处于失望边缘。

不止这样,爱情的现代特色不光是失望,还包括对失望的预期。如电视剧《欲望都市》的主人公所说:"每当男人告诉我说他是个浪漫主义者,我就想尖叫。他的意思无非是说他对你的认识是浪漫化的,等你变得真实,停止扮演他幻想中的角色,他很快就对你兴趣索然了。所以说浪漫主义者很危险。离他们远点。"② 这一人物对另一人(或她自己)失望的预期显出她的现代性;在这方面,她与爱玛·包法利迥然不同。

我认为,白日梦和想象若令人失望,必是因为它们以某些特殊方式与现实联系在一起;我的意思是说,一定存在一些特定手段——还有困难——使人们从想象转移到现实。

本尼迪克特·安德森(Benedict Anderson)在他的名著《想

---

① M. Berman,《真实性政治学:激进的个人主义及现代社会的兴起》(*The Politics of Authenticity: Radical Individualism and the Emergence of Modern Society*)(New York:Atheneum, 1970),第90页。

② C. Bushnell,《欲望都市》(*Sex and the City*)(New York:Warner Books, 1996),第6页。

象的共同体》(*Imagined Communities*)一书①中提出:想象的共同体各有方法,其差异不在于有真有假,而在于它们风格不一。想象,或文化和制度组织下的幻想展开,不是一种抽象或普遍的心理活动。相反,它以文化形式出现,通过特定方式与现实相联结。换言之,失望和想象活动不存在内在联系。我们以中世纪想象作为例子,用对照法进行阐述。中世纪想象充满了地狱和天国。人们在定义和讨论天国时,把它当作一个流动的富足的地方,当作一个地理空间,而不当作一个具有清晰鲜明叙事线索的故事。围绕天国的很多讨论必然是关于天国位于什么地方,以及谁住在那里。想象的展开围绕着神话中的地点。就像让·德吕莫所说的那样:天国不仅存在,而且延续到17世纪相当长时期,关于天国的描述一直在扩充中。天国的梦想是关于"黄金时代,快乐岛,不老泉,田园牧歌式风景,还有富饶的土地。[……]在天国之前,西方从来没有哪座园林具有如此崇高的位置,获此盛赞。"②因此,天国从认知上被想象为一个地理实体,由它的河流水系和茂盛植被定义。在15世纪,它成为永恒青春和永恒爱情之地,存在于空间和时间之外。这种对天国的想象

---

① B. Anderson,《想象的共同体:对民族主义起源与传播的反思》(*Imagined Communities: Reflections on the Origin and Spread of Nationalism*)(London:Verso,1991)。
② J. Delumeau,《天堂的历史:神话与传统中的伊甸园》(*History of Paradise: The Garden of Eden in Myth and Tradition*)(New York:Continuum,2000[1992]),第117页。

式构筑具备两大特征:它并不以清晰的角色和情节线索为重心;它**本身**不受失望困扰。中世纪想象坚信天国是真实的,它存在于远离欧洲海岸线的某个处所,而且无需面对真实时间问题;由此顺推,它也无须应对诸如怎样运作从想象内容到现实内容的转移等问题。[①]在16世纪某个时间,人们失落了天国(即人们不再相信天国位于世界的某处所在),它变成了乡愁式憧憬的对象。天国是作为慰藉手段,或作为美化日常生活的方法而展开的;但它与日常生活中感受到的预支情感不存在文化上的联系,或者说它与失望这一文化问题不存在联系。相反,当想象通过小说被调动的时候,想象的运用成为失望之源。更准确地说,当想象更贴近现实的时候——也就是说,趋向真实的日常对象时——而且当它变得民主时——联系的是原则上任何人都可获得的对象或体验时——它便陷入困扰中,不知怎样在想象中的期望与日常生活局限之间往返自如。爱情体验中总含有挥之不去的失望,正是因为爱情领域更多地运用想象,而且想象与日常生活的关系变得更紧密了。

为了理解失望的本质,我想先区分一下作为一次性事件的失望——遇见的那个人达不到我们的期望——以及作为较长时间跨度内模糊情感的失望。前一种失望可一针见血地作出清楚

---

① J. Delumeau,《天堂的历史:神话与传统中的伊甸园》(*History of Paradise: The Garden of Eden in Myth and Tradition*)(New York: Continuum, 2000 [1992]),第117页。

表述,它也许发生在相识之初(随着互联网婚恋交友网站的泛滥,这类案例日益多见);第二种失望通过日常生活体验累积而成。这两种形式的失望有所差异,因为它们涉及到不同的认知方式。前一种失望,通常是因为与某人见面前就形成了对他的一种清晰的心理意象;后者起因于某人的日常生活与他/她对于其生活理应如何的一般性模糊叙事期望之间的隐性比较。

失望的人生

失望感在日常生活中积累并成为日常生活主导体验,到底是哪些因素造成的呢?在讨论伊始,我先要介绍丹尼尔·卡尼曼(Daniel Kahneman)及同事提出的一种差异:他们认为在以上两种意识形式之间存在差异性,其中一种生活在无休止的瞬间所组成的河流中;另一种对体验进行记忆和组织后呈现多样形式。①例如,患者甲接受一种十分痛苦的治疗疗程,最后一刻痛苦戛然而止;患者乙接受的疗程痛苦持续时间更长,但其痛苦是逐渐减低的;在患者甲记忆中该疗程的痛苦比患者乙记忆中的痛苦要更大。②这使我们看到,在判断一段体验是否愉悦的时

---

① D. Kahneman, B. Fredrickson, C. Schreiber 与 D. Redelmeier,"让痛苦延续,让幸福更好就收"("When More Pain is Preferred to Less: Adding a Better End"), Psychological Science, 4(6)(1993), 401-405。

② D. Kahneman 和 D. Redelmeier,"患者对痛苦治疗的记忆:两种微创手术的实时评估和回顾性评估"("Patients' Memories of Painful Medical Treatments: Real-Time and Retrospective Evaluations of Two Minimally Invasive Procedures"), Pain, 66(1)(1996), 3-8。

候,人们对体验的认知结构的关注超出对体验本身的关注。尽管卡尼曼等人没有对他们研究的意义作展开,但以上发现已明确指出:意识将内容组织成预先确立的文化和认知形式的方法,有别于意识关注无形的体验流动的方法。将体验组织成形的能力——具有特定顺序的叙事或有视觉快照的情况——为那段体验给出不同本质和含义;这表明,若要使一段体验在经历时在记忆中成为愉悦的体验,我们需要通过文化和认知形式组织它。

显而易见,以上想象问题在本质上是相似的;区别在于想象是前瞻性地组织体验,而不是回顾性。如果记忆抹杀了体验中的某些方面而给予另一些方面特权,让我们只记得那些"吻合脚本"的元素,那么,想象创造的预期仅涉及某些形式和形状的体验;记忆让我们忘却体验的另外方面,无论是在体验之时,还是通过让我们负面评价那些经历的时候。因此,之所以失望,要么是没有能力从实际体验中找出预期中的(审美的)形式,要么是在现实生活维持这种形式有困难。困难来自于人们让这两种意识彼此发生——或不发生——连接的方式。我必须指出,这个问题其实很能说明想象的本质以及日常生活体验的本质,这些是我们的心理预期必须处理的。长期以来,传统让我们对预期抱有戒心,让我们隐性假设我们必须适应日常生活;但我认为,人们应同等关注日常存在的结构,是它造成以上两种意识形式之间的鸿沟。

日常生活的失败

当有人宣称媒体文化通过想象过度抬高了期待值时,言下之意总是怪罪想象;"现实"总是有最终发言权,被视为最终标杆,用以评判想象的运用。举个例子,心理分析让"现实原则"最终成为支配心理的法典。按照詹姆斯·琼斯(James Jones)的说法:"自从涉及'过高评价'问题,浪漫爱情在理想化后总是经不起现实考验,因此它总是不成熟和危险的。"①但这种现实想象相互对立的主张并未质疑想象必须应对的"现实"的结构。失望一直被视为"不切实际的期望"带来的结果;但从未有人质疑过现实的结构,这些期望的不切实际是它造成的。我要质疑的正是这个论点:从本质上现实难免缺乏满足想象的资源。或者说,果真如此的话,我要问问为什么。

在一本名为《爱情能不能天长地久?》(*Can Love Last?*)②的书中,心理分析学家史蒂芬·米歇尔(Stephen Mitchell)提出:根据他的执业经验看,大多数婚姻遭遇困难是因为他们后来变得激情全无;作者把它归因为大多数人都努力要同时获得安全感和冒险感。激情全无的婚姻来源于我们达成安全感需求的各种

---

① J. James,《恐怖与改造:从心理分析角度探讨宗教中的模糊性》(*Terror and Transformation: The Ambiguity of Religion in Psychoanalytic Perspective*)(London:Routledge, 2002),第14页。

② S.A. Mitchell,《爱情能不能天长地久? 浪漫爱情的命运历史》(*Can Love Last? The Fate of Romance over Time*)(New York:Norton, 2003)。

方法安排不当。人们通常认为安全感与激情不相兼容,安全感甚至会导致激情消失。但我认为,这种"安全感"和/或"冒险感"需求并不是心理构成中的不变量;或者假设它是不变量,那么安全感和冒险感在不同的文化结构下会呈现各种变幻的形态。它们也是心理的社会组织的结果。安全感衍生于有控制和预言一个人环境的能力;冒险感正好相反,产生于遭到挑战的感受,无论是一个人社会身份遭到挑战还是一个人所知的处世方法遭到挑战。米歇尔称为安全感的东西,是日常和家庭生活深刻理性化的效应,是帮助维持家庭源源不断运作所需的任务和服务的常规化。家庭生活的理性化表现在时间纪律上(固定时间醒来;固定时间回家;带孩子参加定期活动;在设定的时间进餐;观看定期的新闻或情景喜剧节目;定下每周哪天采购食品杂物;计划社交活动;可预见的休闲时间段,等等)和空间的理性化上(在控制高度完备的购物中心买东西;居家空间有同质化的规划,有合理分隔,根据对象的功能用途进行组织;住所居民区有安保监控,远离潜在的混乱发生源,等等)。现代家庭生活具有高度可预见性,这种可预见性是围绕一系列组织日常生活的体系而设计的:送货上门(食品,报纸,购物目录等);电视有定期节目单;大多数社交活动有事先计划;以及标准化的休闲和度假时间。由此可知,米歇尔称为安全感的东西实际上是一种组织日常存在的理性化方法:即所达成的心理或社会"安全感"都是日常生活理性化的副产品。

这种日常生活理性化常常导致失望,因为它不断地无休止地受到广泛可得的情绪兴奋和情绪表达模式和理念的比较,这会导致人们对他们自身和对他们的生活产生负面评价。确实有研究表明,人们接触媒体呈现的意象后,结果更倾向于对他们自身的理性化日常体验感知作出负面评价。这种情况的作用机制很复杂。有一个研究是关于媒体意象如何影响个人自己身体的感知;研究指出:完美的身体影像对人们的自尊心和自我概念具有负面影响;因为观看到的这些影像提示人们,他人能更容易地达到这个样子(说明有竞争力),而且他人认为这些很重要(规范的合法性)。作为隐含中介,媒体影像令我们相信了他们说的大家希望我们怎样,相信了他们跟我们相比较获得了更大成就;于是媒体影像成为失望的源泉。铺天盖地的爱情影像可能向人灌输了一个念头:别人得到爱情了而我们没有,而且获得爱情对于标准的成功人生具有很大重要性。由此诱发出来的不满足感可能成长为长期失望。就这样,日常生活的理性化诱发了无聊感,而无聊感反过来不间断地、隐晦地比较着日常生活和媒体模型中的情绪兴奋、强烈感情及丰富性。

烦扰

伴随着安全感和理性化,共享的日常家庭生活让人心生烦扰。在《抱怨》(*Gripes*)一书中,法国社会学家让—克劳德·考夫曼(Jean-Claude Kaufmann)分析了爱侣们在日常生活中体验到的烦扰,或称为小烦恼。①他所描述的烦扰,或者关系到某人的性格特征("我在做清洁的时候,为什么你埋头看报纸?",或"为什么你总是指责我对你不够关心?"),或者关系到某人的行事方法("为什么你不把罐子好好盖紧?",或"为什么你吃东西之前总要用鼻子闻一闻?")。诸如此类的烦扰——即他们的对象(相对轻微或无关紧要的姿态或言辞)——看起来是一种特有的现代体验,它反映了一种感知及组织亲密关系的新方式。

考夫曼的分析未能洞悉为什么现代人的日常生活成为"抱怨"的沃土。我认为,这些抱怨源于家庭生活的组织方式,我们通过这些组织方式获得制度化的接近感和亲密感。

亲密感的产生可通过多样化的语言策略,所有策略的目标都是拉近两人间的距离:显露更深层的自我;彼此倾诉最隐秘的秘密;揭示和暴露一个人的心理;共用同一间卧室同一张床;更多见的是,利用休闲生活共享时光并共享同一空间。休闲生活在 20 世纪获得了非同寻常的延伸,原因离不开休闲生活越来越多地被用作男性聚会场合和女性建立共同体验和熟悉感的场合。诚然,熟悉感和接近感是双人生活和亲密关系的主要目标。结合日常生活的理性化,熟悉感对自我实行了制度化,其方式是它消除另一方身上的距离感、不熟悉感或不可预见性。但与人们直觉认为的不同,我认为熟悉感和接近感实际上导致更多抱

---

① J.-C. Kaufmann,《抱怨:情侣的小争吵》(*Gripes: The Little Quarrels of Couples*) (Cambridge: Polity Press, 2009 [2007])。

怨的产生。

人们可通过反证法来证明这一点。有研究表明,异地恋关系比近距离约会关系更加稳定。针对这一现象,研究人员提出的理由是:当爱侣远在他方,他/她更容易被理想化。① 理想化与互动频率之间存在负相关关系。当对方不在场时,默默想念他/她的好处会更容易些。反之,生活在一起的伴侣借由各种近水楼台对双方进行了制度化:他们共享同一空间,同一间房,同一张床;他们参加同一种休闲活动;他们通过本真性表达仪式来表现本真自我。这与19世纪中晚期之前的士绅家庭生活模式形成对照:男性和女性不一定共居一间卧室;在休闲生活时他们是隔离开来的;而且他们不会无间断地沟通双方的情绪和内在感受。作为19世纪不同文化模式的一个生动例子,不妨参考以下斯陀夫人写给丈夫的这封信,她在信中总结了他们婚姻中存在的一些"问题":

> 反思了我们未来的结合——我们的婚姻——和我们幸福路上过去曾碰到的障碍后,我认为种种障碍可以分成两三个大类。第一类来自于你或我的内在身体原因——在你这方面是忧郁症病情不稳定,对此唯一疗法就是健身并注意遵守健

---

① L. Stafford 和 A.J. Merolla,"异地恋情关系中的理想化,团聚,与稳定性"("Idealization, Reunions, and Stability in Long-Distance Dating Relationships"), Journal of Social and Personal Relationships 24(1) (2007),37-54。

康法则——在我这方面是过度敏感和过度困惑,以及希望对心智和记忆实行掌控。当批评过失或对过失感到不满时,我这方面问题往往会成比例恶化;希望我重返健康后,这种现象也会减少。我希望我们双方都能以最严肃和重视的心态,在内心深深铭记要明智地持续地关注健康法则。

然后,排在第二重要的是,亟需建立某种相互守望的确切计划,关心对方的提高,在确定时间和地点执行,以坚定不移的决心进行提高和彼此提高——彼此向对方告白我们的过失,为对方祈祷我们可以得到痊愈。①

按照当代标准,上文中对亲密关系中的种种问题的描述看起来不仅不含感情,还带着疏离感:也就是说,它并不假设两个自我的其中一方理应理解另一方的独一特质,并努力达成最大融合。相反,它采取的角度是这两个自我必须努力"提高"他们自身和对方。这与当代规范和文化模型中的接近感和亲密感形成鲜明对照。

研究人员在叙述诸多对爱侣的日常生活结构时写道:"通过日常交谈,伴侣们'了解彼此的性欲、愿望和态度;发表他们的价值观;显露他们关注哪些事物;发现他们的依附形态;或者就大量话题进行自由谈论,开放地巧妙地展现他们自己,厘清别

---

① 斯陀夫人1847年致丈夫的信件,被引用于C.N. Davidson,《情书集:作家与情书》(*The Book of Love: Writers and Their Love Letters*) (New York: Plume, 1996),第73页。

人话里有话的含义。'经验证据看起来证明了日常交谈的重要性。"①这种交谈形式——即暴露灵魂和公开个人喜好——其效果是建立熟悉感的强烈形式,它与维持距离感的能力是对立的。从认知学角度看,熟悉感与情感的关系就好似视觉接近度与认知的关系一样。也就是说,远离某个对象使得我们可通过文化形式组织对象;这种文化形式能更好地抓住我们的焦点和注意力。反之,跟对象很接近致使人们聚焦在体验方面的某些离散组成部分上。若套用到日常生活和浪漫爱情关系上,我认为接近感使得人们更密切顾及到日常存在中的单一的离散的片断,致使人们关心聚焦认知形式的能力降低,关心聚焦产生情感生动性的文化形态的能力降低。换个方式表达,亲密感和接近感的制度化造成了各种烦扰和失望,让爱侣们不间断地聚焦彼此本身,而较少聚焦在情感的文化形态上。

为何距离令理想化成为可能?原因之一是距离激活了"另一种"意识形态;即美好体验留下的记忆,还有将美好体验组织成审美片断后形成的预期。距离让人们对某次会面产生预期,这种预期所依据的是美化日常生活的记忆脚本和认知形式,它们也融入在日常现实的认知开放性当中。因为情感要与定义明

---

① S.W. Duck,《有意义的关系:谈话,感官感觉与关联》(*Meaningful Relationships: Talking, Sense, and Relating*) (London: Sage Publications, 1994),第11页,被引用于 Stafford 和 Merolla,"异地恋情关系中的理想化,团聚,与稳定性" ("Idealization, Reunions, and Stability in Long-Distance Dating Relationships"),第38页。

确的("审美的")形式互动才能更好成形,距离使主观感情变得益发强烈,正因为主观情感以清晰明确的认知模式进行组织。

心理本体论

有种根深蒂固的老观念认为,过多的想象和期望致使我们无力应对现实,而且期望从本质上就是不现实的。《纽约时报》的"现代爱情"专栏登载过一个故事,有个女子同一个十分般配的男人分手了,她认为罪魁祸首正是她不断抬高的期望:

> 当我环顾四周拥挤不堪的环境和打盹的男友,眼前忽然闪过我们未来的一个版本———种我认为,嗯,平庸的人生。而我想要更多。[……] 在纽约,特别在电影行业,人们很难摆脱一种幻想就是转过街角总能遇见一个更好的人。然而,尽管我欢迎这种想法,可还是让我的人生沦为周而复始的一次次浅浅失望形成的持续周期,这让我憧憬有一个为我私人订制的蒂姆·多诺休,他所拥有的品质和他曾经的为人都能让我完全满意。甚至,我会渴望自己也成为他那种人。①

---

① L. Berning,"我呼唤你/他的名字"("I Call Your/His Name"),纽约时报(New York Times),January 27, 2011, http://www.nytimes.com/2011/01/30/fashion/30Modern.html?pagewanted=2&tntemail1=y&_r=1&emc=tnt,最后访问时间 October 28, 2011。

人们通常认为,预期和现实之间出现鸿沟是因为对配偶素质期望过度膨胀,在应对的时候也是以上述观点为基础的;这种膨胀,正如上文故事中所描绘的那样,在提高某人地位的希望被制度化后所激发。大西洋杂志的作家劳丽·戈特利布(Lori Gottlieb)一边书写寻觅佳偶的困难,一边请求女性降低她们的期望。就像另一名评论员总结的那样,她呼吁说:"女性必须学习着眼于男性的好素质,哪怕他并不符合她们要求苛刻的**梦想清单**,只要知道能跟他们相处融洽就很好"。①这里的问题是,寻求伴侣的男性女性备有非常细致的、明明白白预设了整套的认知标准,但她的建议当中缺乏对机制的认识——是何种作用机制使得这些期望不仅表述清晰和认知突出,同时也阻碍实际发生的关系。毫不逊色于好莱坞式意象,在现实中引起失望的核心机制之一是我们所说的**自我心理学本体论**:也就是在接近他人时,认为他人具有稳定的、可名状的、可知的心理学属性。从这种本体论出发,自我是具有多种固定属性的;自我必须认识它自身的固定属性,还要与所感知到的对方的固定属性作交易。因此,一个人要寻觅的人是具有某些限定的、可知的、稳定的性质的。尤其有两个门类被本体化了:自我和两性关系。

一名42岁的离婚女子对自己找到一个"好"男人的前景进行了如下评估:

---

① D. Johnson,"婚姻趣事"("The Marrying Kind", New York Review of Books, August 19, 2010),第24页。

芭芭拉：找到好男人真难啊；或者起码可以说，找到适合我的男人真难啊。有时候我想，这事儿要能发生的话真是奇迹了。

采访者：为什么？好男人该是怎样的人呢？

芭芭拉：其一，他们要能配合我的复杂心理。我有各种焦虑，还有各种需求；比如，一方面我很独立，我需要我的空间，我需要感觉到我能随心所欲组织我的人生；另一方面我也需要有人抱抱我，感觉到有人支持我。很难找到这样一个人，两种感觉都能给到我。我需要一个很坚强的男人，对他自己十分肯定，可同时又对我十分温柔。

她这里描述的搜索，明明白白是受到自我的心理学本体所激发的。尽管她自称某些需求是相反的，但其实她对自己的了解极度稳定化；它通过一种心理本体得到固定，这一心理本体巩固了她的自我感，并建立了清晰的认知工具供她评估潜在的伴侣。我问她：

采访者：那么，当你在网站上寻觅某个人，你怎么知道那人是否符合你的需求呢，如你刚才提到的那些需求。

芭芭拉：是很难知道；但让我举个例子，我会注意一下若我不很快回复他们作何反应；假如一个男人对此有怨言,他就出局了。我很烦那种男人。或者我会注意他们的邮件怎么署名,他们是否使用一些甜蜜的滑稽的词汇;不过,还是要等你跟他们见面时,才更容易了解到这些事情。

采访者:那么,你跟他们见面时,你会去注意什么?

芭芭拉:这很难说。但肯定跟他是否感觉自在有关系;我会注意一下,他是否重视我,说话时会不会紧张,会不会讲别人的坏话,是否显示出占有欲,是散发着自尊还是缺乏自尊;诸如此类的事情吧。

上文中这种对他人行为和身份的精密微调,是因她使用固定的认知类目和商榷边界变得困难后才成为可能,因为他们把互动搞成固定心理学特性和个性属性的互动。不妨再看一个例子,下文中是跟苏珊的交流;苏珊42岁,是一名心理学家:

苏　珊:我遇见这个男人是在一次晚宴上,我相当喜欢他;他长相英俊,不断讲笑话让我们所有人笑得人仰马翻。当他跟我要电话号码的时候,我激动死了,真的激动死了。然后我们约了吃午餐,在一个座落于花园中的咖啡厅里。他喜欢坐在花园里,而我喜欢坐在室内。然后我们还是坐在花园里了。但我真的不能坐在太阳下,因为我对阳光十分敏感,而且那天我没戴太阳眼镜;但他说他很需要让阳光照一照,一直坚持我们坐在太阳下;你知道吗,我真的觉得他对我再也没有吸引力了。

采访者:你能说说为什么吗?

苏　珊:我感觉到这个人是很难妥协的一个人。他做事的时候会一直把他的利益放在首位。

采访者:所以通过那次小事件,你感到你能看穿他是个什么样的人了。

苏　珊:绝对的。如果你具有很好的直觉和心理学敏锐知觉,你能透过一些小细节迅速看穿他们是什么人,通过小细节做到这一点也许特别容易。

在《纽约时报》的"现代爱情"专栏中,一名女子详细描述了她如何在一次内观禅修课上"爱上"一个男人,然后终于找到机会跟他说话:"我从眼睛一侧向他瞟去,看到他的长裤袋口别着钢笔——不是一支,而是很多支,全挤在一起。"[①]很显然,在这里"小细节"被解读成一个心理学和情感本体。

以诸如此类短暂入微的心理学分析的模式来评估他人的做

---

① P. Kennedy,"吸气,呼气,相爱"("Breathe In, Breathe Out, Fall in Love"),纽约时报(New York Times),November 4,2010,http://www.nytimes.com/2010/11/07/fashion/07Modern.html? pagewanted = 1&tntemail1 = y&_r = 2&emc =tnt,最后访问时间 October 20,2011。

法早已大行其道了。例如,凯瑟琳·陶珊的女友们以这种方式对陶珊的男友进行评估:"瞧,我觉得他不是个恶毒男人。在经过大约20分钟时间思考并权衡了利弊后,我确定他是会保护你的。可是,难道你就不想凭直觉找个男人吗?"[1]显然,这样打发一个人是需要一个详尽的心理学脚本的,包含一个男人的心理本质中应该具备哪些东西。最后让我们来思考一下海伦给出的答案;海伦35岁,是一名女作家:

海　伦:从很多方面看,我拥有一个理想男友。我的意思不是说,他聪明,有魅力,还知情识趣;顺便一提,以上这些他都满足。但我说他是理想男友,因为他深深爱着我;你肯定猜不到每天他发什么短信给我,一天要发两条,有时候发五条;有些是真正的诗歌,我很肯定我拿出去就能发表的。但他跟他妈妈的关系真的让我抓狂。不管他碰到什么事,好事还是坏事,他告诉我也告诉他妈妈,几乎同时。有时候他给我们两个人发一模一样的短信,而我觉得那样真的很讨厌。不光是讨厌。为这个问题,我都想跟他分手了。

采访者:你能说说为什么吗?

---

[1] C. Townsend,《破坏规矩》(*Breaking the Rules: Confessions of a Bad Girl*)(London: John Murray, 2009),第183页。

> 海　伦：感觉好像他还没能离开他妈妈，仍然深陷在恋母情结中。一个50岁的男人感情上理应足够成熟了，不至于每走一步路都要让他妈妈知道。我就是觉得这事儿很不妙，因为这事说明了他是个什么样的人，说明了他感情的成熟程度。

"打电话给他妈妈"在这里被"本体化"，归入"恋母情结"类别和"感情成熟程度"问题；这两种归类都表明她是依照健全自我的详尽模型对行为和情感进行评估的；这个自我被赋予固定属性。以上所有的答案都根据评估的心理治疗模式对自我进行了本体化，不同的行为形式有些被认为比较健康，有些被认为比较不健康。

这进而导致了一种新文化门类的出现；我们不妨称之为"两性关系"门类。两性关系逐步获得了自身的文化地位，不同于人的文化地位（当然这两者还是有紧密联系的）。正如一名48岁的离婚妇女伊琳娜在受访时所叙述的那样："我前夫是个很好的男人，我今天对他的看法跟我第一次见到他时对他的看法是一样的：他是个很好的人；可我们的关系从来都不好。我们从来没能做到心心相印。"人们的心理学自我具有固定性状，它们进而生成两性关系；这种两性关系是一种认知的构建，应该是心理学实体的切实表达。作为一个文化门类，两性关系成了观察和评估的新的自觉对象。评估一段"关系"要根据关系进行有多顺利——根据各种关系的脚本——并根据享乐主义原则——它能提供多少愉悦和幸福感。一些心理学家所谓的"情感工作"——更多地作为女性特权——是建立在"情感本体"基础上的,评估哪些关系符合脚本,哪些关系符合健全的令人满意的情感模式和关系。情感工作是对关系的自我反省式监控,反映在各种对话、抱怨、请求、需求表达、对彼此需要的理解当中。通过一种与他人进行隐性比较的社会心理学过程,情感本体隐晦地跟媒体理念和故事作比较。更关键的是,此类情感本体构筑了很多种工具来监控两性关系,来比较关系现状跟关系应怎样或可能怎样,来批判关系,并为关系没能实现找责任方。现代浪漫爱情关系不停地陷入诸如此类的本体评估中。

概括起来说:日常生活的构建方式不支持程式化意识形态的激活;这种意识形态指维持热烈感情并保持对方的理想化意象。此外,多样文化本体——自我的文化本体,情感的文化本体,关系的文化本体等等——不利于跟从实际体验流动的常规互动,因为它们会不断地对照它们理应如何的既有模型进行隐晦比较。

想象与互联网

如果说在历史上曾经有一度想象的主题是布尔乔亚,那么互联网的降临必定标志着历史上另一个决定性阶段。互联网无疑构成了最重大的一次浪漫想象风格转型。在当代文化语境下,现代文化生成了多种预支想象形态,至少可以区分出其中两种。第一种是建立在大批影像、故事和商品综合基础上的预期;比方说我们预期购买一件奢侈品或一个度假产品,或一个爱情故事。此类预期可以是弥散的也可以是高度结构化认知的,可经由商品、心理意象的调用或叙事等其中任何一样;例如,渴望遵循特定顺序展开的某种爱情故事,或渴望高清的视觉片断,比如浪漫亲吻或浪漫晚餐等等。第二种预支想象形态,产生于试图用技术来虚拟制造和模仿实际体验。之所以说这种想象是预支的,是因为它试图模拟实际生活中的邂逅相识。这些形态包括在线游戏和互联网婚恋交友网站,它们都意在制造和模仿实际的性的/浪漫的邂逅相识。

根据英国广播公司国际频道在2010年进行的一次全球民意调查结果——该调查覆盖了19个国家近11000多名互联网用户,全部网络用户中有30%的人任何时间点都在寻找男友或女友;在某些国家,比如巴基斯坦和印度,这一比例达到60%。从《纽约时报》举行的一次大学生爱情故事竞赛作品中,可看到互动模式发生了全面改变,从随随便便的勾搭式性行为,转变为以互联网技术为媒介建立的关系。

2011年2月,[《纽约时报》的]周日潮流(Sunday Styles)栏目请求全国的大学生告诉我们——通过他们自己的故事,通过他们自己的声音——对他们而言爱情是什么样的。3年前我们首次举行这种竞赛时,最受欢迎的文章主题是关于勾搭:对许多人来讲,他们发现那种"无附加条件的"性行为最终也并不是无忧无虑的。这个问题盘旋在几百篇这类故事的上空:我们怎样才能只论身体不论情感?

3年之中变化何等巨大。这一回,最多提到的问题跟上回的问题是相反的:我们怎样才能只论感情不论身体?大学里那种勾搭式性行为还是安然无恙地存在着,但这些征文的焦点转向了科技促成的亲密关系——那些亲密关系的成长和加深几乎完全是通过笔记本电脑、网络摄像头、在线聊天及短信。不同于"勾搭"文化中的性冒险,这种爱情如此安全,以至于人们最惧怕的不是性接触传播的疾病而是电脑病毒,或是跟你喜欢的人在现实生活中见面。①②

互联网和随处可得的不同技术让你可以追随某人,可以在

---

① D. Black,"网上婚恋交友不断普及,吸引了30% 的网友:民意调查"("Online Dating Grows in Popularity, Attracting 30 Percent of Web Users: Poll"),纽约时报(New York Times),February 16,2010,http://articles.nydailynews.com/2010-02-16/entertainment/27056462_1_new-poll-web-users-internet,最后访问时间 October 20, 2011。

② D. Jones,"现代爱情:大学生征文比赛"("Modern Love: College Essay Contest"),纽约时报(New York Times),April 28, 2011,http://www.nytimes.com/2011/05/01/fashion/01ModernIntro.html?emc=tnt&tntemail1=y,最后访问时间 October 20,2011。

屏幕上看见他们;它们在新的求偶形式方面扮演了极为醒目的重要角色。

但同一个作者在《纽约时报》的另外一篇文章中写道:

> 有大量的人们报告说,他们刚开始采用网上交友的时候内心充满战战兢兢的感觉,后来却迅速转为张开双臂大力欢迎的态度,是因为它呈献给人们巨大的乐趣和大杂烩式无所不包的诱惑,然后还允许他们想象跟自己通讯互动的这个人就是他们的唯一真爱;然而,当网上交友过程最终走到需要在现实中跟对方见面时,就会面临深刻的失望,有缺陷的人类个体看上去并不像一个 JPEG 文件,说话也不像一条电子邮件中的文字。①

如我在《冷淡的亲密关系》(*Cold Intimacies*)②一书中所阐述的观点,若人们的想象是在互联网上部署展开并通过互联网婚恋交友网站进行,那么若要理解这类想象的风格则必须理解其科技语境;科技让人们的邂逅相识脱离实体并自成规制,以语言交换

---

① D. Jones,"你没生病,你只是恋爱"("You're Not Sick, You're Just in Love"), 纽约时报(New York Times), February 12, 2006, http://www.nytimes.com/2006/02/12/fashion/sundaystyles/12love.html, 最后访问时间 October 20, 2011。

② E. Illouz,《冷淡的亲密关系:情感资本主义的形成》(*The Making of Emotional Capitalism*, Cambridge: Polity Press, 2007)。

为手段产生心理上的亲密了解。这样产生的亲密感并不是以体验或以身体为重点的,而是衍生于所产生的心理了解以及双方彼此联系的模式。互联网想象依赖大量以文本为基础的认知知识,根据其带来的溢价将主体定义为实体,赋予主体以可辨别的、离散的、甚至可量化的属性——心理属性和生活方式属性。而传统浪漫想象曾经一度以现实和想象的混合为典型特征,建立在身体和积累体验的基础上;互联网割裂了想象——一边是一组自我构建的主观含义,另一边是与他人的邂逅相识——这是因为互联网可以让这两方面发生在不同时间点。对彼此的了解也存在多重割裂,因为对方首先被作为自我构建的心理学实体来理解,然后作为一种声音,再后来才作为一具能活动能作为的身体。互联网想象与现实并不对立;它所对立的是某种建立在身体和本能情感基础上的想象:也就是,建立在对他人进行迅速和非自我反省式评估基础上的情感。它所对立的是回顾式想象;即试图在对方的真实身体存在所激发的感官反应和身体反应缺位情况下的想象。这种形式的想象式投射,是在并不完全了解对方仅凭直觉了解的情况下被触发的。与之相反,互联网提供的是前瞻的想象形式,人们尚未邂逅某个对象的真人即展开想象。文中描述的那种回顾式想象是信息稀少型的,而基于互联网的前瞻式想象则是信息丰富型的。

  传统意义上的浪漫想象是基于身体的,综合了过往体验,于当前对象身上混杂结合了过往的意象和体验,并聚焦在一小部分关于对方的视觉和语言的"揭露性"细节上。其结果必然是,这一类想象把对他/她过去的意象同与他/她真人产生互动的情形混为一谈。作为心理过程和情感过程,这种特定想象形态跟欲望一样,需要极少信息即可受到激发。它跟欲望还有一个类同之处,就是通过较少而不是较多的信息,反而可获得更好的激发。如心理分析学家艾瑟尔·斯佩克特·柏森(Ethel Spector Person)所说:"可能就是因为某人在风中点燃雪茄的样子,把长发甩到身后的样子,或者讲电话的样子。"①换句话说,身体姿态和动作、声音的变化,可起到诱发浪漫幻想和情愫的作用。在弗洛伊德看来,感动于微小的看似无厘头的细节的能力起因于"在恋爱中,我们爱的是个遗失了的对象。"②很可能这起因于深藏内心的父母的模式,以及镌刻于我们意识中的对某些身体姿势和行为的文化熟悉感。"被爱者看起来能对爱人者产生巨大力量,这可部分解释为:过往所有遗失对象身上的神秘性都倾注到这个爱情对象身上了。"③弗洛伊德当时曾就文化构型展开研究,他认为:爱情和幻想很难区分,因为两者都有能力把过去的体验与当前具象的实体化的体验混合一体。基于魅力作出的判断,通常蕴含着依据累积体验对直觉判断的再激活。"直觉标

---

① E.S. Person,《爱情梦想与命中注定的邂逅:浪漫激情的力量》(*Dreams of Love and Fateful Encounters: The Power of Romantic Passion*)(New York: Norton, 1988),第43页。

② 出处同上,第115页。

③ 出处同上,第92页。

志着对刺激源的特性作出判断的能力,或有能力对不同的刺激源类型进行分类且优于判断基础无法用语言描述时全凭运气区分。[……]从内省角度看,直觉判断看起来与有意识理性论证同时发生且无需以有意识论证作为媒介。"①

直觉是能激发潜意识知识的一种判断形式;潜意识知识指的是并非直接浮现在人的意识中的一些知识结构和属性。也许因为某些想象形态是信息稀少的,它们容易出现评估过高的情况:即人们在对方身上归因了附加价值,也就是我们平时常说的对某人进行"理想化"。这种理想化行为可能只需要以对方身上一小部分因素为基础,不需要很多因素。②

与之相反,以互联网为媒介的前瞻性想象满载着信息。互联网可以说是信息稀少型想象的死对头;因为它让人们有能力了解对方,实际索取了解对方所需知识,这种了解不是全盘了解而是对某些属性的了解,它支持对人们及其属性展开系统性比较;这样一来理想化过程就遭到了抑制。互联网想象是前瞻性的:它对应的是素未谋面的某个人。其想象基础不是身体,而是语言交换和文字信息。评估对方是基于层层叠加的属性,而不是全盘了解。在这种特定构型下人们拥有太多信息,而理想化

---

① A. Bolte 和 T. Goschke,"对象感知语境中的直觉:直观的完形判断取决于语义表示的无意识的激活"("Intuition in the Context of Object Perception: Intuitive Gestalt Judgments Rest on the Unconscious Activation of Semantic Representations"), Cognition, 108(3)(2008), 608-616。

② Mitchell,《爱情能不能天长地久?》(*Can Love Last?*),第95页,第104页。

能力看似遭到了削弱。以下面这段讲述为例,一名26岁的研究生史蒂芬妮讲述了她第一次跟某个网友见面的故事。

> 史蒂芬妮:在一番频繁的邮件交流和一通电话之后,我发现自己喜欢他的声音,于是很快跟他见面了。我们在一家咖啡馆碰头;咖啡馆坐落在海滨,环境极好。我已作好思想准备,跟所有故事中发生的那样,他也许没照片上那么帅;但实际上我发现他跟照片上一样帅。所以刚开始一切都很顺利;但奇怪的是,在整个晚上我们共度的两个半小时内,我就是没感觉来电;其实他跟我在网上所认识的那个男人并没有什么太不一样的地方:他看起来同样有幽默感,他有同样的证明文件,他聪明英俊,可我就是感觉不来电。
>
> 访 谈 者:你能说说为什么吗?
>
> 史蒂芬妮:嗯……我讨厌自己这么说,但也许是他太美好了?他的美好似乎过头了[大笑],似乎太讨人喜欢了,其实我不知道怎么说。我很喜欢美好,但美好里面得混杂着一点儿粗糙,不然他也许感觉起来不够男子气;你明白我的意思吗?

这是一个很有意思的回应:尽管这个男子满足了她梦寐以求的

一系列属性,她仍然拒绝了他,据说因为缺少"来电"的感觉(在现代爱情中是个重要概念);其解释是这个男人缺乏一种特殊的难以言说的素质("男子气");人们可以推测,男子气包含了承认一些既定的视觉和身体标准。"男子气"(或"女人味")标准——或进一步统称为"性感"标准——需要全局性评判,这种评判已经成为格式塔心理学的绝招。男子气,女人味,性感,只能通过不同的身体动作和姿势互相联系的方式来识别。它们可经由视觉识别,无法用语言处理。这种到达现实的途径先要经过抽象的、语言的方式了解对方,而且过渡到视觉的全局的了解时存在各种困难。过多从心理上语言上了解对方可能不利于感受他/她的魅力。因此传统爱情建立在身体和信息稀少的想象之上,情感的产生通过四种基本进程。首先,存在身体方面的吸引。其次,这种吸引可调动主体既往的亲密关系和体验。(弗洛伊德把这些过往体验理解为严格的心理体验和传记式体验;而我与布尔迪厄看法一致,视之为社会的集体的体验。)再次,这种进程进而发生在半意识层面或潜意识层面,因此绕开了理性的"*我思*"(cogito)。最后,几乎可由定义知道,存在对另一方理想化的情况,认为另一方是独一无二的。(这种理想化常常发生在我们对另一方既了解又不了解的情况下)。换言之,欲望的组织方式的核心——经由信息稀少型想象——遭到了改变:视觉和身体的因素扮演的角色大不如前了,局部信息被极大丰富信息所取代,随之而来的是理想化能力被削弱。

不同于传统的浪漫想象,互联网想象被铺天盖地的文字所充斥,评估过程受语言控制,某些情况下或不如说大多数情况下,评估依据的是视觉感知和线索。语言被大量使用;人们呈现他们自己时,可通过文字叙述,可通过语言形式的简介资料,可通过邮件交流来了解他人和标记他人等等。语言干扰着视觉方面和身体方面的评估过程和认同过程。文字的过度使用是语言评估模式对视觉认同过程的干扰。研究人员通过实验发现,用语言描述他们看过的照片中别人的面部的那些人,相比于被要求不经过先前的语言处理就挑出照片对象的那些人,其辨认面部方面的表现要差得多。这表明基于文字的、语言的、及基于属性的对另一方的知识可能干扰到视觉识别吸引力的机制起作用的能力。

可以说,这标志着浪漫欲望的核心出现偏移。我认为,浪漫欲望越来越少受到潜意识因素的决定。自我似乎有无穷的能力去阐明和提炼择偶标准,自我是具有高度意识的实体,无休止地获知并负责选择,获知和负责明确罗列对另一方产生心仪的理性标准。欲望经由选择而构建,选择是理性和情感双重作用的形式。此外人们可能认为,自我的本体化鼓励人们对他人的特质进行详细审查,并分割为一些离散的属性,这样对另一方的全局评估就变得难以达成;因此理想化——对爱情体验而言是一个核心过程——变得越来越难以实现。最后,追求独特性的呼声一度是爱情观的典型特征,如今已经产生了变迁;如本章篇首引语的作者巴特曾说过的那样,独特性早已被潜在伴侣的极大数量淹没了。

自成目的的欲望

综上所述,我认为欲望、想象和现实要彼此产生联系已变得日渐困难;这主要有两个理由。第一个理由是,想象已日益变得更程式化,更多建立于文学体裁和技术上;这些文学体裁和技术激发虚构情感,鼓励身份认同,令人预期某些叙事公式和视觉场景。第二个理由,所使用的文化和认知类型与日常生活有关,这让浪漫体验和亲密关系更难组织成为全局性的认知形式。这种情况产生的结果是,幻想和想象日益独立于其对象而存在。但我也要提出,幻想和想象不仅变成自生的,同时也是自成目的的,变成它们自身的(愉悦的)目的。以下列举了一些案例。罗伯特54岁,是一名离婚的男子;他接受了访谈:

访谈者:之前你说到,年纪越长,你对幻想上瘾越深。你那么说是什么意思呢?你说的幻想是什么意思?是否指那些无望的爱情?

罗伯特:是的;而且我觉得我年纪越长,就越喜欢那种无望的爱情。

访谈者:这很有意思。你能否说说理由?

罗伯特：我能从中获得巨大的愉悦。

访谈者：请解释一下这是什么原因？

罗伯特：它解决了情感和理智之间共生的存在主义问题。如果从性爱方面未能实现，但从心理方面得以实现，它就能给人带来满足感。能带来深刻满足感的，正是不满足的事实，就是未能实现爱情这一事实。诺言尚未履行这一事实，令很多事情充满了意义：任何小动作，任何微笑，任何挥手，一条晨间道"早安！"的短信；这些事情都被赋予很多含义。

[……]

访谈者：你是否曾经爱上不能爱的女人？

罗伯特：有，绝对有过。

访谈者：你有没有觉得那样更吸引你？

罗伯特：这很难说；因为当我陷入恋爱时，总觉得那就是最伟大的爱情了。不过是的，总的来说我要回答是的。因为我可以对她们展开更多幻想。

当欲望和幻想都围绕着爱情难以实现这一事实的时候，两者在这里是一体的等同的。想象成为一种体验欲望的模式和矢量；反之亦然，在想象模式下更能切身体验欲望。欲望和幻想不仅相互交错，两者已变成自成目的的活动了。第三章和第四章中曾经引过受访者丹尼尔的话；此人还说过以下的话：

> 我讨厌露水姻缘。它让人感觉空虚。我需要全套爱情,这样才能促成我去幻想。我需要幻想。[……]若没有了爱情,我的工作就失去了灵感;它是我的灵丹妙药。我不可以独处。我的意思是说我的头脑不能独处。身体不能独处。我对四面高墙之内的任何亲密关系完全没有兴趣。对成家这件事情我已断了念头,但不是对幻想。

显而易见,此处的幻想与纯粹的性关系(一夜情事件)及家庭生活形成直接对立;我认为其原因是,纯粹的性关系及家庭生活的共同点在于它们不支持想象的展开,而经由叙事/审美形式促成。有一名44岁的法国女子玛丽安与一名生活在美国的男子发生了异地恋,她讲述自己的故事时这样说:"他不在身边对我来讲更容易;我有种感觉,我们的关系会永远保持美好状态,因为关系的大部分是活在我们心里的。"这些男性女性让我们看到,超现代想象的重心就是对欲望的欲望;某人置身于永恒的渴望状态、选择去推迟其欲望的满足,其目的正是为了维持此人的欲望,并将欲望对象维持在一种审美形态中。请注意,幻想与强烈情感是互相交错的:也就是说,想象的能力生产令人感觉强烈的情感。拒绝家庭生活,正是因为家庭生活威胁到人们通过想象的场景让情感活跃起来的能力。此外,在以上叙述中,幻想的目的似乎不是占有对象,而仅仅是幻想本身:也就是说,目的是幻想所提供的极大愉悦感。如约翰·厄普代克(John Updike)

所言:"一次想象中的亲吻,比一次现实中的亲吻更易得到控制,更多得到享受,也更少杂乱无章。"①为了印证这一观点,以下列举了一名47岁女性的案例,她用如下叙述谈到了她的一次婚外恋:

> 维罗尼卡:你知道,它最令人愉悦的部分,也许就是我们在各自配偶不知情的情况下从家中给对方发电子邮件;还有等待跟他见面时那种甜蜜的痛苦,在夜间无边地幻想,在清醒时幻想,在工作的时候幻想。置身那种境况下,彼此不能交谈,想见面而不可得,这真的让你非常渴望他。有时我甚至会问自己,我爱想象中的他是否胜过爱现实生活中的他,因为幻想的感觉要强烈得多。
>
> 访谈者:你能不能说说原因?
>
> 维罗尼卡:哇,瞧这问题问的,真是很难说清楚呢。[停顿良久]我猜,那是因为你能以更有条理的方式把所有事情控制好;所有一切看上去就像你希望的那样;当你写邮件的时候,想要怎么表达就怎么写,怎么都不会犯错;当然他不回复你的时

---

① Updike 在这里指的是以体验为基础的想象活动:即想象某个现实中见过面的人。被引用于 J. Updike,"原欲精简版"("Libido Lite", New York Review of Books, November 18, 2004),第30-31页(第31页)。

> 候你就会辗转挣扎,但那感觉像是你给自己写
> 下的脚本;每次你见到他,一切立即变得那么复
> 杂,你会变得更焦虑,更烦燥;你又想跟他一起,
> 又想跑得远远地;你又喜欢他,又不喜欢他。但
> 在写邮件时,所有的感受就是它们该有的样子。

幻想和想象所关联的不是无序状态;尽管对想象抱谴责态度的长期文化历史上经常有人这么认为;它们所关联的是控制力,是掌控和形成一个人的思想的能力,是给体验一个稳定的审美形态的能力。此外,这些男性和女性的幻想是自成目的的,是为自身而存在的,而且被视为愉悦的源泉,而不是痛苦的源泉。

还有一个案例,有一名38岁名叫奥瑞特的女子,她在一家非政府组织做文秘助理。她讲述了自己如何爱上一个互联网上认识的网友,这个故事发生在访谈之前三年。

奥瑞特:我们通信通了很长一段时间,我渐渐感觉我对他已经非常了解了。

访谈者:你们有没有真人见面?

奥瑞特:没有。曾经一度,我记得两年前吧,我们决定要见面,但最后一刻他取消了。

访谈者:从那以后你也从没见过他?

奥瑞特:没见过。我并不知道他到底为什么取消了见面。

> 我想他大概是临阵畏缩还是怎样。

访谈者：他这么做改变了你对他的感情了吗？

奥瑞特：一点也没有。我对他的爱一点没减少。这么多年来，我感觉他是我唯一爱的人。我感觉跟他很亲近，哪怕现在我们不再通信。我感到我很了解他，也理解他。

访谈者：你感到跟他很亲近？

奥瑞特：是的，很亲近。

访谈者：但那是怎么办到的，假如你从来没见过他？

奥瑞特：哦，首先呢，他告诉我很多有关他的事情。我们电子邮件来回通了很多次。你懂的，通过使用种种新技术，你可以对一个人变得十分了解。在Facebook上，我能看到他的朋友们是谁，看到他做了什么事，度了什么假；我能看到他的照片；我常常有种感觉，他简直就像跟我一起呆在房间里，我能看到他上谷歌邮箱，我能看到他登陆；看到他在Skype上忙碌；我能看到他下载了什么音乐，正在听什么音乐。好像他就在我身边，在我房间里，一直都在。我能看见他在做什么，他在听什么，他去参加了什么音乐会。所以，我真的感觉跟他十分亲近。

奥瑞特跟一个真实的或一个想象的人物互动进行到什么深度，我们并不清楚。我认为，她的情感处于所谓的居间认知状态：她跟这个男人素未谋面，她的感情很大程度上是自生的——不是通过实际互动产生，甚至不是通过虚拟互动——它们是虚构的。然而从她与真实的技术装置（谷歌邮箱，Facebook 上的照片等等）互动这个意义上看，我们可以说这是一种互动性的虚构情感，以技术对象为抓手，这些技术对象使虚拟人物具象化并且鲜活如生。我们可以说，技术在其中扮演的角色是通过"呈现不存在的事物"而创造出虚构情感。互联网能维持关系，正是通过创造幻像存在的方法。所谓幻肢就是一段已经被截去的肢体，但主体的神经系统仍能感受到它的存在。与之相似，互联网技术创造了幻像情感——这些情感的生存建立在真实生活刺激源的基础上，但情感的实际对象缺席或不存在。这种情况之所以成为可能，是因为技术装置能模拟存在。小说和电影通过强烈的身份认同机制创造主观情感，而新技术通过消灭距离感、通过模拟存在、通过提供主观情感抓手来创造主观情感。互联网对想象的促成远超过任何其他的文化技术；它几乎无须以感官接触为基础，即可生产自成目的的情感，并对情感本身进行滋养和维持。如果说想象是一种能让不在变成存在的能力，那么互联网提供了一种极端新颖的方式来管理存在和不在之间的关系。诚然，之所以说想象可有所不同、想象具有历史性，其中一个主要方面正是表现在想象对存在和不在的管理方式可以有差异有创新,想象维持它自身的方式可以有差异有创新。自成目的的想象对现实生活中的互动无动于衷,它是通过虚构的材料和技术产品进行组织的。

结　论

本章记载了几种不同进程:白日梦日益蔚然成风,而且白日梦越来越多地作为爱情中的普遍认知和情感活动;失望与日常生活结构关联日深,与亲密感的结构关联日深,它们削弱了从想象到日常存在性的转移和过渡,失望由此产生;经由信息丰富的技术,想象和欲望的理性化;还有,欲望和想象的渐进式自主化——也就是说,它们为自身而存在,没有特定目标或对象。作为一种文化实践,想象变得既高度制度化又高度个体化,这已成为日益单元化个体的性状;这些个体的想象缺少特定的真实对象或至少难以固定在单一对象上。因此,当具体生活中亲密关系越来越多地理解程式化规则和围绕程式化规则而组织,想象的发挥同时也越来越多寻求一种自成目的的欲望形式;这种欲望能滋养自身、很少有能力完成从幻想到日常生活的转换。以上种种变化破坏了欲望的经典结构;后者以意愿为基础并面向某个对象,欲望的核心是管理想象对象和现实之间的各种张力,管理两者之间的转换和通路。

第七章
结 语

假如我能让一颗心免予破碎
我的人生就不是一场空幻
假如我能慰藉一个生命的苦楚
或平复一个人的疼痛

或帮助一只昏厥的知更鸟
重回他的穴巢
我的人生就不是一场空幻
——艾米莉·狄金森
"作品第982号"①

---

① E. Dickinson,《艾米莉·迪金森诗集》(*The Poems of Emily Dickinson*), ed. R.W. Franklin, Reading edition (Cambridge, MA: The Belknap Press, 1999), 第411页。

假如说我写这本书还抱有某个非学术目的的话,那就是通过理解爱情的社会支撑基础,为人们"慰藉苦楚"。在我们这个时代,人们已经背负着过多关于健康和无痛人生爱情之类律令,只有停止向这些个人发布指令和处方,我想做的任务方可启动。希望通过向各位展示"爱的恐惧"或"爱的过剩",人们可通过性活动、浪漫选择、浪漫纽带内及欲望本身认同模式的社会重构,找到爱情体验内在的种种焦虑和失望的成因。

在我总结概括这些变化的本质前,请容许我先解开本书写作中可能在无心中引起的一些误解。

在任何情况下本书都不认为:现代爱情总是不幸福的,或者维多利亚时代爱情更好,或者我们本身更喜欢维多利亚时代爱情。从前那些程式化风格的信件和小说,对我而言更多是作为分析工具用以凸显现代条件的社会学特征,而不是作为规范标尺。此外:我们应永远牢记,在过去女性无论怎样受到尊重爱慕,仍然处于依赖他人的位置上,我们并不怀念那种状态。今天幸福爱情不仅呈现很多种现代形态,而且这些爱情的幸福毫不逊色于从前的爱情。我之所以没有书写现代幸福爱情,是因为对一名学者而言更亟需关注的是不幸福。平等、自由、追求性满足、无性别身份的关爱和自主性——这些都是履行现代爱情和亲密关系诺言的种种表现。当男性和女性——在异性恋或同性恋亲密关系中——履行了上述诺言,我相信他们的亲密关系必然是幸福的;不仅因为他们适合现代性的规范条件,也因为他们所身体力行的理念从规范上就优于从前时代。

而且,尽管本书采取女性视角,很大程度上是因为她们所处的困境,然而在任何情况下都不代表男性无需为爱情挣扎。我之所以聚焦于女性,是因为她们对我而言是更为熟悉的地带;因为女性一直以来是心理自我塑造产业从不放过的目标,而且亟需停止无休止地详细审查所谓的心理"缺陷";也因为同很多人一样,我相信情感的磨难联系着——尽管以复杂的方式——经济和政治权力的组织。假如说这本书尝试找到了某个根本性困惑或不安的来源,那么它就是女权革命——过去它是必要的,有益的,而且至今尚未完成——尚未能实现男性和女性对爱情和激情的深深憧憬。自由和平等两者必须时时放置在我们对爱情的规范理念的重心;但这些政治理想是否能够以及如何组织激情和承诺依然是个文化上的未解之谜,这也是本书希望能从一定程度上揭示的。中产阶层异性恋女性处于非常尴尬的历史位置上,相比从前任何时期她们都对其身体和情感拥有更多主权,然而她们以全新的前所未有的方式在情感上受到男性左右。

这篇后记要消除的第三个可能的误解就是,主张不幸福的爱情是与现代性相关联的新现象,或甚至主张当今人们比过去的人们在爱情中蒙受更多痛苦。爱情折磨带来的刻骨铭心之痛是全世界文学作品的题材,其古老程度与爱情本身在文学中的出现一样源远流长;在爱情痛苦方面,过去的人们有很多过去的案例和模型。然而,现代人加诸自身的痛苦有别于中世纪那种仪式化的自责,现代浪漫爱情痛苦包含着全新的社会体验和文化体验。显然这并不等于说,这些体验不含某些抗拒变化的因素。假如说所有的研究都隐含决定把焦点有意放在某现象的其中几个方面而不免忽略其他方面,相似地本书有意聚焦于较新颖的浪漫痛苦方面。因此本书认为,浪漫爱情是一种自相矛盾的进程展开的场所。现代自我比从前任何时候都装备得更为高明,通过离断、自主性、享乐主义、愤世嫉俗和反讽的方法,以应对抛弃、分手、背叛等等重复出现的经验。事实上,大多数人在年轻时预料,通向浪漫爱情的道路是极其崎岖的。但本书中我的观点是:**因为**我们开发了诸般策略以应对亲密关系的脆弱性和可互换性,当代文化从很多方面剥夺了自我进入激情并完全体验激情的能力,剥夺了自我经受浪漫爱情过程及依附某人所伴随而来的怀疑和不确定性的能力。爱情形态改变了,严格说来爱情引起痛苦的方式改变了。

最后,尽管本书试图充分解析男性的逃避和他们建立强烈情感纽带的种种困难,但这既不是要反驳"好男人都去了哪里?"之类的文化哀叹,也不是要控诉性自由本身。本书试图理解的是造成男性情感逃避的种种社会力量,以及性自由带来的后果;在理解过程中,本书并不自行假定男性是天生有欠缺的生物,或假定自由理应是我们实践的最高价值观。如果说——像很多人认可的那样——对自由的狂热信仰,在经济领域可能并且确实在某些时候带来摧毁性后果——例如产生不确定性和巨大的收入不平等——那么我们起码应叩问它在个人、情感、性爱领域会带来哪些后果。某些领域对自由的批判式检验,也应在其他领域相应展开。自由思考不应回避检验和质问一个人最深层的最珍视的规范和信仰——此处指自由——所带来的预期之外后果。就有如自由在经济领域造成了不平等并掩盖不平等,性领域的自由具有同样的效应,使男性主宰女性情感成为可能的那些社会条件模糊不清。本书的一个主要观点相当简单:在现代性条件下,男性具有的性选择和情感选择比女性多得多,正是这一不平衡造成了情感主宰现象。因此,本书的重点在于将社会学应用在传统上由心理学统治的领域,并尝试做文化社会学家最擅长的事情:即揭示我们的主观性最幽深处受到某些"巨大"活动的形塑,比如性选择的生态环境和架构的转型等活动。情感痛苦的普遍体验——失爱或被抛弃的感觉,为他人的感情离断而挣扎——是经由现代性的核心制度和价值观塑造的。本书的宏伟计划是要提出一种像马克思的商品学说一样的情感学说——至少是浪漫爱情学说:揭示浪漫爱情是经由社会关系塑造的;它们的流通方式并非自由和不受约束的;它们具有社会魔力;它们蕴含和浓缩了现代性制度。

显然我们不应过于刻意地区分现代和前现代;毕竟,前现代时期的男女彼此结婚也有一定程度的自由度,他们彼此相爱,彼此分手,掌握相对的选择感。我希望本书已经展示,社会学要试图理解文化的走向和广泛趋势,因此它的立场是要提出:在某些具体人们的主观性之外,自由中有一些根本性的东西——即自由在选择的现代文化类别中得到制度化的方式——发生了变迁,自由的制度化进而改变了男性和女性之间进行情感交涉和交换的条款。男性和女性的浪漫爱情缺乏幸福感,包含、表演、体现了现代自由和行使选择的能力面临着多种难题。这些难题围绕着如下的一些关键过程呈现很复杂的结构:

选择的生态环境和选择架构的转型。出于规范的(性革命)、社会的(社会阶层、种族、民族内部通婚的弱化)、技术的(互联网技术和婚恋交友网站的涌现)种种原因,对伴侣的求索和选择也经历了深刻变迁。"爱情大转型"这个概念可作为一种分析工具,通过它可把握前现代和当代选择的社会组织方式之间存在哪些差异。我在书中提出的观点与一般观点相反,在现代时期,选择——作为一种认知化和自我反省类别——对寻找和找到爱情对象过程的重要性变得更加突出了。这种突出性是选择生态环境转型的结果,以如下几个因素为典型特征:某人可从中选择的样本扩大到十分可观的地步,同时造成某人认为可能性不受限制;选定某一人选的过程更长更复杂;各种领域的品味——性的、身体的、文化的——越来越多地被调动和提炼;对他人的评估过程更加认知化和个体化;认为有机会获得更好选择的想法成为亲密关系中内嵌的结构性的一部分。以上种种因素使得求索过程变得更加认知化,一方面更理性,另一方面更情绪化,同时更紧密地依赖各种品味。因此在现代爱情中心存在一种全新的评估过程:自我依赖于本体化情感——也就是说,依赖于可知晓的固定的情感,并进而假设这些情感应成为行动的路标。这使评估他人变得复杂而详尽,需要遵循多个标尺。此类变迁为欲望和意志的根本性转变创造了条件,转变了人们许诺的方法,预期未来的方法,利用他们自己的过去供决策之用的方法,考虑和评估风险的方法,还有更为根本的,当他们爱着对方的时候思考他们感受到什么、想要什么、意图什么的方法。

情场的出现。情场是社会竞技场,在其中性活动成为配对过程中的一个自主层面;它是高度商品化的社会生活领域,也是评估的自主性标准。情场意味着,参与其中的行动者对他人不断进行着评估工作,指导他们与很多其他人同处竞争中,并在竞争状态下评估别人。在一个情场中,行动者彼此竞争,(a) 为了最心仪的性伴侣,(b) 为了积累伴侣人数,(c) 为了展示自己的性魅力和性能力。婚姻市场除了包含配对竞争的这些方面外,还包括其他一些方面,比如社会经济地位,个性,文化素质能力等。在婚姻市场中作选择须遵循多种标准,诸如经济地位、肉体吸引力、教育程度、收入等,还有一些较难以捉摸的属性,比如个性、"性感"或"魅力"等。婚姻是一个市场,它是一种历史事实不是自然事实;其成因是浪漫爱情选择的生态环境出现转型。以前在历史上从未有过这种情况:不同的社会阶层、宗教、人种的男性和女性,在一个看似自由、不受调控的市场中相识;在这个市场中,人们对属性——美貌,性感,社会阶层——进行理性的、慎重的评估和交换。婚姻市场总是与情场同时存在;然而情场常常早于婚姻市场存在并因此干扰到后者,以至于有些男性和女性情愿在这些情场上流连不去,有些情愿进入婚姻市场。男性主宰着情场本身,因为他们可以在其中停留更久,有更广大的女性样本供其选择。更多可获得的选择使得男性——特别是中上阶层的男性——在情场中占据主宰地位。这种主宰体现在他们更不情愿缔结长期持续的纽带关系。情场的动态、新的选择生态环境和选择架构创造了条件,使得男性对女性占据情感主宰,并给予男性优势。这种情况主要有三个原因。首先,男性的社会地位现在更多取决于他们有多大的经济成就,而不取决于有没有家室子女。其次,男性从生物学上和文化上都不是通过繁衍定义的,因此他们的求索过程可以比女性有更长的时间跨度。最后,因为男性视性活动为身份状态,因为性规范中存在青春溢价,也因为年龄歧视带给男性优势,男性可从中选择的潜在伴侣的样本比女性要大得多。中产阶层异性恋男性和女性因此是以不同方式进入情场的。男性更直接地依赖这一市场获取经济生存而不是婚姻,他们并不——或较少地——受到浪漫爱情认同的律令约束,他们用性活动作为身份状态、展示自主性,因此他们倾向于拥有一个累积的、情感离断的性活动。相反,女性受困于十分矛盾的情感依附和情感离断的策略中。男性的情感离断和承诺恐惧症因此体现的是他们在情场中的地位,这个地位是在一个新的选择生态环境下建立的。

全新的认同模式。这个全新的生态环境带来的不平等,正是围绕着新的认同模式运转。如同在所有的社会领域中一样,成功会导向地位和自我价值感的不断提升。魅力和性资本现在被用来彰显和建立社会价值感,并因此成为认同过程的重心。相反,在这些领域中未能取得成功则有可能威胁到一个人的价值感和身份感。因此爱情成为道德不平等动态变化的一个方面:即人们的自我价值感存在不平等。以上不平等使男性女性分成两个阵营——男性主宰着赛场——也把较成功的男性女性和较不成功的男性女性划分开来。换言之,这种不平等既存在于两性之间,也存在于某人所在的同性群体内。此外,因为现代性的标志就是私人领地的建构,它既形成女性身份,也断开女性身份与公众世界的连通;爱情是她们的社会自我价值感的核心。因此在自由市场条件下,女性既需要用更多的爱进行自我验证,也希望爱情到来得更猛烈更早。选择生态环境和选择架构的转型,及爱情与社会价值感的关联,表明当今的性别不平等的发生是围绕着情感不平等,而非围绕着社会不平等。一本广为流行的书名为《男人来自火星女人来自金星》,尝试通过心理学术语来理解现实中的一种社会学过程,具体而言就是性别差异围绕爱情重组,爱情对女性而言是价值感来源,对男性而言是性资本。

欲望冷却和意志软弱。反讽、承诺恐惧症、矛盾心理、失望——本书的所有中心主题和爱情体验的核心特性——构成了我称之为意志和欲望解构的四大主要组成部分；意志和欲望取向已经从强烈纽带的形成转移到了冷静个体性的形成。这四个组成部分有一个共同点，它们表达了在渴望另一方时调动全身心投入的困难，在主观性最幽深之处肯定自主自我的困难，以及更普遍意义上的激情冷却。诚然，激发欲望的能力，选定一个爱情对象能力，规定爱情文化的能力已发生了变迁。欲望本身使其强烈程度、及欲望从自我发散的方式都发生了变迁。首先，面对更大量的选择，欲望有赖于具有高度认知化形式的内省和自我审视。其次，在不同的可能选择之间进行比较会抑制强烈感情。第三，欲望如今发生在一个充斥着程式主义的文化环境中：与他人的关系、与一个人自己情感生活的关系要依据抽象的正式的规则。第四，前现代时期的欲望受到经济学中稀缺原理的支配，当今的欲望受支配的条件是性规范自由化及性的商品化带来的极大丰富性。最后，因为欲望已经迁移进入想象范畴，通过现实互动维持欲望的可能性遭到威胁。由此可见，一方面欲望变得更软弱，另一方面欲望变得更强烈；更软弱是因为它没有意志作为支撑——选择更倾向于削弱而非强化意志；变得更强烈是因为它迁移进入替代性的虚拟范畴和替代性的亲密关系。

本书从表面上也许像是一本针对现代爱情的檄文。但你若能把它当成一本试图提出反击某些主流观点的书来阅读将更有帮助：主流观点认为男性从心理上从生物学上在建立关系方面天生低能，而女性更擅长于改变她们的心理特质来寻到并保持爱情。事实上,生物学和心理学——作为解析模型和浪漫关系困难合法化手段——是问题的一部分,而不是问题的答案。假如男性和女性的情感不平等要着落于生物学、进化论或心理发育不充分,那么这些差异就被重重地夸大了,而且在某种程度上通过现代时期的文化和制度获得了辩护;其中最引人注目的就是归因于经济生存模式的变迁,性的商品化,性别规范的自由化和平等化。因此,人们试图用《男人来自火星女性来自金星》一书中的术语来解释和缓和两性差异,但显然未能收效;事实上,它反而进一步把文化原因造成的男女两性差别解释为天然原因。此类术语假设男性和女性从根本上有所不同,男性喜欢解决问题,女性喜欢获得承认,因此解决之道就是男性应倾听和夸奖女性,而女性应尊重男性的自主性需求。这种说法看上去似乎为迷失方向的男性女性提供了有效方法,为他们在性别差异的公海航行提供导航;但从很多方面来看,它只不过巩固了人们的看法,即男性是情感低能的,女性需要修整她们的情感特质。

显然这不等于说,男性和女性不必为他们自己的行为负责。本书决不贬低或低估人际关系中的个人责任和义务这些概念。相反本书认为,理解各种作用于男性与女性的力量集合,有助于避免过度苛责,并更好地定位个人责任和伦理责任的轨迹。诚然,本书的很多读者无疑是批判性的读者,你们想要知道我的政治建议是什么。这项工作背后有一个主要的规范性假设:激情和强烈情感的丧失是一种重大文化损失,情感冷却也许能使我们较少受他人伤害,却也使得我们更难以通过热情参与同他人建立关系。这里我要再次强调奈赫琳或乔纳森·弗兰岑(Jonathan Franzen)的观点:充满激情的爱情隐含痛苦,但这种痛苦不应让我们烦恼。弗兰岑用十分优美的言辞表达说:"痛苦伤人但不杀人。当你想着另一种人生——被自给自足的梦想麻痹,受技术唆使——而你生活在一个有阻力的世界里,作为依然活着的自然产物和自然指标,痛苦就会出现。毫无痛苦地度过一生就等于虚度一生。"①

性别平等的目标,并不是在感情离断上达成平等,而是在体验强大炽热感情上达到平等的能力。为什么会这样呢?毕竟,这世上并不缺少哲学的伦理模型,教导人们对所有事物抱节制态度,特别是对激情抱节制态度。尽管完全摈弃关系的制度化是感情组织的唯一可行框架这一理念,但本研究认为爱情能从某种角度调动全身心的自我,这种爱的能力是与他人建立关系并使关系蓬勃发展的关键,因此也是一种重要的人性和文化资源。从两性关系和情感中找到意义的能力,我相信,更多见于那些全身心投入自我的纽带关系中,这使得自我聚焦在另一人身上并在某种程度上变得忘我(比如在理想的亲子关系或朋友关

---

① J. Franzen,《说喜欢的是懦夫,不惧受伤才是勇者》("*Liking Is for Cowards. Go for What Hurts*",纽约时报[New York Times],May 28, 2011),http://www.nytimes.com/2011/05/29/opinion/29franzen.html?pagewanted=all,最后访问时间 October 20, 2011。

系中)。此外,热烈爱情能驱散大部分互动所固有的不确定感和不安全感,从这个意义上它为人们理解和践行所在意的事情提供了一种极为重要的原动力。[1]这种爱情从自我核心向外发散,调动了意志,并综合了一个人的多种欲望。哈里·法兰克福(Harry Frankfurt)曾说过:爱情解救我们于不明所思的内在局限和困境;我想补充一句,爱情还解救我们于不明所感。热烈爱情终结了举棋不定的状态,把我们从"无法决断的封锁"中解放出来。[2]这种爱情锻炼品行,最终成为唯一引领某人一生的指南针。所谓无法决断所爱为何的状态——由选择的极大丰富引起,由无法通过自我审视了解自己的情感引起,由自主性理念引起——阻断了满怀激情的承诺,其结果是模糊了我们对自己的认识和对世界的认识。出于以上理由,当看到横扫西方国家文化领域的对性经验的狂热信仰时不可仅从表面去认识,主要是因为我相信:性自由已深度商品化,它干扰着男性和女性形成强烈而涵盖一切的有意义纽带的能力,后者让人们了解他们喜欢的人是什么类型。

激进的自由化的女性主义必须针对当前形势,从分析角度以及从规范角度出发给予回应:鉴于女性目前还不愿意审视浪漫爱情这一理念,鉴于她们在一个开放的情场上邂逅男性,因此

---

[1] H. Frankfurt,《爱的理由》(*The Reasons of Love*, Princeton: Princeton University Press, 2004)。

[2] 出处同上,第65页。

必须探讨和质疑性资本累积,以便设计新策略来应对情感不平等并满足女性更远大的社会和伦理目标。同时从女性主义者和康德式伦理视角出发,我们应该对性资本积累的文化模型提出疑问。假如说第二次女性主义浪潮冲破了性束缚和压抑,那么现在是时候让我们重新检讨由于情感、性自由、经济学的互动和相交而产生的隔阂和疏离状态。既然经济制度和异性恋家庭框架下的生物繁衍形成性别不平等的制度化,性自由必然成为女性的负担。性革命急于抛开禁忌并达成平等,大体上已将伦理排除在性范畴之外了。本书最终认为,通过性活动进行自我表达的计划不应脱离我们对他人以及对情感的责任问题。因此我们不仅应该停止把男性心理视为软弱或缺乏爱心的天性,而且应该审视性累积模型;它受到当代男性的推崇,并受到女性过于热心的支持和模仿;我们还应该重新表述爱情的替代模型,这些模型中男子气概和充满激情的承诺并非互不相容,甚至可以是同义词。我们应该呼吁一些不基于性资本的男性情感模型,而不是不断责备男性情感低能。这种文化呼吁实际上可能带我们更接近目标,就是建立适合女性社会体验的伦理模型和情感模型。当脱离道德行为框架后,我们过去三十年来所知的性活动已成为一种原始的搏斗竞赛场,给很多男性特别是很多女性留下苦涩和精疲力尽的感觉。

那么,这就是本书尝试要解答的悖论:情感、爱情和浪漫情事渐渐冷却。在大多数男性和女性看来,激情带着淡淡的荒谬;

面对18世纪和19世纪的情书措辞,他们借由嘲笑或隐约的厌恶而逃开。然而正如我试图展示的,从很多角度看,爱情在自我价值感的确定上比以前任何时间都更加关键。我们的文化纷纷指向我们的心理状态,所以当某个爱情故事失败的时候我们就被认定能力不足;出于这个理由,爱情失败会威胁到自我的根基,这就是为什么现代爱情需要心理疗法、无休止的朋友交谈、商榷和安慰。爱情不只是一种文化理念;它是自我的社会基础。然而,爱情成为自我构成要素的文化资源已然枯竭。于是乎人们急切呼唤性关系和情感关系的道德回归,原因正是以上这些关系如今对自我价值感和自尊形成至关重要。

本书通过爱情提出对现代性的冷静支持。书中肯定了自由、理性、平等及自主性等价值观的必要性,同时也不得不盘点了现代性文化矩阵之核心所造成的巨大困境。就像纵情畅饮后醒来的那一刻,对现代性的冷静支持并没有各种狂热。但本书在安静中希望,凭借冷静清醒和自我理解,我们能在现代生活得更好。

图书在版编目(CIP)数据

爱,为什么痛?/(法)伊娃·易洛思著;叶嵘译.
—上海:华东师范大学出版社,2015.9
ISBN 978-7-5675-3772-9
I.①爱… II.①伊… ②叶… III.爱情-通俗读物 IV.①C913.1-49
中国版本图书馆 CIP 数据核字(2015)第 137551 号

华东师范大学出版社六点分社
企划人 倪为国

爱,为什么痛?

著　　者　　(法)伊娃·易洛思
译　　者　　叶　嵘
责任编辑　　倪为国　何　花
封面设计　　姚　荣
出版发行　　华东师范大学出版社
社　　址　　上海市中山北路3663号　邮编　200062
网　　址　　www.ecnupress.com.cn
电　　话　　021-60821666　行政传真　021-62572105
客服电话　　021-62865537
门市(邮购)电话　021-62869887
地　　址　　上海市中山北路3663号华东师范大学校内先锋路口
网　　店　　http://hdsdcbs.tmall.com
印 刷 者　　上海中华商务联合印刷有限公司
开　　本　　787×1092　1/32
插　　页　　4
印　　张　　14.75
字　　数　　255千字
版　　次　　2015年9月第1版
印　　次　　2025年3月第5次
书　　号　　ISBN 978-7-5675-3772-9/C·234
定　　价　　50.00元

出版人　　王　焰

(如发现本版图书有印订质量问题,请寄回本社客服中心调换或电话021-62865537联系)

Why Love Hurts
By Eva Illouz
Copyright © Suhrkamp Verlag Berlin 2011
All rights reserved by and controlled through Suhrkamp Verlag Berlin
Chinese Simplified Translation Copyright © 2015 by East China Normal University Press Ltd.
This translation published by arrangement with Suhrkamp Verlag
ALL RIGHTS RESERVED.
上海市版权局著作权合同登记　图字：09-2013-975 号